本书得到如下课题和基金的支持和资助：

上海市政府咨询课题(No:2016-GR-08),上海市科委重点课题(No:066921082)

上海市科委重点课题(No:086921037),上海市政府咨询课题(No:2016-A-77)

国家统计局上海调查总队统计重点研究课题(21Z970202940,22Z970203731)

上海交通大学行业研究院医药行业研究基金,上海交通大学安泰经济与管理学院出版基金

中国生物医药创新链发展研究

范纯增　著

上海交通大学出版社
SHANGHAI JIAO TONG UNIVERSITY PRESS

内容提要

  本书通过分析中国支持生物医药创新的人才、研发投入、研发管线、专利、论文、创新药、重磅药物、创新药企业发育、临床研究机构、医院、高校、医药市场份额、进出口、资产交易、研发企业数、集群组织等要素在全球创新链上的关键地位及变化趋势,力求结合数据描述和分析中国医药创新链发育的现状。本书通过构建模型分析了中国生物医药创新链发展的动力,并从完善创新链关键环节和创新链系统出发,结合国情和创新链的堵点、卡点及制约机制,分析了生物医药创新链发展的优劣势条件,提出了加快中国生物医药全创新链创新和重塑中国生物医药全创新链的对策建议。本书可为生物医药行业的实践者和决策者提供决策参考,也可供高校师生或相关研究人员使用。

图书在版编目(CIP)数据

  中国生物医药创新链发展研究/范纯增著.—上海:
上海交通大学出版社,2025.3.—ISBN 978-7-313-32239
-5

  Ⅰ.F426.77

  中国国家版本馆 CIP 数据核字第 2025K1R400 号

中国生物医药创新链发展研究
ZHONGGUO SHENGWU YIYAO CHUANGXINLIAN FAZHAN YANJIU

著 者:范纯增
出版发行:上海交通大学出版社   地 址:上海市番禺路 951 号
邮政编码:200030   电 话:021-64071208
印 制:上海万卷印刷股份有限公司 经 销:全国新华书店
开 本:710mm×1000mm 1/16 印 张:14.5
字 数:235 千字
版 次:2025 年 3 月第 1 版   印 次:2025 年 3 月第 1 次印刷
书 号:ISBN 978-7-313-32239-5
定 价:68.00 元

目　　录

第1章

生物医药创新链发展研究概述

1.1 研究意义

生物医药产业是重要的战略性新兴产业,是我国的先导产业和发展新质生产力的主要阵地之一。我国生物医药发展已经从以仿制为主导的阶段进入以研发创新药为主导的新阶段。研发创新是当前生物医药产业发展的命脉,加速生物医药全链创新是影响创新药发展和推进健康中国建设的关键之一。

生物医药产业是研发依赖型高技术产业,其竞争的焦点在于创新药市场。在这个市场上,首先上市的新药会占有很高的市场份额。

整体而言,创新药始于基础研究和药物发现,经过临床前和临床研究,批准上市,到患者用药及支付资金,再到产生收益和利润回流到研发主体,支持其再投入、再创新,从而形成围绕创新药的一个动态的创新链、产业链闭环。其中的创新流自上游向下游环环相扣,任何环节滞缓都会影响整体的创新速度和再创新能力。

我国生物医药创新链发展很快,但创新链上某些关键要素、环节及其他相关要素、环节还比较羸弱。近20年来,我国不断加强产学研合作,建设生物医药产业园区、众创空间、孵化器、加速器和大型生物医药科技基础设施,制订并实施重大新药研发计划的同时,不断推出医药创新新政,已具备了生物医药创新链的主要"构件"和链式组织形态。我国从民间到政府都在努力加强生物医药创新链建设。如2021年10月我国成立了中国生物医药产业链创新转化联合体,旨在进一步推进"官产学研医用一体化"联合,推动生物医药创新链发展和成果的快速转化。2024年7月,国务院常务会议审议通过《全链条支持创新药发展实施方案》,即在研发、转化、准入、生产、使用、支付各环节对生物医药创新给予全链条的支持,努力营造鼓励生物医药创新的制度环境。结合国家的

《全链条支持创新药发展实施方案》，上海、北京、广州、珠海等地也相继制定了支持医药创新发展的新一轮政策措施。

尽管如此，与美国、英国、瑞士、德国、法国、日本等生物医药强国相比，我国生物医药创新链仍然存在基础研究比较孱弱、转化率低、颠覆性技术创新能力不足的问题。这需要从创新链整体角度加速创新并以稳定的机制为保障，促进创新水平、速度和能力的提高，以适应生物医药作为战略性新兴产业发展的需要。

因此，当前着眼于整体产业链及各个环节，弄清生物医药创新链关键环节、要素及相关发展的国际地位，弄清生物医药创新链整体功能和加速机理，采取科学合理的对策支持全创新链加速机制的稳定性和适时、适度"进化"，对当前推动生物医药产业创新发展具有重要的理论与实践意义。

1.2 主要内容、研究方法及数据来源

1.2.1 主要内容

本书分为六章。第一章为生物医药创新链发展研究概述，主要提出问题、研究方法和创新之处。第二章为创新链发展趋势论述及文献综述，在简述当前生物医药研发创新及行业发展基本趋势的基础上，分析整理相关文献，弄清本研究的现状、意义和价值，并确定本研究的着力点和主要的分析方法。

第三章对中国生物医药创新链上主要环节和要素进行了国际比较，并利用大量数据解释中国生物医药创新链的优劣势两个方面。

第四章主要探讨了中国生物医药创新链发展的动力机制，即基于以上各章的分析研究，构建模型，并利用收集到的数据，定量分析中国生物医药产业链发展的影响因素和动力机制。

第五章探讨了生物医药产业链发展的主要限制因素和优势因素，即基于已经做出的研究和分析，结合当前的宏观经济环境，分析中国生物医药创新链发展的关键制约因素和有利条件。

第六章内容则是基于以上研究所提出的对策建议。

1.2.2 研究方法与数据来源

本书的研究方法主要包括如下几个方面：

（1）文献分析。一方面,本书将利用文献资料对生物医药创新链的相关研究进行梳理和分析,总结相关研究的现状和趋势,进而评价本研究的新意和创新点,确定本书的聚焦方向和研究目标。另一方面,本书力求弄清目前关于生物医药创新链的研究程度和前沿,以及我国生物医药创新链发展机制,从而归纳并提出新理论和新的研发方案,让本书具备良好的理论和实践创新价值。

（2）理论分析法。本书利用相关理论对生物医药创新链的概念演变、生发机理、主要影响因素等进行分析研究。

（3）计量模型法。本书利用医药数据库、专利数据库、上市公司的数据库（WIND、国泰君安、同花顺）等自建支持本研究的小型数据库,以用于定量分析生物医药创新链的关键影响因素。具体而言,基于文献分析和对本研究目标的考量,本书建立了相关数理模型以对生物医药创新链的结构、我国生物医药创新链在世界生物医药产业链中的地位及变化、生物医药创新链发展的动力机制等进行研究。

（4）比较分析法。本书力求使用大量数据对我国生物医药产业链的主要环节进行比较研究,从而揭示出我国生物医药产业链发展的薄弱环节和创新生态问题。通过对标国际找出我国生物医药全创新链的优劣势和长短板,找出突出矛盾、痛点和卡点,为对策研究提供依据。

（5）调查分析法。本书选择若干典型龙头企业、相关政府监管机构、相关学研机构进行调研,以便正确识别、分析中国生物医药创新链发展的现状、趋势及规律。本书还注重通过对典型生物医药集群、孵化器、加速器、研发机构、中国药学会、医药行业协会、生物技术公司、医院等不同相关组织的大量调研,弄清有关政策、创新生态,从而评估生物医药创新链的发育水平和存在的问题。

1.2.3 数据来源

本书所使用的数据主要来自如下几个方面:

第一,来自上市公司的数据库,如 WIND 数据库、国泰君安数据库、同花顺数据库、CHOICE、美国 clinicaltrials、药融云、医药魔方、药渡等。

第二,来自一些网站数据,如中国临床试验登记数据库、Nature 和 Science 网站数据、pharmaintelligence. informa. com 网站数据、TEConomy/BIO. org 网站数据、Researchamerica. org 网站数据、美国 NIH(国立卫生研究院)网站数据、Reaearch. com 网站数据、pharmanewsintel. com 网站数据、cms. gov 网站

数据、healthsystemtracker. org 网站数据、Frost&Sullivan 数据、images. intelligence. informa. com 网站数据、info. evaluate. com 网站数据、statista. com 数据资料、历年 PhRMA Member Companies survey 数据等。

第三,来自大型跨国公司的数据,如来自辉瑞、强生、百时美施贵宝、吉利德、艾伯维、诺华、罗氏、阿斯利康、赛诺菲、诺和诺德、葛兰素史克、默沙东、拜耳、武田等公司。还来自国内大药企的网站,如国药集团、上药集团、复星医药、恒瑞医药、华东医药、华润集团、中国生物、正大天晴、扬子江药业、百济神州、齐鲁制药、再鼎医药、康方生物、传奇生物、贝达生物、信达生物等。

第四,来自出版年鉴、报告等:如《中国工业经济统计年鉴》《中国科技统计年鉴》《中国药学年鉴》《中国统计年鉴》《中国高技术产业统计年鉴》及各省市统计年鉴等。

第五,来自一些政府或国际组织网站的数据,如来自 OCED 数据库、世界银行数据库、IMF 数据库、中国药监局网站、卫健委网站、医保局网站、联合国商品统计贸易数据库、WTO 数据库、欧盟数据库、EMA 及美国 FDA 数据库、历年自然指数报告、历年创业生态研究报告等。

第六,来自其他公开的网络数据、会议资料数据等。

1.3 创新之处

本书的创新之处主要有如下几个方面:

(1) 本书汇集了大量国内外数据资料,分析了中国生物医药产业链对世界生物医药创新链的贡献,并将中国生物医药创新链与美国等医药强国的生物医药创新链从绝对量和相对量等多个维度进行了比较研究。

(2) 通过构建模型对我国各省区市的生物医药创新链进行了测度,然后基于这些测度数据和其他相关数据构造计量经济模型,分析了中国生物医药创新链发展的驱动因素,以及进一步发展的有利条件和制约因素,从而归纳出中国生物医药创新链发展的基本机制。

(3) 基于临床试验数据资料,对中国生物医药产业密集区的临床研发和布局情况进行了细致分析,归纳出中国生物医药创新链发展的分异规律。

第2章

生物医药创新链发展及文献综述

2.1 生物医药创新链发展趋势

生物医药创新链发展呈现不断变化的基本特征,在其研发创新的不同方面呈现出不同的特点和趋势。

2.1.1 新技术、新理论不断突破

生物医药产业随着新技术和新理论上的不断突破,正在蓬勃发展,其升级换代势不可挡。现代生物医药研发及创新链发展迄今经历了四次浪潮。1970年代前研究者对药物分子比较熟悉,但对药物的靶点并不清楚。这一阶段,科学家主要基于化学和药理学的结合来研制创新药,具有很大的随机性。1970年代掀起的第二次浪潮使得药物靶点研究不断深入,创新药研发进入了根据靶点进行理性药物设计的时代。1980年代基于重组蛋白技术的生物药的兴起,生物医药创新掀起了第三次浪潮。2000年代以来,科学家开始基于 lgG 结构改造技术的多特异性研发药物,由此创新药研发的第四次浪潮开始了[①](见表2-1和图2-1)。每一阶段里生物医药创新链都进行了重塑,其组织模式和研发创新效率呈现不同的变化。

表 2-1 生物医药产业创新的升级换代

类别	第一次	第二次	第三次	第四次
阶段	1970 年代之前	1970 年代	1980 年代	2000 年代

---

① Deshaies R J. Multispecific drugs herald a new era of biopharmaceutical innovation [J].
Nature, 2020,580(7803):329-338.

(续表)

类别	第一次	第二次	第三次	第四次
特征	分子明确、靶点未知	靶点明确	生物药	多特异性
关键技术与科学发展	化学与药理学结合	以靶点为中心的理性药物设计	重组蛋白技术	IgG 结构改造技术
典型药物	阿司匹林	卡托普利	重组人胰岛素、莫罗单抗	托珠单抗、贝林妥欧单抗

资料来源:新药数据库产品部. 新药研发中的靶点演变[EB/OL]. (2023 - 08 - 25)[2023 - 08 - 30]. https://bydrug. pharmcube. com/report/detail/9ed20d0c34d147f0b48203b7b0618aeb.

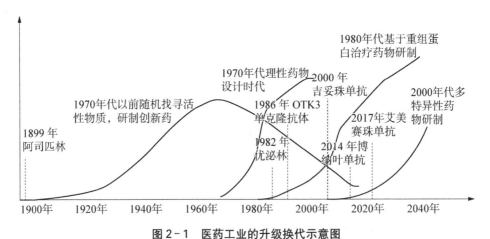

图 2 - 1　医药工业的升级换代示意图

资料来源:Wang Y F, Yang S Y. Multispecific drugs: the fourth wave of biopharmaceutical innovation [J]. Signal Transduction and Targeted Therapy, 2020(5):86.

2.1.2　全球研发管线在不断增加

研发管线是生物医药创新链不可或缺的重要组成部分。2000 年代以来全球具有活跃管线的公司数量和药物研发管线数量都有很快的增长。例如 2001 年全球有 1 198 家具有活跃研发管线的公司和 5 995 条研发管线,至 2023 年已经增加到有 5 529 家具有活跃研发管线的公司和 21 292 条研发管线。2024 年全球研发管线增加到了 22 825 条(见表 2 - 2 和图 2 - 2)。

表 2-2　全球具有活跃管线的公司数量和研发管线数量的变化

类别	具有活跃管线的公司数量/家							
年份	2001	2002	2003	2004	2005	2006	2007	2008
数量	1 198	1 313	1 503	1 576	7 360	1 621	1 633	1 769
年份	2009	2010	2011	2012	2013	2014	2015	2016
数量	1 965	2 084	2 207	2 387	2 705	2 745	3 286	3 687
年份	2017	2018	2019	2020	2021	2022	2023	
数量	4 003	4 134	4 323	4 816	5 099	5 416	5 529	
类别	研发管线数量/条							
年份	2001	2002	2003	2004	2005	2006	2007	2008
数量	5 995	6 198	6 416	6 994	7 360	7 406	7 737	9 217
年份	2009	2010	2011	2012	2013	2014	2015	2016
数量	9 605	9 737	9 717	10 452	10 479	11 307	12 300	13 718
年份	2017	2018	2019	2020	2021	2022	2023	2024
数量	14 872	15 267	16 181	17 737	18 582	20 109	21 292	22 825

资料来源：Lloyd I. Pharma R&D annual review [EB/OL]. (2014 - 05 - 20) [2024 - 07 - 20]. https://www. citeline. com/-/media/citeline/resources/pdf/white_paper _ annual-pharma-rd-review-2024. pdf.

从 1995—2024 年各国研发管线来看，主要医药大国的研发管线数量逐步增多。美国的生物医药研发管线数量最多，遥遥领先于其他国家。1995 年美国拥有生物医药研发管线 2 937 条，2024 年增加为 11 197 条。2024 年美国研发管线数量占全球总研发管线的 49.06%。就中国而言，2001 年前，中国的研发管线很少。如 2001 年中国研发管线为 172 条，之后快速增加，到 2024 年达到 6 119 条，成为仅次于美国的第二大生物医药研发管线国（见表 2-3 和图 2-2）。可见，中国生物医药研发管线数量增长最快，且呈现不断加速特征。2024 年中国生物医药研发管线数约占全球的 26.81%（见表 2-3）。

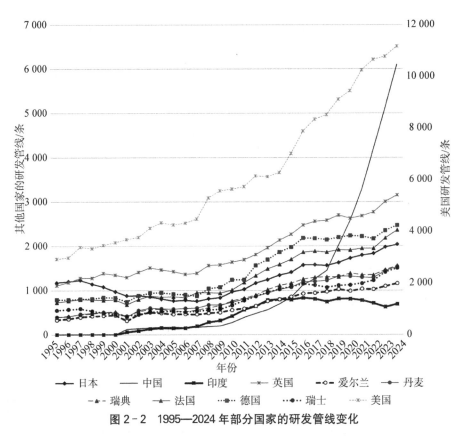

图 2-2　1995—2024 年部分国家的研发管线变化

资料来源:Lloyd I. Pharma R&D annual review [EB/OL]. (2014-05-20)[2024-07-20]. https://www. citeline. com/-/media/citeline/resources/pdf/white-paper_annual-pharma-rd-review-2024. pdf.

表 2-3　1997—2024 年中国研发管线规模变化　　　　　　（单位:条）

年份	1997	1998	1999	2000	2001	2002	2003	2004
中国	2	1	1	2	172	199	239	263
年份	2005	2006	2007	2008	2009	2010	2011	2012
中国	250	255	287	300	322	409	538	632
年份	2013	2014	2015	2016	2017	2018	2019	2020
中国	726	869	1 012	1 300	1 427	1 599	2 203	2 775
年份	2021	2022	2023	2024*				
中国	3 477	4 384	5 402	6 119				

注:* 2024 年数据截至 2024 年的 6 月。

资料来源:Ian Lloyd. Pharma R&D annual review 2023 [EB/OL]. (2023-08-31)[2024-07-30]. https://images. intelligence. informa. com/Web/InformaUKLimited/%7B1e2824e9-0137-4cb4-9ef5-b8643c2243cc%7D_13575_Citeline_R_D_White_Paper_V6.pdf.

2.1.3　新靶点数增加缓慢,同靶点药物竞争激烈

靶点是研发新药的非常关键的前提条件,也是创新链的原发端。2005 年以来,全球新靶点发现有所增加,但增加幅度不大。全球每年增加的新靶点在 67～179 个之间(见表 2 - 4),其中真正能成药的靶点就更少了。从研发企业看,2001 年具有活跃研发管线的企业有 1 198 家,2024 年增加到 6 124 家。从研发管线看,2002 年新增研发管线 203 条,2024 年新增研发管线 1 533 条。研发企业数量增长、研发管线数量增长远远快于新靶点数量增长,导致针对每一个靶点展开的新药研发的平均数量不断增加,赛道日益拥挤,竞争激烈。

表 2 - 4　2005—2024 年全世界新发现靶点情况

年份	2001	2002	2003	2004	2005	2006	2007	2008
靶点数量/个	—	—	—	—	72	107	92	102
新增研发管线/条	—	203	218	578	366	46	331	1 480
具有活跃研发管线的企业数/家	1 198	1 313	1 503	1 576	1 621	1 633	1 769	1 965
年份	2009	2010	2011	2012	2013	2014	2015	2016
靶点数量/个	97	67	179	89	68	77	113	116
新增研发管线/条	388	132	—24	739	27	828	993	1 418
具有活跃研发管线的企业数/家	2 084	2 207	2 387	2 705	2 745	2 984	3 286	3 687
年份	2017	2018	2019	2020	2021	2022	2023	2024
靶点数量/个	75	97	100	139	131	94	93	—
新增研发管线/条	1 154	395	914	1 556	845	1 527	1 183	1 533
具有活跃研发管线的企业数/家	4 003	4 134	4 323	4 816	5 099	5 416	5 700	6 124

资料来源:Ian Lloyd. Pharma R&D annual review 2024 [EB/OL]. (2024 - 05 - 30) [2024 - 07 - 30]. https://www.citeline.com/-/media/citeline/resources/pdf/white-paper _ annual-pharma-rd-review-2024.pdf.

2.1.4　生物技术药物占比不断增加,抗肿瘤药占比不断提高

从药物的种类来看,生物技术药物在创新药中的比重不断提升,抗肿瘤药

在各类创新药中的占比也在不断提高。如生物技术药物占比从 2014 年的 24% 提高到 2021 年的 38%，预计到 2028 年上升到 41%（见表 2-5）。从抗肿瘤药研发管线占比来看，其在总研发管线中的比重不断上升。如 2010 年全球抗肿瘤药管线占比为 26.8%，2023 年提高到 39.8%，2024 年达到 40.1%（见表 2-6）。

表 2-5 2014—2028 年全世界处方药和 OTC 药物销售中生物技术药物和常规药物的比例 （单位：%）

年份	2014	2015	2016	2017	2018
生物技术药物	24	25	27	28	30
常规药物	76	75	73	72	70
年份	2019	2020	2021	2022*	2023*
生物技术药物	31	33	38	37	37
常规药物	69	67	62		63
年份	2024*	2025*	2026*	2027*	2028*
生物技术药物	37	38	39	40	41
常规药物	63	62	61	60	59

注：* 代表该年份的值为预估值。
资料来源：Evaluate Pharma. World preview 2022, outlook to 2028: patents and pricing [EB/OL]. (2022-10-01) [2023-07-28]. https://info.evaluate.com/rs/607-YGS-364/images/2022%20World%20Preview%20Report.pdf.

表 2-6 2010—2024 年全球肿瘤管线占管线总数比例 （单位：%）

年份	2010	2011	2012	2013	2014	2015	2016	2017
比例	26.8	28.0	29.5	30.1	29.3	29.3	30.4	32.6
年份	2018	2019	2020	2021	2022	2023	2024	
比例	34.1	35.2	36.7	37.5	39.0	39.8	40.1	

资料来源：医药魔方数据库。

2.1.5 前沿技术呈现多样性和发展的不平衡性

在西湖大学评估选出的 30 项前沿技术中，基因编辑、重组抗体、抗体药物偶联物、诱导型人工多能干细胞、蛋白质组学、高通量测序、异体移植、类器官、空间转录组学等前沿技术的技术性得分排列序位高于产业化得分排列序位,这说明这些技术的产业化水平和能力发展具有很大潜力。而其他前沿技术的产业化得分排列序位高度相关于技术性排列序位得分,这说明技术创新具有较大的发展潜力,也表明生物医药创新活力很强、潜力很大(见表 2-7)。

表 2-7　前沿技术的技术性、产业化及价值评估

序号	关键技术	技术性得分	排序	产业化得分	排序	项目数/个	金额/美元
1	基因编辑	0.564 6	12	0.557 6	17	620	583 499 984
2	CRISPR - Cas	0.611 2	9	0.742 3	9	1 478	835 636 289
3	基因替代疗法	0.248 5	28	0.417 4	27	220	223 349 613
4	表观遗传疗法	0.104 6	30	0.349 9	2	91	59 208 661
5	免疫检查点抑制剂	0.587 8	10	0.866 9	2	267	128 979 717
6	嵌合抗原受体	0.574 7	11	0.725 6	10	482	342 213 722
7	重组抗体	0.829 7	2	0.814 4	6	174	175 865 009
8	抗体药物偶联物	0.752 1	3	0.806 8	7	109	72 481 417
9	靶向蛋白质降解	0.449 3	17	0.701 1	12	114	55 974 261
10	小分子抑制剂	0.642 9	7	0.843 0	3	328	336 834 823
11	药物递送	0.532 3	15	0.815 5	4	607	408 357 578
12	疫苗设计	0.409 5	21	0.518 7	24	193	451 131 791
13	mRNA 疫苗	0.550 8	13	0.750 3	8	47	57 828 014
14	诱导型人工多能干细胞	0.667 7	4	0.551 9	18	491	454 274 103
15	细胞重编程	0.261 2	27	0.435 7	26	114	92 159 499
16	蛋白质结构	0.540 1	14	0.540 0	20	351	299 333 783
17	蛋白质设计	0.342 6	24	0.529 3	21	67	69 649 413
18	蛋白质组学	0.643 2	6	0.700 7	13	1 400	1 266 466 418
19	全基因组测序	0.444 7	18	0.610 2	14	613	678 372 744

(续表)

序号	关键技术	技术性得分	排序	产业化得分	排序	项目数/个	金额/美元
20	全转录组测序	0.426 8	19	0.570 4	15	315	305 331 014
21	空间转录组学	0.339 8	25	0.408 6	28	114	158 813 931
22	单细胞测序	0.417 2	20	0.560 7	16	846	617 718 590
23	高通量测序	0.851 7	1	0.714 9	11	237	165 616 173
24	代谢组学 M	0.386 5	22	0.545 0	19	352	422 170 208
25	抗逆转录疗法	0.280 5	26	0.519 9	23	46	53 207 055
26	异体移植	0.355 4	23	0.489 3	25	49	34 864 963
27	类器官	0.459 2	16	0.523 3	22	921	775 986 882
28	相分离	0.181 1	29	0.293 4	30	100	74 377 166
29	3D 打印	0.614 1	8	0.814 4	5	91	59 793 758
30	AI＋生物医药	0.663 8	5	0.933 8	1	821	699 078 464
合计		—	—	—	—	11 658	9 958 589 052

资料来源:深究科学.未来生物医药产业如何走向? 西湖大学发布重要报告,分析 30 项关键技术趋势[EB/OL].（2023 – 07 – 27）[2023 – 08 – 12]. https://view.inews.qq.com/k/20230725A0175Q00? no-redirect＝1&_web_channel＝wap&_openApp＝false.

2.1.6 生物医药技术供给创造需求

对于生物医药而言,供给创造需求规律的表现相对比较明显。1970 年代以来,生物医药技术不断突破,诱致了大量创新药物产生。如 1970 年代的单抗技术、重组多肽技术的诞生,1990 年代的双特异性抗体技术、小分子靶向药物技术、TILs 技术、基因治疗技术的诞生,2000 年代的 TCR - T 技术、mRNA 技术的诞生,2010 年代以来 CAR - T 技术、CRISPR/cas 基因编辑技术、CAR - NK 技术、PTOTAC 技术的诞生,使得一系列的 PD-1、CAR - T、基因疗法、疫苗等创新药产生,从而给很多患者带来了前所未有的有效治疗。同时,这些新技术和创新药丰富了生物医药创新链的内容,拓展了生物医药创新链的长度、宽度、丰度,提升了创新绩效(见图 2 - 3)。

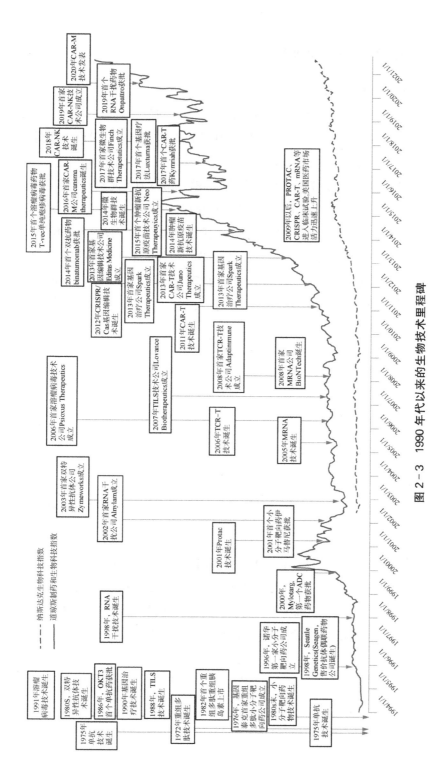

图 2-3 1990 年代以来的生物技术里程碑

资料来源：来自广的报告《优质 BIOTECH 标的已具备战略性配置价值：从发达市场看我国创新药/技术产业的发展前景》，2022 年。

2.1.7 创新药研发投资不断增加,创新药发展强劲

1. 创新药研发投资不断增加

对于创新药而言,无论进行靶点创新或是化学分子创新,8%~15%的投入用于临床前的研究,85%~92%的研发费用用作临床试验和市场开拓。在每个新化学实体(NCE)从发现到上市的过程中,临床前研究每年需要大约40名生物化学家、40名药化学家,以每个职员25万美元年薪计算,每年花费2 000万美元到4 000万美元。对于尚未明晰的靶标,花费会更多①。尤其是随着时间推移,临床研究人员的工薪增加,也不断推高创新药的研发费用,促使生物医药创新链的研发投入不断提升。因此,创新药研发费用投入深陷反摩尔定律,呈现研发投入不断增加的现象。

全球大型制药公司的研发投入从2014年的870亿美元,增加到2023年的1 610亿美元。2023年的研发投入比2014年的研发投入接近增长了50%(见表2-8)。

表2-8 大型跨国制药公司的研发投入及增长速度

年份	2014	2015	2016	2017	2018
研发投入/亿美元	870	860	920	970	1 080
年增长速度/%	17.2	17.5	18.2	18.7	19.6
年份	2019	2020	2021	2022	2023
研发投入/亿美元	1 100	1 230	1 360	1 380	1 610
年增长速度/%	19.3	20.4	19.3	18.8	23.4

资料来源:IQVIA Institute. Global trends in R&D 2024: activity, productivity, and enablers [EB/OL]. (2024-02-01)[2024-08-18]. http://www.iqviainstitute.org.

再从美国创新药研发投入看,2020年美国全部生物医药研发投资大致为1 220亿美元,2023年这一数值超过1 320亿美元,分别占全球研发投资的58.94%和55.46%。美国药品研究和制造商组织(PhRMA)成员研发投资在2020年和2023年分别占全球的44.02%和42.97%②。1970—2023年

---

① 塔马斯・巴菲特,格兰姆・V. 李. 药物发现:从病床到华尔街[M]. 王明伟,等译. 北京:北京科学出版社,2010.

② Statista. Total global spending on pharmaceutical research and development from 2012 to 2026 [EB/OL]. (2020-06-01)[2024-07-30]. https://www.statista.com/statistics/309466/global-r-and-d-expenditure-for-pharmaceuticals/.

PhRMA 成员研发投资累计达到 1.6 万亿美元左右。从中国的研发投资情况看，2010 年代中期以来，研发创新投入也迅速增加①。

2. 创新药发展强劲

近年来全球创新药发展很快。根据药渡数据统计，2014—2024 年 6 月，全球研发上市的首创药物（first in class，FIC）产品超过 180 个，这明显超过 2004—2014 年的数量。其中美国研发上市的 FIC 药物中有超过 115 个占绝对优势。药融云数据显示，2016 年全球批准上市的新药 142 个，2023 年全球批准上市的新药达到 162 个，增加了 20 个。根据国家药监局数据，2019 年中国国产创新药为 16 个，2020 年为 14 个，2021 年达到 27 个，明显增多。2022 年国产创新药为 19 个，相比 2021 年略有减少，但创新质量明显提高，其中一些是潜在的 FIC 和同类最佳（best in class，BIC）产品。中国生物医药在局部领域突破明显。如泽布替尼是中国首个自主研发的 BIC 药物，在 2023 年销量达到 12.9 亿美元，成为中国首个重磅药物②。

与此同时，中国在多肽、双抗和基因疗法，自免疫和炎症、代谢相关药物，神经学等方面的新疗法领域也发展较快。如据统计，2022 年中国细胞与基因治疗（CGT）市场规模同比增长了 10 倍以上，预计到 2025 年中国 CGT 市场规模有望达到 178.9 亿元③。

2.1.8　全创新链创新成为当前发展热点

首先，从共同演化理论来看，生物医药产业链具有不断演化升级的基本特征。长期以来生物医药产业基于经验和表观特征研发药物，从而形成传统的创新链。随着靶点识别技术的提高，新药研制则主要根据靶点特征，探明成药机理，从而形成新药。在这一新的范式下，既有的传统创新链发育发展转弱，新的生物医药创新链形成了基础研究—靶点识别—先导化合物寻找—药理毒理研究—临床Ⅰ期—临床Ⅱ期—临床Ⅲ期—上市申请—规模化生产—流通—销售

---

① Evaluate Pharma. World preview 2019, outlook to 2024 [EB/OL]. (2019 - 06 - 30)[2024 - 07 - 30]. https://info. evaluate. com/rs/607-YGS-364/images/2022% 20World% 20Preview% 20Report. pdf. https://info. evaluate. com/rs/607-YGS-364/images/EvaluatePharma_World_Preview_ 2019. pdf.

② 见 https://www. living. tech/articles/worlds-bestselling-drugs-addicted-broken-us-healthcare。

③ 见 http://news. sohu. com/a/662832379_121484387。

等若干细致的分工合作,即形成创新药的研产用。随之而来的是一些重要的细分创新链发展很快,形成复杂的生物医药"复合"创新链。未来生物医药产业链将围绕更好实现精准医疗、更加广泛地解决罕见病及慢性病等各类疾病方面进行革命性变革,缔造出新的生物医药创新链,克服靶点药物研发的缺陷,更好地解决未满足的临床需求,也同时完成生物医药创新链的升级。如随着 PD-1(免疫抑制分子)的发现,新的 PD-1 创新链正在形成和快速发展。具体而言,1992 年日本京都大学教授本庶佑发现了 PD-1。1999 年陈列平发布 PD-L1基因及蛋白序列。2000 年本庶佑等阐述了 PD-L1 对人体 T 细胞的调控作用,2002 年其又指出大多数肿瘤细胞通过表达 PD-L1 实现免疫逃逸。2006年 FDA 批准全球首个 PD-L1 抗体临床试验(MDX-1106,原研企业Mecare)。2010 年默沙东重启 PD-1 抗体项目。2014 年全球首个 PD-1 抗癌药物 Opdivo 在日本上市,第二个 PD-1 药物 Keytruda 在美获批上市。2015年 Opdivo 药在美国获批上市,2018 年 Keytruda 药进入中国市场。可见,PD-1 的创新过程是从 1992 年开始逐步形成的创新链。在这个创新链上,创新药产品的全球销售额从 2015 年的 62.1 亿美元上升到 2022 年的 1 264.67 亿美元。从中国国内市场看,PD-L1 的销售从 2019 年的 17.9 亿元,上升到 2022年的 102.8 亿元(见表 2-9)。从美国市场看,Keytruda 药自 2014 年上市后,其销售额不断攀升,2023 年 Keytruda 药销售量超过修美乐成为新"药王"。可见,无论从全球还是从美国、中国市场来看,PD-1 创新链完成了从基础研发到创新药问世的过程,并经过有效的营销,形成了"闭合"。生物医药的这条细分创新链具有了一定的造血能力,正在快速向着多抗和多适应证方向发展,并成为中国生物医药创新链中快速发展的重要细分创新链。因此,整个生物医药创新链就是通过基础研究的突破,逐步发展演化形成若干先进的细分创新链,从而推动整体的生物医药创新链的不断演化发展。

表 2-9　PD-L1 单抗销售

年份	2015	2016	2017	2018	2019	2020	2021	2022
全球 PD-L1 单抗全球销售额/亿美元	62.1	321.0	450.0	601.3	826.0	955.0	995.7	1 264.7
国产 PD-L1 单抗销售额/亿元	—	—	—	—	17.9	89.6	92.9	102.8

资料来源:根据杨巍演讲资料整理。

其次,从系统的涌现性而言,生物医药创新遵循系统性原理,需要由研发机构、生物科技企业、大型制药企业、医院、大学、政府等诸多要素组成行业生态。在生物医药生态中,官产学研医用等相互支持,产生系统的涌现性效果,表现出强大的乘数效应。美国生物医药创新链的高度发育和高效运行得益于美国生物医药创新生态带来的完备性和系统的涌现性[①]。目前,中国生物医药经过新中国成立以来的不断发展,尤其经过 2015 年以来医药新政的强力支持,已基本具备创新所需要素,但各要素的协同和要素的高质量提升是当前制约中国生物医药研发创新的主要障碍因素。因此,加强全创新链薄弱环节的建设,促进创新链的系统性和生态效能提升,促进其涌现性呈现,是当前生物医药创新链发展的明显趋势。

2.1.9　大型制药跨国公司及生物科技企业日益成为全球创新链的主导者

全球创新链的核心支持是创新药的研制成功并上市,从而形成生物医药研发创新从投入到产出并获取回报,进而扩大再投入研发资本的闭合循环。这一循环的健康发展是生物医药创新链持续发展的基本动力机制。全球创新链中大型制药跨国公司和生物科技企业的分工合作不断加强,成为完成该循环的重要手段。这表现为生物医药的研发创新主要由生物科技企业完成,而创新药上市主要通过大型制药跨国公司来完成。如关于全球二十大生物医药跨国公司的统计数据显示,大型制药跨国公司的技术专利有 65% 以上来自公司外部创新[②],即通过兼并、收购外部的以来自生物科技企业为主的技术专利获取。

2.2　中国生物医药创新链发展进入新阶段

生物医药创新政策是生物医药创新链发展的基本保障和关键外生因素。中国的生物医药创新政策发展经历了多个阶段性的变化,目前呈现出新的发展趋势,且进入新的发展阶段。

---

① Ezell S. Ensuring U.S. biopharmaceutical competitiveness [EB/OL]. (2020 - 07 - 01)[2024 - 07 - 30]. http://www2.itif.org/2020-biopharma-competitiveness.pdf?_ga=2.2972293.

② Schuhmacher A, Hinder M, Dodel A, et al. Investigating the origins of recent pharmaceutical innovation [J]. Nature Reviews Drug Discovery, 2023, 22:781 - 782.

2.2.1 以传统医学为主导的阶段（1949 年以前）

在新中国成立之前，中国生物医药以传统的中医药为主，并缓慢引进海外特效西药的成品。

2.2.2 现代化起步阶段（1950—1978 年）

1950 年 8 月中国医药公司成立，1953 年轻工业部医药工业管理局成立，这标志着中国生物医药产业开始进入现代化的初始阶段。

2.2.3 以仿制药为主导的阶段（1979—2015 年）

1982 年《中华人民共和国宪法》第 21 条规定：国家发展医疗卫生事业，发展现代医药和我国传统医药。1985 年 7 月《中华人民共和国药品管理法》正式实施，同年 11 月全国实施统一的新药审批制度。1988 年《药品生产质量管理规范》在全国开始实施。1998 年在政企分开的政策下，国家药品监督管理局成立。2006 年国家决定将重大新药创制列入重大科技专项，并于 2008 年开始实施。在接下来的 2008—2018 年的实施期内，国家累计投入 233 亿元，兼及地方政府和企业，该专项累计投入 400 多亿元，研制出 1 类创新药 41 个。2020 年重大新药创制完美收官，专项支持获批上市 1 类新药达 80 个，是专项实施前的16 倍。2015 年新一轮药监改革开始，主要表现为 2015 年前国家通过仿制药解决供小于求、无法满足临床用药的矛盾，但国产化药、生物药、创新药数量很少。该阶段的基本经营模式是关注国内临床用药不足的问题，以仿制药替代进口药物，这在一定程度上促进了生物医药创新链发展。

2.2.4 快速仿制跟随阶段（2016—2022 年）

2016 年《药品上市许可持有人制度试点方案》出台。2017 年 12 月《关于鼓励药品创新实行优先审评审批的意见》出台。2018 年 1 月《知识产权重点支持产业目录》发布。

2018 年 12 月，"4＋7"集采制度开始实施。2019 年 1 月国务院办公厅发布《关于印发国家组织药品集中采购和使用试点方案的通知》。2019 年国家修订了《中华人民共和国药品管理法》。2020 年 5 月国家制定了《"十四五"生物经济发展规划》。2022 年 1 月国家发布《"十四五"医药工业发展规划》。这些生物医药相关的管理政策不断出台,有效地促进了生物医药创新链在快速仿制跟随阶段的发展。

在这一阶段,中国药品审评审批制度密集改革,打通了资本市场,促进了创新药的研发。这一阶段不仅关注靶点研发创新药,还特别关注高仿药、大品种仿制药的快速仿制,促进了生物医药创新链的发展。

2.2.5　新创新药发展阶段

2023 年以来,若干关于生物医药创新链发展的新政逐步颁布。如 2023 年国家出台《谈判药品续约规则》,国家医保局办公室发布《关于进一步做好定点零售药店纳入门诊统筹管理的通知》,同年 5 月发布《关于加强委托生产药品上市许可持有人监管工作的通知(征求意见稿)》。2024 年 2 月国家医保局出台《关于建立新上市化学药品首发价格形成机制　鼓励高质量创新的通知(征求意见稿)》。2024 年 7 月,国务院常务会议审议通过《全链条支持创新药发展实施方案》。会议指出,要全链条强化政策保障,统筹用好价格管理、医保支付、商业保险、药品配备使用、投融资等政策,优化审评审批和医疗机构考核机制,合理助推创新药突破发展。要调动各方面科技创新资源,强化新药创制基础研究,夯实我国创新药发展根基。

2023 年后随着新版《药品注册管理办法》及《以临床价值为导向的抗肿瘤药物临床研发指导原则》的出台落实,也随着上阶段创新产品陆续进入临床应用,政策开始鼓励以临床需求为导向的创新。这一阶段关注从疾病到靶点,促进基于新靶点、新机制的全球新创新药的发展,正在强力推进生物医药创新链的发展。

总之,中国生物医药创新链发展经历了不同的发展阶段,其政策管理也因阶段不同而有所变化。新中国成立以来一系列政策的颁布逐步优化了生物医药创新链发展的环境,中国生物医药从仿制到快速跟随,开始转入原发创新阶段。2015 年的医药新政推动了新药研发和发明专利的迅速增加,创新药的增长正在从"贝塔式增长"走向"阿尔法增长",使我国当前的创新药和创新链发展走向全链条、生态化、高效能、安全可靠、可持续发展的新阶段。

2.3 文献综述

2.3.1 关于创新链的作用

（1）基本内涵。自 20 世纪末首次提出"创新链"概念以来，经过多年的发展，创新链研究已经成为创新管理领域的前沿热点话题。所谓创新链是指一项科技成果从创意产生到商业化生产、销售的整个过程，这个过程可视为一个链状结构，它反映了知识、技术在整个过程中的流动、转化和增值效应，也反映了各创新主体在整个过程中的衔接、合作和价值传递关系[①]。

企业的创新从产生到创造价值是一个首尾相连的过程，包括创意的产生、创意的转换（即将创意转化成产品或付诸实施）和创意产品的扩散推广三个阶段。公司要提升创新能力，最重要的是提升价值链中最薄弱的创新力[②]。有研究发现，产学研创新链对促进研发创新起到明显作用。Yongze Y[③] 基于创新价值链视角，将创新过程划分为知识创新、研发创新和产品创新三个阶段，经研究发现产品创新效率与知识创新效率之间存在明显的价值链流出效应，而研发创新效率与知识创新效率之间尚未形成明显的价值链流出效应。从创新价值链的角度看，各阶段的创新效率都表现出更为明显的空间流出效应。

（2）核心功能。创新链是企业组织其创新活动的一种模式，是以市场需求为导向，以技术创新为基础，以提高企业竞争力为目标，多主体阶段性参与、功能节点不断演化的创新增值过程，它的本质是知识的产生、转移和扩散[④]。创新链上的任何主体通过上下游的关联互动，形成多种资源的共同作用、协同共享，并依靠各个环节上的价值创造和增值最终成就总体价值的实现和提升。可

① Hansen M T. Knowledge networks: explaining effective knowledge sharing in multiunit companies [J]. Organization Science, 2002, 13(3), 232 – 248.

② Hansen M T. Birkinshaw J. The innovation value chain [J]. Harvard Business Review, 2007, 85(6):121.

③ Yongze Y, Dayong L. The effect of the space outflow of China's regional innovation and the effect of the outflow of value chanins: a study, from the perspective of the innovative value chain, on the model of the panel of multidimentsional space [J]. Management World, 2013, 7: 6 – 20.

④ Sen N. Innovation chain and CSIR [J]. Current Science, 2003, 85(5):570 – 574.

见,创新链模式的核心在于创新的整体运作的协同性、增值性和开放性①②。

(3) 运作模式。创新链运作模式具有多样性。如有些学者认为创新链呈现顺序线性链模式,即起于基础研究,再推进到商业化的单向流动③④。也有些学者认为创新链是基于研发创新和创新需求间匹配的非线性创新模式⑤⑥。还有些学者认为创新链是基于循环开放、纵横交错、互通互融的多重网络型循环创新模式⑦⑧。创新链研究为企业创新提供了新的创新组织模式,有效地促进了企业的创新成果转化和突破式创新⑨。

2.3.2　创新链与产业链融合

创新链与产业链融合的实现路径主要有创新链推动产业链融合和产业链拉动创新链融合两种基本模式⑩。前者的理论逻辑为先有科技创新,再有产业链生成,然后两链相互融合⑪。该模式主要集中在发达地区,这是因为发达地区的原始性技术创新程度高,更容易推动相关产业的生成发展⑫。基础研究虽然是两

① 代明,梁意敏,戴毅.创新链解构研究[J].科技进步与对策,2009,26(3):157-160.
② Roper S, Du J, Love J H. Modeling the innovation value chain [J]. Research Policy, 2008,37 (6-7):961-977.
③ Turkenburg W C. The innovation chain: policies to promote energy innovations, energy for sustainable development [M]. New York: The UN Publications, 2002.
④ Hansen M T, Birkinshaw J. The innovation value chain [J]. Harvard Business Review, 2007, 85(6):121.
⑤ Liayanage S, Greenfield P F. Towards a fourth generation R&D management model research networks in knowledge management [J]. International Journal of Technology Management, 1999,18(3-4):372-393.
⑥ Carbon Trust. Submission to energy white paper consultation process [R]. London: Carbon Trust, 2002.
⑦ Niois J. Fourth-generation R&D: from linear models to flexible innovation [J]. Journal of Business Research, 1999,45(2):111-117.
⑧ Lhuillery S, Pfister E. R&D cooperation and failures in innovation projects: empirical evidence from French CIS Data [J]. Research Policy, 2009,38(1):45-57.
⑨ 史璐璐,江旭.创新链:基于过程性视角的整合性分析框架[J].科研管理,2020,41(6):56-64.
⑩ 陈俊.创新链与产业链协同的经济发展效应:来自城市行政审批改革的经验证据[J].当代经济研究,2022(9):115-128.
⑪ 樊步青,王莉静.我国制造业低碳创新系统及其危机诱因与形成机理分析[J].中国软科学,2016(12):51-60.
⑫ 翟翠霞,王海军.企业技术创新主体内涵及建设思路再思考[J].科技进步与对策,2014,31(8):103-106.

链自主融合发展的关键,但这并不代表着拒绝外来技术。实际上,在保证自主创新活动的基础上借助于其他地区的技术外溢是实现产业链与创新链融合的重要途径之一。产业链拉动创新链融合的理论逻辑为产业运营引发市场需求进而拉动科技创新,伴随着创新链的形成,两链相互融合[1][2]。因此,促进创新链与产业链的融合可以加速创新的产业化,形成研发投入—技术产业化—产品生产销售—收入的再投入研发的闭环流动,加快全创新链的创新。

2.3.3 生物医药创新链的加速创新

许多学者对生物医药创新链若干关键环节的加速创新做了研究。

(1)从企业的规模和创新能力看,大型制药企业自身创新能力往往不足,需要外部创新来支持。如 2015—2021 年 FDA 批准的 323 个新药中有 138 个来自全球 Top20 的生物制药公司。这 138 个新药中来自外部创新的占 65%,来自公司内部创新的占 28%,5% 来自合作,其他为 2%[3]。外部创新包括传统的药企-研发机构合作、Licensing、并购、开放众包等方式[4]。

(2)加强孵化器、加速器、众创空间和产业园区建设。中国生物医药成果的转化率较低,提高转化率是激励原发创新和推动产业创新的重要手段[5]。建设孵化器可以加强信息共享、健全运行机制及改善监督体系,是加速生物医药创新链发展的重要举措[6]。建设生物医药孵化器的升级版——加速器,也被视为加速研发创新的重要手段[7]。不断兴起的众创空间和生物医药产业园区内含孵化器和加速器的功能,是加速生物医药创新的重要支持基地。

---

① 周青,许倩. 价值创造视角下产学研协同创新运行模式[J]. 技术经济,2017,36(10):24 - 30.
② 李炳军,曹斌,周方. 产业链创新链融合对低碳转型的影响效应研究[J]. 生态经济,2023,40(8):53 - 61.
③ Schuhmacher A, Hinder M, Dodel A, et al. Investigating the origins of recent pharmaceutical innovation [J]. Nature Reviews Drug Discovery, 2023,22:781 - 782.
④ Wang L, Plump A, Ringel M. Racing to define pharmaceutical R&D external innovation models [J]. Drug Discovery Today, 2015,20(3):361 - 370.
⑤ Link A N, Van Hasselt M. On the transfer of technology from universities: the impact of the Bayh-Dole Act of 1980 on the institutionalization of university research [J]. European Economic Review, 2019,119:72 - 481.
⑥ 赖秋洁,茅宁莹. 交易成本视角下我国生物医药孵化器建设存在问题及对策[J]. 科技管理研究,2021(20):97 - 105.
⑦ 任祝,韩秀栋,薛瑞楠. 天津生物医药科技企业加速器建设路径对策研究[J]. 天津经济,2022(4):37 - 42.

（3）加强产学研合作。樊希雅等认为国内生物医药产业面临的问题有："学""研"连接不紧密导致人才断链，"产""研"连接不紧密使得科研成果向产品转化时断链，新产品在推向市场时与市场联系不紧密导致与市场断链[①]。加强产学研深度合作，破除这三大断点是加速生物医药创新的关键点。

2.3.4　生物医药产业集群、生态集群和生态系统建设

生物医学的创新研究起源于美国和欧洲国家的区域集群[②]。医药产业集群是将各类创新主体和辅助机构关联在一起的综合体。产业集群内的企业通过分工合作既能降低研发创新成本，又能培育业界精英，增加了创新成果产出，同时它还能通过集群组织及时了解和迎合患者需求。因此，集群是创新的"加油站"，是创新链的"支架"，是创新生态的"基本组件"和"载体"。美国十大产业集群构成了支持美国和全球创新链发展的主干骨架和创新策源地。美国的实践还证明，创新要素在产业链上集聚会提高创新链效率，加速创新药的研制。美国高端人才、研发投资、专利、论文、管线基于创新链的高度集聚机制成就了美国生物医药的加速创新和在全球的领导地位。

Stephen Ezell[③]认为美国医药研发创新的全球领先地位，决定于研究型大学和众多研究人才、企业等构成的创新生态系统。政府通过大量研发投资、强大的知识产权（IP）保护、有效的技术转让政策、投资激励，以及自由的药品定价政策等促使研发创新系统富有生态活力，形成优化研发系统的动力结构，从而增强医药生态系统的发展动力。周胜男等研究发现，江苏省生物医药产业集群尚未形成技术创新合作生态系统；创新组合模式正由链式化结构向模块化结构再向集群化结构演变；产学研组织创新合作模式是主流力量，高校和科研院所体现出巨大优势，但处于中心地位的仍多为企业[④]。

① 樊希雅，龙建明. 生物医药企业从入孵到毕业的路径研究[J]. 科技企业与发展，2021（10）：10-12.

② Jason O S, Massimo R, Fabio P, et al. Comparison of U. S. and European university-industry relations in the life sciences [J]. Technology Transfer, 2002, 20: 24-43.

③ Ezell S. Ensuring U. S. biopharmaceutical competitiveness [EB/OL]. (2020-07-01) [2024-07-30]. http://www2.itif.org/2020-biopharma-competitiveness.pdf?_ga=2.2972293.

④ 周胜男，申俊龙，李洁. 基于社会网络理论的生物医药产业集群创新组合模式研究：以江苏省为例[J]. 科技管理研究，2023（10）：127-135.

陈力等认为科技成果转化不是线性创新模型,即将成果转化视为孤立、单向度的技术转移过程,而是创新生态网链中多个节点间的动态反馈、调适、协同合作等多次迭代后的集成创新过程[①]。

中国医药集群投入不足、政策不到位、缺乏龙头企业和融资困难是研发创新的主要制约因素[②③]。也有很多学者研究发现,医药研发集群发展不足导致医药研发投入不足,整体创新效率不高,创新能力低下[④~⑨]。总之,生物医药全创新链加速创新的基本路径是基于创新集群加快形成高效的创新生态系统。

2.3.5 政策与网络

(1)政策对生物医药创新链发展至关重要。生物医药行业是深受政策密集管制和引导的行业,生物医药创新链需要富有激励和激发效应的政策支持。如 1980 年美国颁布了《斯蒂文森-威尔德勒技术创新法案》。该法案的主要精神是鼓励联邦政府与企业密切合作,促进发明专利向市场转移。这一法案直接促使不同联邦政府部门纷纷组建了各自的技术转让机构,从而有效地加快了政府累积发明专利的转让和产业化。

1980 年美国通过了《拜杜法案》,极大地激励了医药研发创新主体的积极性,使得创新动力迅速提升。1984 年美国颁布的《药品价格竞争与专利期补偿法》实施后,有效促进了仿制药的研发创新。2015 年以来中国医药新政极大地

① 陈力,梅阳,孟斌斌. 基于创新链视角的国防科技成果转化机理与政策建议[J]. 科学管理研究, 2023,41(4):33-40.
② 吕建黎. 江苏医药产业集群集聚力研究:基于生命周期理论视角[J]. 产业与科技论坛,2016,15 (12)29-31.
③ 褚淑贞,韩之俊. 我国医药产业集群风险投资[J]. 经济管理,2010,32(10):46-50.
④ 施竹红. 我国医药制造业创新效率评价及影响因素分析[D]. 长沙:湖南大学,2019.
⑤ 徐俐颖,翁坤玲,蒋丹,等. 基于三阶段 DEA 的我国医药产业创新效率评价研究[J]. 中国药房, 2020,31(16):1921-1926.
⑥ 曹阳,张文思. 我国医药制造业创新效率及其影响因素的空间计量分析[J]. 中国新药杂志, 2017,26(12):1351-1356.
⑦ 徐锋,李兰冰. 中国医药制造业综合效率评价:基于双阶段效率评估模型[J]. 中国行政管理, 2013(3):85-88.
⑧ 洪进,李敬飞,李晓芬. 两阶段创新价值链视角下的我国医药制造业技术创新效率及影响因素分析[J]. 西北工业大学学报(社会科学版),2013,33(2):51-56+64.
⑨ 江岩,曹阳. 我国医药制造业产学研合作创新效率评价:基于三阶段 DEA 模型[J]. 科技管理研究,2021,41(2):54-60.

强化了专利保护政策、创新药审评审批政策、与国际接轨的政策,同时通过加强仿制药集采政策和创新药医保谈判政策等"逼迫"了创新,有效推动了生物医药创新链发展。由于医药行业严重依赖专利来适应其创新,并通过渐进式创新来维持其利润,因此专利新药使创新者可以获得比直接竞争时所能获得的更大利润,从而激励创新活动加速推进。中国在加强专利保护方面的进步对创新药企业的激励效应非常明显,对若干仿制药企业向创新药企业转型起到了很大的促进作用,从而强化了创新链发育。2015 年以来,中国若干重大新政的出台,重塑了生物医药创新链的发育环境、速度和水平,也带来了若干全球新药物的研发成功与上市。

(2)医药研发分为不同的阶段:兴趣驱动下的相关基础研究—靶点发现—临床前研究—临床试验—上市申请—临床Ⅳ期—生产工艺—营销管理。每一阶段需要不同的专业研发者和投资者,需要它们的"接力"。在这个"接力"中,研究型医药大学、医药研发机构、各类医药企业及其他医药相关组织联系在一起,形成富有层次的研发网络。这个网络可以通过动态化的分工合作明显提高研发信息的流通速度,降低研发成本,增加研发创新柔性,提高研发效率。美国医药企业的研发投资中,美国以外的投资比重从 1970 年的 8.9% 提升到 2019年的 22.42%,进一步强化了全球化研发网络和创新链发展。

2.3.6　支付能力

医疗支付能力增强增加了对新药和突破性疗法的有效需求,这成为推动医药研发加速创新的长期拉动力,是加速生物医药全创新链加速创新的重要保障。

目前,随着一些高价药物的诞生,支付能力的发展对生物医药创新链的发育日趋重要。如一些抗体药和 CGT 药物定价超过 300 万美元,若没有良好的支付机制,促成"以药品为中心的研发创新投入—创新药品的销售—创新药回报—利润的研发再投入"的闭环,就无法让创新链健康地发展和升级。

美国通过仿制药发展加强竞争,降低专利过期药物药价,增加医药支出中对新药的支付比例和能力,同时也通过与跨国公司的谈判降低十大药品的价格以提高患者的支付能力。中国正在通过带量采购等降低普药价格,通过医保谈判促使创新药定价合理,以提高医保资金对新药的支付能力。这些都有利于创新药研发投入实现回本、闭环流通,支持创新链的可持续发展。

2.3.7 新质生产力与生物医药创新链

未来新质生产力核心要素之一的新制造中包括新药制造。而新制造、新服务、新动能需要全球化、数字化赋能。如人工智能作为新质生产力的新工具在蛋白质结构解构中发挥了巨大作用,加强了新药研制,节省了新药开发的时间和成本。中科院课题组通过构建筛选模型,对生物医药颠覆性技术进行识别[1],认定 CGT 行业是典型依靠颠覆性技术推动新行业和新模式及新动能的案例,显示了作为新质生产力的 CGT 行业具备了在未来蓬勃发展的巨大潜力。因此创新药、生物制造和新型疗法都是生物医药领域的新质生产力,是生物医药创新链发展的动力。新药研发需要大量资金投入和高端人才的着力支持[2][3]。

加速创新促进研发效率和新药研制一直是生物医药创新链研究的热点,既往研究主要探讨创新链的某一环节的加速创新,而从整体创新链角度来研究加速创新的较少。当前中国生物医药产业发展进入以创新药为主导的新阶段,发展新质生产力是基本取向,调动全创新链加速创新是当前及未来努力的重要方向。

---

[1] 中国科学院颠覆性技术创新研究组. 颠覆性技术创新研究:生命科学领域[M]. 北京:科学出版社,2020.

[2] Hall J, Matos S, Gold S, et al. The paradox of sustainable innovation: the 'Eroom' effect (Moore's law backwards) [J]. Journal of Cleaner Production, 2018,172:3487 - 3497.

[3] Liu X, Thomas C E, Felder C C. The impact of external innovation on new drug approvals: a retrospective analysis [J]. International Journal of Pharmaceutics, 2019,563:271 - 283.

第**3**章

全球视角下的中国生物医药创新链

3.1 生物医药创新链结构

创新的链式结构是创新过程的基本刻画,而创新药研制是一个漫长的过程,是创新逐步演进的结果,具有不同的研发阶段,这些阶段需要链接推进。具体而言,这些阶段分别为:

(1)基础研究阶段。该阶段包括对基本原理和基本知识的创造。

(2)药物发现。包括疾病靶标(Target)选择和确认、苗头化合物(Hit)的筛选、先导化合物(Lead)的发现、先导化合物的优选(Lead Optimization)、候选药物(Candidate)的选定。

(3)临床前研究。包括化学制造和控制(CMC)、药代动力学和药效学(PK&PD)、安全药理学(Safety pharmacology)、毒理研究(Toxicology)、制剂开发。

(4)临床研究。包括临床Ⅰ期(研究安全性)、临床Ⅱ期(研究有效性、安全性)、临床Ⅲ期(研究疗效、安全性)。

(5)新药审批上市。创新药企业按照相关规定将有关新药试验的数据、资料提交给国家创新药审评部门(如中国的 CDE、美国的 FDA、欧盟的 EMA等),得到审评部门的审批同意后,可进行创新药产品的生产并投入市场。

(6)临床Ⅳ期。该阶段主要进一步研究新药的疗效和不良反应。

(7)药物生产的工艺流程创新。该阶段的主要任务是促使研发技术专利的商业化,使得生产过程降本增效。

(8)流通及销售模式创新。从药厂进入医院的过程也需要创新。不同国家和地区的生物医药在这一环节的创新路径和模式不同,对整个生物医药创新链的健康发展影响很大。自 2010 年代以来中国创新药流通和营销模式的创新明显地支持了创新链的发展,提高了研发创新效率。

(9)支付及可及性管理创新。生产出来的药品通常需要在医生处方或相关指导下经过公立医院、基层医疗机构和药店渠道送达患者。而惠及患者还需要患者具有支付能力。当前中国通过医疗卫生制度的改革,让患者的日常就医和支付能力有了很大提高,一定程度上解决了看病难、看病贵的问题,但关于若干创新药和疗法的可及性依然是问题。

不同的创新阶段具有不同的分工协作模式,需要将专业化分工有机链接,从而实现更好的创新效果。任何阶段性创新必须在一定的空间中实现,需要将承载不同创新环节的空间链接起来,提高创新效率。创新的组织主体可以是研究人员、投资者、企业、研发组织等等。因此高效率的创新需要人才、资金和企业的链接。创新的成果最终要变成增加人们福利的产品和服务,必然会需要生产环节的链接和产供销等多环节的链接来"保驾护航"。

总之,创新是不断升级的持续发展过程。创新药从药物发现阶段筛选10 000个潜力分子,到临床前阶段会被筛查留下250个分子左右,然后在临床阶段进一步筛查,挑选其中的5~10个潜力分子进行试验和验证,若有幸取得成功,可能有1个创新药分子被注册、成功上市,从而研制出一个创新药。可见这一过程的风险很高,需要资金、人才、企业、供应、生产等多主体、多阶段的链接、协同与融合,依靠竞争与合作形成富有活力的创新生态,进而支持创新链的发育和发展(见图3-1)。

3.2 生物医药创新链的基本特征

3.2.1 产业链的根植性与创新链的依附性

产业链的根植性是指产业链生发于某些特定的地方并依托地方"土壤"而发展。这些"土壤"主要是产业集群、大学和研发机构、企业集团、孵化器、产业园区、研发创新平台、交易平台、网络节点、创新中心及其他特殊的发展区,这些不同类型的"土壤"起到培育、延展产业链的作用,可以为既有产业链赋能,也可以孕育出新的产业链,从而形成真正扎根地方的可持续发展产业链。

创新链的依附性是指一些国家或地区由于多种原因无法发展和运营整个创新链,只能遵循比较优势和劳动地域分工原理,将自身研发创新活动"嵌入"

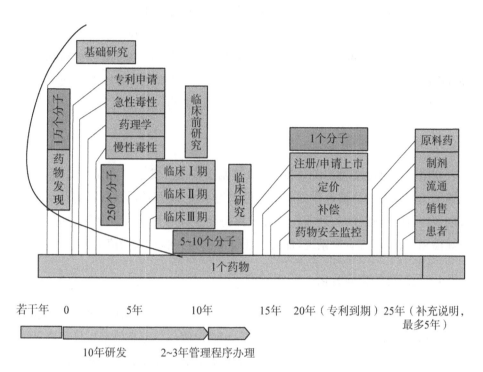

图 3-1　创新药物的创新链运行过程与时间结构

资料来源：EFIA。

某些发达的医药强国组织的生物医药创新链，从而参与到世界生物医药创新链中。其创新链是以本国生物医药创新活动为核心，并链接与其密切的非本国企业或学研组织等来开展研发创新活动。该创新链的活动往往受到本国创新活动上下游关联活动的深刻影响。

3.2.2　创新链的安全性

创新链的安全性与产业链忍受外在冲击的能力有关。具有安全性的创新链在受到外部经济震荡、外部竞争对手的剧烈冲击，或者科技革命的冲击等作用时仍然能保持正常产量和效率。保持这种能力的主要手段是需要掌控创新链的核心环节，如领先的技术研发创新能力和本行业的核心专利，或者掌握主要的销售渠道，又或者拥有全部或核心的生产工艺和生产基地等。

目前我国拥有一些中等技术水平的生产基地,有由相对固定的客户群组成的销售渠道和市场的支持,也有一定的研发创新能力。但技术前沿"阵地"的局限性较大,在一些关键技术上存在一定的"断供"风险,在一些原料、材料和试剂等方面的局限性较大。如在生产环节深受环境规制和劳动力成本快速上升的制约,在出口营销方面深受海外市场的不稳定性影响。

3.2.3 创新链的韧性

创新链能够经受冲击而不断裂,或遭剧烈冲击后发生一定损伤或断裂,但能够很快恢复的特征被称作创新链韧性。为了增强创新链的韧性,需要不断完善创新链,让创新链的关键核心"链段"保持稳定性和可控性,同时增加创新链的规模和关联,形成有机系统,保持产业链的活力、创新力、增值力。

3.2.4 创新链的空间分化

创新链本身是产业创新垂直细分的结果,让更专业、更具有比较优势和竞争优势的企业生产产品和提供创新服务,从而促使创新更有效率。任何产业的创新链都具有区域化特征。任何产业的创新链最终都需要在区域落地、生长、发育、持续发展。区域创新能力是产业创新链发展的第一特征。如江苏制造业实力雄厚,实施"链长制",促进创新链完善和发展。上海在"十四五"规划中提出重点发展生物医药产业、半导体和人工智能产业,形成具有全球竞争力的创新链。我国省域基于创新优势,正在加速创新链发展。各具特色的创新链的叠加,促进了我国整体创新链的垂直和水平发展。

3.2.5 创新链发展的高风险性

创新链发展的高风险性是指生物医药产业链上创新药的成功率很低,研发投资具有很大的不确定性。如 2010 年以来,由于新药研发的临床Ⅰ期、Ⅱ期、Ⅲ期与合规申请的成功率总体呈下降趋势,全球新药研发成功率只有 5%,到达了近 10 年来的最低点。特别是 2020—2021 年受到新冠疫情的影响,各阶段的成功率下降十分显著,尽管合规申请的成功率在 2021 年有所上升,但没有将综合成功率提升到疫情前水平。临床Ⅲ期成功率在疫情期间的下降相对最为明显,大大低于疫情前的平均水平(见表 3-1)。

表 3-1　不同阶段新药研发成功率 （单位：%）

年份	2010	2011	2012	2013	2014	2015	2016	2017	2018	2019	2020	2021	2010—2021 平均
合规申请	87	85	88	88	94	92	87	92	90	89	73	80	89
临床Ⅰ期	57	65	64	65	74	81	70	71	62	58	56	48	67
临床Ⅱ期	54	51	57	56	58	63	57	61	53	47	45	43	56
临床Ⅲ期	29	37	38	37	37	52	39	40	40	35	34	31	38
综合成功率	7.5	10.4	12.1	12.0	15	24.6	13.5	15.9	11.6	8.6	6.4	5.0	13.1

注：阶段成功率＝[（成功（药物研发达到任何新高级阶段））/全部成功和失败]＊100。
　　综合成功率＝临床Ⅰ成功比例＊临床Ⅱ期成功比例＊临床Ⅲ期成功比例＊合规申请成功比例＊100。
资料来源：https://www.iqvia.com/insights/the-iqvia-institute/reports/global-trends-in-r-and-d-2022.

造成这一局面的原因很多，其中最主要的原因是新药研发技术的换代升级及若干新药管线的增加，以及既有创新链的重组尚未完成，导致了新药研发风险大幅度提高和创新难度明显增加。

3.3　世界创新链中关键要素和环节的中国特征

3.3.1　总体概述

中国生物医药创新链的形成相对较晚，但发展很快。根据收集到的有关生物医药创新链的部分关键要素，大致可以勾勒出中国生物医药创新链的整体结构、地位和薄弱环节（见图 3-2）。

总体而言，中国生物医药创新链及重要关联辅链呈现高端人才不足的现象，专利、研发管线、研发公司、研发人员等方面数量相对较好。但与美国生物医药产业链比较，几乎所有重要环节和整体水平都存在很大差距。尤其在高端人才、论文和重磅药物方面，中国与美国的差距更大。高端人才主导着创新链的源头和源流流量。美国生物医药领域的高端人才数量庞大，独步全球，而且呈现日益富集的趋向。这成就了美国生物医药在全球生物医药创新链上无法撼动的地位。中国高端人才的数量不足，导致了基础研究不足，孕育和研制创新药的能力不足，使得整个生物医药创新链出现"小马拉大车"的现象，这是生物医药创新链发展的根本制约因素。

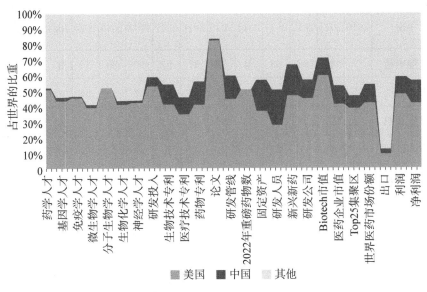

图3-2 2022年我国生物医药创新链上若干要素情况

3.3.2 人才

1. 全球最优人才

生物医药产业是研发人才密集型产业,需要汇聚大量高层次人才和顶尖人才。而中国拥有的这类人才较少(见表3-2)。

表3-2 2024年各国优秀科学家占比 (单位:%)

国家	基因学	免疫学	药学	微生物学	分子生物学	神经学	心理学	生物化学	化学	植物和农学
中国	2.45	1.03	1.03	2.11	2.30	1.47	0.85	2.50	13.85	5.55
美国	43.37	44.74	50.83	39.85	49.39	41.61	54.95	41.30	26.20	30.07
英国	11.49	8.52	8.94	8.70	8.06	7.73	9.75	7.85	5.56	6.54
德国	6.76	6.51	5.01	6.93	7.16	8.55	4.51	6.90	7.46	5.48
法国	5.42	4.82	3.30	6.06	3.74	5.07	0.96	4.83	4.48	5.48
比利时	1.32	1.74	1.23	1.94	1.13	1.26	1.43	1.65	1.19	1.09
荷兰	3.43	3.94	3.50	3.42	2.07	2.79	4.31	2.37	1.70	1.93

（续表）

国家	基因学	免疫学	药学	微生物学	分子生物学	神经学	心理学	生物化学	化学	植物和农学
瑞士	1.60	2.27	1.50	2.41	1.71	2.33	1.10	1.93	1.74	1.40
西班牙	2.01	1.22	1.35	3.04	1.44	1.73	1.10	2.28	4.12	5.55
意大利	2.22	4.06	3.81	3.13	2.07	5.40	2.04	3.15	3.74	4.43
日本	4.49	4.06	3.21	4.16	8.01	3.83	0.28	7.30	8.28	2.93
加拿大	3.85	2.58	4.17	2.96	3.33	5.75	7.06	3.48	2.78	5.36
澳大利亚	3.15	4.44	3.43	3.23	2.52	3.05	5.47	3.02	2.25	8.01
以色列	0.98	0.79	0.31	0.00	1.22	0.81	0.26	1.02	0.77	2.09
瑞典	1.29	2.12	1.95	1.86	1.22	1.77	1.03	1.63	1.52	1.81
芬兰	0.52	0.45	1.17	0.95	0.36	0.78	0.73	0.69	0.58	1.15
丹麦	0.98	1.03	1.11	1.44	0.50	0.61	0.61	1.11	0.86	1.22
爱尔兰	0.46	0.29	0.29	0.51	0.05	0.32	0.26	0.44	0.28	0.28
欧洲	39.62	39.42	34.86	42.36	31.07	40.47	29.49	37.49	36.92	40.11
美国＋加拿大	47.21	47.32	55.00	42.81	52.72	47.36	62.02	44.77	28.98	35.43
北美＋欧洲	86.84	86.73	89.86	85.17	83.79	87.83	91.50	82.26	65.89	75.54

资料来源：美国 Research 网站数据。

　　根据美国 Research 网站数据，2022 年中国有优秀药学科学家 185 位，基因学科学家 90 位，免疫学科学家 41 位，微生物学科学家 92 位，分子生物学科学家 49 位，神经科学家 107 位，生物化学科学家 425 位，而美国则分别有 9 062 位、1 616 位、1 819 位、1 708 位、1 007 位、2 888 位和 8 272 位。中国在上述领域拥有的优秀科学家数量分别仅为美国的 2.04%、5.57%、2.25%、5.39%、4.87%、3.70% 和 5.14%。中国在上述 7 个学科的优秀科学家数量分别占全球的 1.04%、2.42%、1.02%、2.10%、0.05%、1.50% 和 2.45%。

　　2024 年，中国优秀药学科学家 192 位、基因学科学家 95 位、免疫学科学家 43 位、微生物学科学家 100 位、分子生物学科学家 51 位、神经科学家 118 位、生物化学科学家 476 位，7 项合计 1 075 位。而美国则分别有 9 496 位、1 680

位、1 875 位、1 886 位、1 097 位、3 343 位和 7 878 位。

2024 年,中国在上述领域拥有的优秀科学家数量分别仅为美国的 2.02％、5.65％、2.29％、5.30％、4.65％、3.53％和6.04％。中国这 7 个学科的最佳科学家数量占全球相应各类科学家的比重分别为 1.03％、2.45％、1.03％、2.11％、2.30％、1.47％和2.50％。除了药学和神经学外,其他 5 个学科的优秀科学家数量占全球的比重都有所提高。中国在这 7 个领域的优秀科学家数量分别是美国的 5.65％、2.30％、2.03％、5.29％、4.66％、3.53％和1.55％。

总体而言,世界生物医药创新链上的优秀科学家主要分布在欧美。中国生物医药领域的优秀科学家数量较少,这也是中国生物医药创新链源头创新羸弱的重要原因。

2. 高被引人才

从 2014—2022 年全球 1％的高被引人才看,在中国生物医药领域密切涉及的生物学与生物化学、化学、临床药学、免疫学、微生物学、分子生物与基因学、神经与行为学、药理与毒理学、植物与动物学和精神病学与心理学等 10 个细分领域中,高被引人才占全球高被引人才的比例都不同程度地提高。尤其在 2016 年以来高被引人才的增加相对很快,其中的化学和植物与动物学领域的高被引人才增长迅速。如 2014 年这两个学科的高被引人才数量占全球高被引人才的比重分别为 14.65％和1.14％,到 2022 年这两个学科的高被引人才数量占全球的比重分别提升到了 44.40％和16.76％。但总体而言,中国在生物学与生物化学、临床药学、免疫学、微生物学、分子生物与基因学、神经与行为学、药理与毒理学、植物与动物学和精神病学与心理学等领域的高被引人才都相对匮乏(见表 3-3、表 3-4、表 3-5、表 3-6 和表 3-7 及图 3-3)。

表 3-3　2014 年高被引人才分布结构　　　　(单位:％)

类别	生物学与生物化学	化学	临床药学	免疫学	微生物学	分子生物与基因学	神经与行为学	药理与毒理学	植物与动物学	精神病学与心理学
中国占比	0.51	14.65	0.50	1.15	1.75	1.49	0.78	2.26	1.14	0.00
美国占比	59.49	53.03	60.70	64.37	72.81	52.74	75.19	47.37	38.07	72.00
英国占比	20.00	2.02	8.71	3.45	10.53	20.40	12.40	8.27	9.09	8.00
德国占比	3.59	8.08	4.98	3.45	1.75	3.48	2.33	3.76	9.66	2.00

（续表）

类别	生物学与生物化学	化学	临床药学	免疫学	微生物学	分子生物与基因学	神经与行为学	药理与毒理学	植物与动物学	精神病学与心理学
法国占比	1.03	1.52	3.23	0.00	0.88	0.50	0.00	4.51	3.41	1.00
日本占比	3.08	2.02	1.00	21.84	0.88	0.50	0.00	3.76	14.77	0.00
瑞士占比	5.13	2.53	1.24	3.45	0.88	0.50	0.00	2.26	3.98	0.00
荷兰占比	1.03	7.58	0.00	3.45	5.26	1.00	6.98	3.76	2.84	0.00
意大利占比	0.51	0.51	3.73	1.15	0.00	1.00	0.78	3.76	0.00	1.00
欧洲占比	33.85	19.70	28.86	11.49	20.18	39.30	17.83	33.83	37.50	20.00

资料来源：根据科睿唯安(Clarivate)资料整理。

表3-4　2016年高被引人才分布结构　　（单位：%）

类别	生物学与生物化学	化学	临床药学	免疫学	微生物学	分子生物与基因学	神经与行为学	药理与毒理学	植物与动物学	精神病学与心理学
中国占比	0.49	18.06	0.27	1.60	6.80	2.15	0.60	0.00	0.96	0.00
美国占比	61.08	44.44	54.64	59.20	68.93	43.01	67.66	25.00	31.25	75.00
英国占比	18.23	2.78	7.96	5.60	6.80	25.27	11.38	8.65	6.73	15.74
德国占比	3.45	7.87	6.37	1.60	3.88	4.30	4.79	4.81	10.10	0.00
法国占比	1.48	3.24	3.45	7.20	1.94	0.54	1.20	1.92	4.33	0.00
日本占比	0.99	2.31	0.00	12.00	0.00	0.54	0.00	3.37	14.42	0.00
瑞士占比	7.39	2.31	1.06	4.00	0.00	1.61	0.60	1.92	2.40	0.00
荷兰占比	0.99	0.00	0.53	4.80	11.65	2.69	0.00	0.00	0.00	0.00
意大利占比	0.00	0.00	4.77	0.80	0.00	1.08	0.60	1.44	0.00	0.00
欧洲占比	33.99	21.76	32.63	22.40	21.36	48.39	25.15	23.08	37.50	19.44

资料来源：根据科睿唯安(Clarivate)资料整理。

表 3-5 2018 年高被引人才分布结构　　　　　　　（单位:%）

类别	生物学与生物化学	化学	临床药学	免疫学	微生物学	分子生物与基因学	神经与行为学	药理与毒理学	植物与动物学	精神病学与心理学
中国占比	2.36	25.29	0.40	1.37	0.68	1.61	2.03	3.73	4.04	1.27
美国占比	58.66	35.63	52.72	58.90	79.05	50.60	61.42	44.10	28.25	56.05
英国占比	17.72	3.45	7.44	2.74	4.05	23.69	9.64	13.04	4.93	10.83
德国占比	3.54	5.75	6.84	2.74	3.38	4.02	9.64	7.45	10.76	2.55
法国占比	1.57	1.92	4.23	7.53	0.68	0.00	0.00	0.00	4.93	0.00
日本占比	0.79	3.45	0.00	6.16	0.00	0.40	0.00	1.24	11.21	0.00
瑞士占比	8.66	3.07	1.41	4.79	1.35	0.80	1.52	1.86	1.35	0.64
荷兰占比	0.39	5.75	0.60	4.11	8.11	2.41	2.03	4.35	5.83	0.00
意大利占比	0.00	0.77	4.83	2.05	0.00	1.20	1.52	2.48	0.45	0.64
欧洲占比	35.43	20.31	32.19	23.97	14.86	41.37	30.96	31.06	37.22	28.66

资料来源:根据科睿唯安(Clarivate)资料整理。

表 3-6 2020 年高被引人才分布结构　　　　　　　（单位:%）

类别	生物学与生物化学	化学	临床药学	免疫学	微生物学	分子生物与基因学	神经与行为学	药理与毒理学	植物与动物学	精神病学与心理学
中国占比	5.76	33.73	1.24	1.51	4.51	1.94	1.89	0.69	10.00	1.75
美国占比	46.91	28.92	51.66	54.77	60.90	67.96	59.43	34.03	25.45	43.27
英国占比	9.05	3.61	7.88	4.52	5.26	7.77	12.26	24.31	5.45	14.04
德国占比	10.70	5.22	7.26	3.02	4.51	5.83	6.13	4.17	8.64	4.09
法国占比	0.82	0.80	4.56	5.53	5.26	0.97	1.42	6.94	4.55	0.00
日本占比	0.00	2.41	0.21	3.52	0.75	0.97	0.00	2.08	10.00	0.00
瑞士占比	19.34	2.41	1.87	4.02	2.26	1.46	1.42	0.69	1.82	1.17
荷兰占比	1.65	4.82	1.24	2.51	3.01	0.97	2.36	0.00	5.45	0.00
意大利占比	0.41	0.40	4.98	2.01	0.00	0.49	1.89	1.39	0.45	1.17
欧洲占比	43.21	18.07	32.37	25.13	27.82	20.39	30.66	45.83	35.00	36.26

资料来源:根据科睿唯安(Clarivate)资料整理。

表 3-7　2022 年高被引人才分布结构　　　　　（单位：%）

类别	生物学与生物化学	化学	临床药学	免疫学	微生物学	分子生物与基因学	神经与行为学	药理与毒理学	植物与动物学	精神病学与心理学
中国占比	5.61	44.40	2.58	5.14	8.53	2.91	1.33	3.92	16.76	0.52
美国占比	61.06	24.25	48.28	50.93	50.39	72.33	52.00	33.99	23.24	36.13
英国占比	6.60	1.87	7.73	4.21	6.98	3.88	15.11	20.92	5.95	19.37
德国占比	6.93	4.10	6.87	4.67	6.98	4.85	6.67	3.27	8.65	4.71
法国占比	0.00	0.37	5.36	5.14	3.10	0.97	0.44	4.58	2.70	0.00
日本占比	1.32	2.99	0.64	2.34	0.00	1.46	0.44	0.65	6.49	0.00
瑞士占比	2.31	1.87	1.50	3.27	0.78	1.94	1.33	3.27	1.08	1.05
荷兰占比	1.32	5.22	1.72	5.14	3.10	3.40	0.00	5.88	8.11	0.00
意大利占比	0.33	0.00	4.08	1.87	0.00	1.46	1.33	0.65	1.08	2.62
欧洲占比	21.78	12.31	31.97	27.57	33.33	14.56	38.22	43.14	31.35	42.93

资料来源：根据科睿唯安（Clarivate）资料整理。

3. 诺贝尔奖人才与创新药

诺贝尔生理学或医学奖获得者作为全球生物医药领域顶级的人才，往往支持了某一个或几个创新药的问世，也往往开辟了生物医药创新的前沿领域和细分行业，是生物医药创新链上最重要的动力源之一。

诺贝尔生理学或医学奖主要颁发给 5 个领域，分别是生理学、遗传学、生物化学、代谢及免疫学。迄今为止获诺贝尔生理学或医学奖数量最多的前 5 个国家依次是美国、英国、德国、法国和瑞典。其中诺贝尔生理学或医学奖得主受教育学校前 5 名依次是哈佛大学、剑桥大学、哥伦比亚大学、约翰斯·霍普金斯大学及加利福尼亚大学。诺贝尔生理学或医学奖得主最喜欢的工作单位前 5 名依次是哈佛大学、洛克菲勒大学、牛津大学、巴斯德研究所及加利福尼亚大学①。

从获奖国家分布看，1901 年以来诺贝尔生理学或医学奖成果共 113 项（1915—1918 年，1921 年，1925 年，1940—1942 年未颁奖），分别来自 23 个国

---

① 见 https://www.sohu.com/a/493663331_299363。

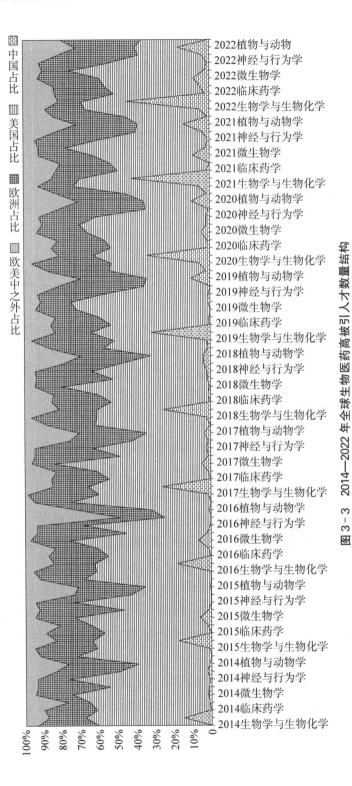

图 3 - 3 2014—2022 年全球生物医药高被引人才数量结构

家。其中美国贡献了 46.5 项,占 41.15%;英国贡献了 13.5 项,占 11.95%;德国贡献了 10.5 项,占 9.29%;法国贡献了 6.33 项,占 5.6%;瑞典贡献了 5.5 项,占 4.87%;丹麦和奥地利各贡献了 3.83 项,均占 3.39%;日本贡献了 3.33 项,占 2.95%;比利时贡献了 2.67 项,占 2.36%;澳大利亚贡献了 2.33 项,占 2.06%;意大利贡献了 1.83 项,占 1.62%;俄罗斯和荷兰各贡献了 1.5 项,均占 1.33%;加拿大贡献了 1.33 项,占 1.18%;中国贡献了 0.33 项,占全球的 0.29%。

在 1945 年以前,德国、英国及法国一直是获诺贝尔生理学或医学奖的主要国家。但是,二战以后,世界的经济格局发生了改变,诺贝尔生理学或医学奖获得国家从欧洲转移到了美国。美国、英国、德国、法国和瑞典所拥有的诺贝尔生理学或医学奖得主数量分别为 103 人、34 人、17 人、11 人和 8 人(见图 3-4)。

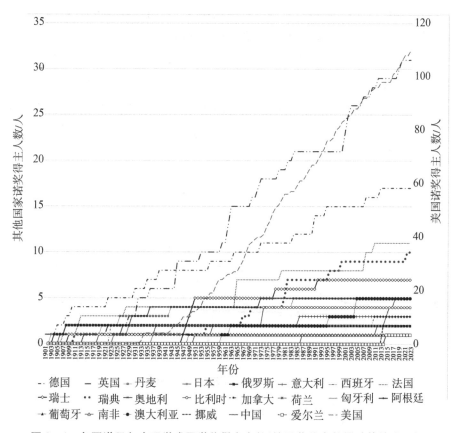

图 3-4　各国诺贝尔生理学或医学奖得主人数(按照获奖者数量计算的成果数)

从诺贝尔生理学或医学奖得主的移民情况看,由于出现了两次世界大战,欧洲的经济全线衰落,经济中心转移到了美国,另外由于德国对犹太人的政策,大量的犹太人移民到美国。统计表明,诺贝尔生理学或医学奖获得者移民的国家主要有三个,分别是美国[①](22 位,贡献了美国获奖人数的 20%),奥地利(3 位)及瑞士(1 位)。而且美国的诺贝尔生理学或医学奖获得者中有 4 位来自德国,3 位来自意大利,3 位来自加拿大,2 位来自英国,这说明了美国当初对于这些人的吸引力,以及给这些人提供了政治庇护,同时也说明了美国移民政策对吸引高端人才十分重要。

从诺贝尔生理学或医学奖获得者看,迄今为止,美国该项诺奖获得者占全部生理学或医学获得者人数的 47%,其中 1/5 以上是美国以外加入美国国籍的科学家,可见美国生物医药新质生产力发展基于全球高端生物医药人才"汇"的支持。而中国是精英人才净流出最多的国家[②]。留住本国精英和吸引与汇聚海外精英是生物医药新质生产力发展的基石和关键支持机制。

从诺贝尔生理学或医学奖得主的地区分布看,1933 年之前,诺贝尔生理学或医学奖得主主要在欧洲。1933 年美国诺贝尔生理学或医学奖完成了零的突破,1946 年超过德国,1947 年超过英国,成为累计诺贝尔生理学或医学奖得主最多的国家。第二次世界大战后,美国/北美的诺贝尔生理学或医学奖得主迅速增加。1999 年北美诺贝尔生理学或医学奖得主数量超过了欧洲(见图 3 - 5)。

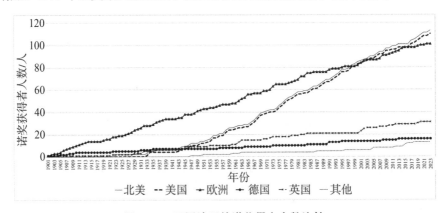

图 3 - 5　不同地区的诺奖得主人数比较

---

① 见 https://www.sohu.com/a/493663331_299363.

② Kerr W R. The gift of global talent: innovation policy and the economy [J]. Innovation Policy and the Economy, 2023,20(12):1 - 299.

诺贝尔生理学或医学奖成果是生命科学领域的重大突破,往往成为若干创新药的直接研发推动者,许多创新药是诺奖成果的"结晶"。如从1900年代的抗毒素、维生素D、胰岛素、青霉素、肾上腺皮质激素、链霉素、抗组胺药物、激素到2010年代以来的干细胞疗法、外泌体疗法、青蒿素、伊维菌素、PD-1抑制剂、阿达木单抗、罗沙司他、丙肝的抗病毒类药物、mRNA新冠疫苗等莫不是诺奖成果的转化(见表3-8)。因此,诺奖人才是生物医药创新链发展的策源者和动力源泉。

表3-8　获得诺贝尔奖的药物/疗法

年份	相关药物/疗法	诺奖获得者	国籍	年份	相关药物/疗法	诺奖获得者	国籍
1901	抗毒素	埃米尔·阿道夫·冯·贝林	德国	1939	雌激素	阿道夫·弗里德里希·约翰·布特南特	德国
1903	维生素D	尼尔斯·吕贝里·芬森	丹麦	1943	维生素K	亨利克·达姆和爱德华·阿德尔伯特·多伊西	丹麦和美国
1923	胰岛素	弗雷德里克·格兰特·班廷和约翰·麦克劳德	加拿大	1945	青霉素	亚历山大·弗莱明、恩斯特·伯利斯·柴恩和霍华德·弗洛里	英国、德国和英国
1929	维生素B1	克里斯蒂安·艾克曼和弗雷德里克·霍普金斯	荷兰和英国	1950	肾上腺皮质激素	菲利浦·肖瓦特·亨奇、爱德华·卡尔文·肯德尔和塔德乌什·赖希施泰因	美国、美国和瑞士
1930	输血疗法	卡尔·兰德施泰纳	奥地利	1952	链霉素	赛尔曼·A.瓦克斯曼	美国
1934	维生素B12	乔治·惠普尔、乔治·迈诺特和威廉·莫菲	美国	1957	抗组胺药物	达尼埃尔·博韦	意大利
1937	维生素C	圣捷尔吉·阿尔伯特	匈牙利	1966	激素	查尔斯·布兰顿·哈金斯和裴顿·劳斯	美国
1939	磺胺类抗生素	格哈德·多马克	德国	1976	乙肝疫苗	巴鲁克·塞缪尔·布隆伯格和丹尼尔·卡尔顿·盖杜谢克	美国

（续表）

年份	相关药物/疗法	诺奖获得者	国籍	年份	相关药物/疗法	诺奖获得者	国籍
1982	非甾体类抗炎药	苏恩·伯格斯特龙、本格特·萨米尔松和约翰·范恩	瑞典、瑞典和英国	2013	外泌体疗法	詹姆斯·E.罗斯曼、兰迪·谢克曼和托马斯·苏德霍夫	美国、美国和德国
1986	生长因子	斯坦利·科恩和丽塔·列维·蒙塔尔奇尼	美国	2015	青蒿素、伊维菌素	屠呦呦、大村智和威廉·C.坎贝尔	中国、日本和爱尔兰
1988	类嘌呤化合物	詹姆士·W.布拉克、格特鲁德·B.埃利恩和乔治·希青斯	英国、美国和美国	2018	PD-1抑制剂	詹姆斯·艾利斯和本庶佑	美国和日本
2004	蛋白降解疗法	阿龙·切哈诺沃、阿夫拉姆·赫什科和欧文·罗斯	以色列、以色列和美国	2018	阿达木单抗	弗朗西斯·阿诺德、乔治·史密斯和格雷戈里·温特尔	美国、美国和英国
2006	RNAi疗法	安德鲁·法厄和克雷格·梅洛	美国和美国	2019	罗沙司他bel-zutifan	威廉·凯林、彼得·拉特克利夫和格雷格·塞门扎	美国、英国和美国
2008	宫颈癌疫苗	哈拉尔德·楚尔·豪森、弗朗索瓦丝·巴尔-西诺西和吕克·蒙塔尼	德国、法国和法国	2020	丙肝的抗病毒类药物	哈维·阿尔特、迈克尔·霍顿和查尔斯·M.赖斯	美国、英国和美国
2012	干细胞疗法	约翰·戈登和山中伸弥	英国和日本	2023	mRNA新冠疫苗	卡塔林·卡里科和德鲁·魏斯曼	美国

4. 城市生命科学人才

尽管人才具有很好的流动性和跨区域服务能力，但人才在城市空间尺度上的集聚数量、结构对生物医药研发创新起到很强的"增长极"作用，是生物医药创新链的重要支点。如美国生物医药产业链主要是由纽约、新泽西、洛杉矶、费城、西雅图、芝加哥、圣地亚哥、北卡创新三角、波士顿、硅谷等重要生物医药人才集聚生发的创新城市支撑的,是全球生物医药创新链的创新支点。欧洲生物医药创新链得益于伦敦、慕尼黑、柏林、阿姆斯特丹-三角洲、斯德哥尔摩、苏黎世、慕尼黑、大赫尔辛基等城市生物医药人才集群的支持。澳大利亚生物医药创新链深受悉尼和墨尔本生物医药人才集群的支持。在全球生物医药人才集群城市中,上海和北京也是重要的城市。相比国际知名的生物医药人才集群城市,上海和北京的最大劣势是人才质量问题。它们的生命科学人才质量得分分别是 3 分和 4 分,远远低于硅谷、纽约、洛杉矶、波士顿、伦敦、新加坡、苏黎世、多伦多、巴黎、悉尼、墨尔本等城市,是制约中国生物医药产业链发展的重要短板因素(见表 3-9)。

表 3-9　主要生物医药生态系统的不同要素特征得分

生态系统	排名	质量及可及性	成本	STEM可及性	生命科学人才可及性	生命科学人才质量	扩展经验	创业经验
硅谷	1	10	2	10	5	10	10	10
纽约城	2	9	2	10	10	6	10	10
伦敦	3	10	7	10	9	9	9	10
洛杉矶	4	10	3	10	9	9	9	9
特拉维夫	5	6	1	10	7	9	9	8
波士顿	6	10	4	10	9	10	10	9
北京	7	8	9	10	10	4	10	10
新加坡	8	5	8	10	5	10	7	7
上海	9	8	9	10	9	3	9	10
西雅图	10	9	1	10	1	10	8	7
华盛顿特区	11	9	2	10	6	4	8	8
首尔	12	5	6	10	9	2	6	7
柏林	13	4	8	10	6	6	6	7
阿姆斯特丹-三角洲	14	7	1	10	9	9	6	5
东京	15	7	3	10	6	6	8	9

（续表）

生态系统	排名	质量及可及性	成本	STEM可及性	生命科学人才可及性	生命科学人才质量	扩展经验	创业经验
圣地亚哥	16	9	3	10	2	7	7	5
多伦多-滑铁卢	17	6	6	10	9	5	3	6
巴黎	18	8	8	10	8	7	1	9
芝加哥	19	8	4	10	7	8	7	6
悉尼	20	7	5	10	8	8	5	4
班加罗尔-卡纳塔克邦	21	2	10	1	1	1	2	6
斯德哥尔摩	22	4	7	10	6	8	6	4
迈阿密	23	3	6	10	3	2	5	3
德里	24	1	10	10	2	1	5	5
奥斯汀	25	5	4	10	1	8	1	6
圣保罗	26	1	10	10	4	2	4	3
费城	27	5	3	10	7	8	5	3
丹佛-铂德	28	4	2	10	3	5	3	5
亚特兰大	29	7	5	10	5	5	5	3
渥太华	30	3	6	10	4	6	2	2
孟买	31	2	10	1	1	1	2	2
盐湖城-普罗沃	32	4	6	10	2	2	8	1
墨尔本	33	6	6	10	8	5	5	1
达拉斯	34	4	4	1	3	3	4	1
深圳	35	6	9	10	4	5	4	8
苏黎世	36	1	1	10	3	10	1	4
慕尼黑	37	2	8	10	4	7	2	3
杭州	38	2	9	10	5	3	7	7

（续表）

生态系统	排名	质量及可及性	成本	STEM可及性	生命科学人才可及性	生命科学人才质量	扩展经验	创业经验
大赫尔辛基	39	1	7	10	2	6	1	2
蒙特利尔	40	3	7	10	6	4	3	1

资料来源：https://startupgenome.com/reports/lifesciences2021.

3.3.3　创新链中的研发投入

1. 总体研发投入不断增加

根据 Statista 数据统计，全球医药研发投入在 2010 年为 1 290 亿美元，到 2019 年达到了 1 920 亿美元，到 2022 年达到 2 380 亿美元，预计 2028 年将达到 2 850 亿美元（见表 3-10）。如此规模巨大的研发投入和逐步增长，显示了生物医药创新链的研发密集性及持续扩张的研发需求。

表 3-10　全球医药研发投入

年份	2010	2011	2012	2013	2014	2015	2016	2017	2018	2019
金额/亿美元	1 290	1 370	1 360	1 390	1 450	1 500	1 600	1 700	1 840	1 920
增长率/%	—	6.2	−0.4	1.8	4.4	1.7	7.0	6.3	8.0	4.5
年份	2020	2021	2022	2023	2024	2025	2026	2027	2028	2021—2028
金额/亿美元	2 070	2 380	2 380	2 470	2 560	2 650	2 720	2 780	2 850	—
增长率/%	7.9	14.6	0.0	3.7	3.6	3.6	2.6	2.4	2.3	2.6

资料来源：https://www.statista.com/statistics/309466/global-r-and-d-expenditure-for-pharmaceuticals/.

2. 欧美日中是全球最主要的生物医药创新链投资国

根据 EFPIA 统计，2010—2022 年全球生物医药创新链上的研发投入不断增加，且全球生物医药创新链中的投资国主要以欧洲、美国、日本和中国为主，四者年研发投资占全球总研发投入的比重接近 70%。中国生物医药创新链上的研发投资从 2010 年的 15.57 亿欧元，增加到 2022 年的 148.17 亿欧元，占全球相应比重从 1.38% 上升到 7.11%（见表 3-11）。

表 3-11 1990—2022 年主要国家的医药研发支出差异 ［单位：百万欧元（2020 年汇率）］

年份	支出	欧盟	美国	日本	中国	欧美日中合计	全球
1990	金额	7 766	5 956	4 236	—	—	—
2000	金额	17 849	18 704	6 124	245	42 922	—
	中国占相应主体的比重/%	1.37	1.31	4.00	100.00	0.57	—
2010	金额	27 920	35 623	10 472	1 557	75 572	98 862
	欧美日中及四者合计分别占全球比例/%	24.72	31.54	9.27	1.38	100.00	66.91
	中国占相应主体的比重/%	5.58	4.37	14.87	100.00	2.06	1.38
2020	金额	39 442	63 397	10 846	9 964	123 649	181 229
	欧美日中及四者合计分别占全球比例/%	21.76	34.98	5.98	5.50	100.00	68.23
	中国占相应主体的比重/%	25.26	15.72	91.87	100.00	8.06	5.50
2021	金额	42 533	69 699	11 478	11 968	135 678	208 370
	欧美日中及四者合计分别占全球比例/%	20.41	33.45	5.51	5.74	100.00	65.11
	中国占相应主体的比重/%	28.14	17.17	104.27	100.00	8.82	5.74
2022*	金额	47 010	71 459	10 363	14 817	143 649	208 370
	欧美日中及四者合计分别占全球比例/%	22.56	34.29	4.97	7.11	100.00	68.94
	中国占相应主体的比重/%	31.52	20.73	142.98	100.00	10.31	7.11

注：2022 年，1 欧元＝1.053 0 美元＝138.03 日元＝7.078 8 元。

资料来源：EFPIA 网站数据。

从创新链上的投资增长速度看,2017—2021年欧洲研发投资年均增长率为4%,美国为8.5%,中国为12.9%,中国是医药研发投资增长速度最快的地区(见表3-12)。

表3-12 医药研发支出年增长率 (单位:%)

地区	2007—2011年	2012—2016年	2017—2021年
欧洲	3.1	3.1	4.0
美国	1.8	7.7	8.5
中国	33.3	18.6	12.9

资料来源:EFPIA. The pharmaceutical industry in figures [EB/OL]. (2022-12-31)[2023-08-04]. https://www.efpia.eu/media/637143/the-pharmaceutical-industry-in-figures-2022.pdf.

从中国生物医药创新链上的上市公司研发投入看,2007—2022年中国生物医药上市公司的研发投资从0.37亿元增加到了2022年的1269.59亿元,25年来增加了3430.32倍(见表3-13和图3-6)。

表3-13 2007—2022年中国生物医药上市公司的研发投入

年份	2007	2008	2009	2010	2011	2012
金额/亿元	0.37	0.57	16.50	22.64	28.87	101.76
年份	2013	2014	2015	2016	2017	2018
金额/亿元	137.57	168.93	223.07	282.24	389.94	573.40
年份	2019	2020	2021	2022		
金额/亿元	715.48	871.19	1076.72	1269.59		

资料来源:WIND数据库。

从投入比例看,若按临床前、临床、上市不同环节分类,则临床阶段的研发投入最多。如2002—2022年美国PhRMA成员研发投入中,临床阶段的投入占60%以上(见表3-14)。

3. 基本医药产品和制剂生产环节的研发支出

从生物医药创新链中基本医药产品和制剂生产环节的研发支出看,2008

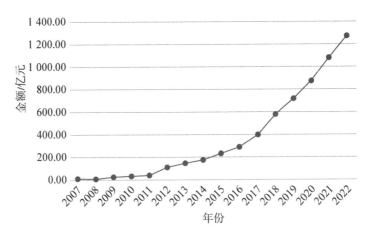

图 3-6　中国生物医药上市公司研发支出

年中国基本医药产品和制剂生产环节的研发支出为 32.35 亿美元,到 2019 年上升到了 141.71 亿美元,分别占美国同期的 6.06% 和 17.15%,占英国同期的 26.21% 和 110.57%,占德国同期的 66.27% 和 217.43%(见表 3-15)。可见中国生物医药创新链中基本药品和制剂生产环节的研发投入增长很快。

4. 风险投资

由于生物医药创新周期很长,许多研发投入来自风险投资。不同国家的风险投资多寡多与生物医药研发投资及整个创新链的发展关系密切。2000 年代以来全球风险投资发展很快。如 2003 年全球风险投资为 228.04 亿美元,2022 年上升到了 2 132.52 亿美元,增加了 8.35 倍。

美国是全球风险投资的主要目标国,如 2003 年美国风险投资为 182.02 亿美元,占全球的 79.82%。2022 年这两个指标分别变为 893.82 亿美元和 45.86%。

2003 年中国风险投资占全球风险投资的比例为 3.44%,到 2022 年该比例上升到了 16.33%(见表 3-16),占美国同期投资的 35.6%,成为仅次于美国的全球第二大风险投资市场。2023 年中国的风险投资为 7.84 亿美元,2022 年增加到了 883.03 亿美元,增加了 111.63 倍。可见,中国风险投资占全球总量的比重仍然较低,但发展很快,对中国生物医药创新链发展的推动作用很大,也加速了全球生物医药创新链的发展。

表 3 - 14　2002—2022 年美国 PhRMA 成员研发创新的阶段性投入比例

（单位：百万美元）

阶段	2002 年 研发投入	比例/%	2006 年 研发投入	比例/%	2008 年 研发投入	比例/%	2013 年 研发投入	比例/%	2018 年 研发投入	比例/%	2019 年 研发投入	比例/%	2021 年 研发投入	比例/%	2022 年 研发投入	比例/%
临床前研究	10 481.6	33.8	11 816.1	27.2	12 795.2	27.0	10 717.8	20.8	11 168.7	15.6	12 034.3	15.7	15 079.0	14.7	16 030.1	15.9
临床 I 期	1 490.2	4.8	2 902.7	6.7	3 889.6	8.2	3 666.9	7.1	6 201.0	8.7	7 260.8	8.8	9 234.9	9.0	8 531.5	8.5
临床 II 期	2 968.1	9.6	5 687.4	13.1	6 089.7	12.9	5 351.3	10.4	8 277.4	11.6	8 045.7	9.7	11 760.5	11.5	11 197.7	11.1
临床 III 期	6 286.4	21.2	12 187.3	28.1	15 407.4	32.5	15 239.2	29.5	21 377.0	29.9	23 979.8	28.9	29 401.0	28.7	29 050.3	28.8
上市许可	2 455.0	7.9	2 649.3	6.1	2 225.8	4.7	5 395.4	10.5	2 788.7	3.9	3 538.8	4.3	4 963.5	4.9	4 290.9	4.3
临床 IV 期	3 855.2	12.4	5 584.6	12.9	6 835.8	14.4	7 574.2	14.7	8 152.9	11.4	9 321.1	11.2	13 200.9	12.9	11 597.6	11.5
其他	3 493.7	11.3	2 611.6	6.0	139.1	0.3	3 668.7	7.1	13 433.8	18.8	17 775.7	21.4	18 648.7	18.2	20 147.0	20.0
合计	31 012.2	100.0	43 439.1	100.0	47 383.1	100.0	51 613.6	100.0	71 399.4	100.0	82 956.3	100.0	102 288.4	100.0	100 845.2	100.0

资料来源：PhRMA annual membership survey, 2004 年,2008 年,2015 年,2010 年,2019 年,2020 年,2022 年,2023 年。

表 3-15 2008—2019 年各国基本医药产品和制剂生产环节的研发支出

（单位：百万美元）

国家	2008 年	2009 年	2010 年	2011 年	2012 年	2013 年	2014 年	2015 年	2016 年	2017 年	2018 年	2019 年
澳大利亚	304.53	281.72	261.73	274.17	355.29	—	—	—	—	—	—	—
比利时	1 568.76	1 569.33	1 536.99	1 885.92	1 976.54	1 989.48	1 974.98	1 989.30	2 507.13	2 682.26	3 143.14	3 364.87
加拿大	—	593.99	574.96	431.88	373.16	337.64	—	366.93	400.63	394.45	425.68	418.33
丹麦	—	975.85	1 019.80	955.69	1 129.75	1 151.48	1 171.32	1 238.68	1 435.33	1 305.00	—	1 155.15
法国	1 377.35	1 117.49	1 078.60	1 076.44	1 023.87	1 012.57	—	—	1 043.76	1 016.60	—	—
德国	4 881.23	5 469.15	5 212.04	5 616.29	5 563.81	5 434.08	5 281.16	5 084.04	5 730.08	5 786.38	6 401.95	6 517.66
以色列			348.90	308.39	302.67	386.58	287.14	349.57	328.03	250.36	184.81	176.39
意大利	705.53	771.06	801.81	819.15	804.58	750.50	699.06	729.40	789.29	796.22	802.02	855.13
日本	12 340.29	11 434.51	12 457.67	12 205.86	13 060.81	14 421.08	14 757.08	14 088.45	13 007.86	14 112.92	13 529.15	12 816.56
韩国	849.58	891.37	928.22	1 072.09	1 281.29	1 314.76	1 350.41	1 576.23	1 484.16	1 590.73	1 758.98	1 987.50
荷兰	580.63	528.80	490.49	411.96	331.18	—	—	—	—	—	—	—
西班牙	982.34	1 006.80	951.66	961.90	889.23	857.33	874.62	892.08	946.69	1 032.89	1 103.86	1 135.82
瑞典	—	771.35	—	927.30	—	816.85	—	—	—	—	—	—
瑞士	3 703.54	—	—	—	3 018.46	—	—	3 346.03	—	4 057.13	—	4 192.53
英国	573.58	651.23	715.40	809.66	760.04	674.98	580.38	560.22	541.07	676.78	619.03	805.95
美国	53 367.34	49 507.43	53 795.57	49 004.16	50 404.39	53 940.65	57 178.41	59 293.00	64 138.21	65 463.07	71 764.60	82 641.89

（续表）

国家	2008 年	2009 年	2010 年	2011 年	2012 年	2013 年	2014 年	2015 年	2016 年	2017 年	2018 年	2019 年
中国	3 235.00	4 240.66	4 912.55	5 764.28	7 554.46	9 074.06	10 083.58	11 405.12	12 444.58	13 056.37	13 717.94	14 171.17
中国占美国比重/%	6.06	8.57	9.13	11.76	14.99	16.82	17.64	19.24	19.40	19.94	19.12	17.15
中国占英国比重/%	26.21	37.09	39.43	47.23	57.84	62.92	68.33	80.95	95.67	92.51	101.40	110.57
中国占德国比重/%	66.27	77.54	94.25	102.63	135.78	166.98	190.93	224.33	217.18	225.64	214.28	217.43

资料来源：OECD 数据库。

表 3-16   2003—2022 年按照公司所在地统计的风险投资   （单位：%）

国家/地区	2003 年	2004 年	2005 年	2006 年	2007 年	2008 年	2009 年
总计	100	100	100	100	100	100	100
美国	79.82	83.44	77.46	70.53	78.03	72.35	72.90
加拿大	2.53	2.27	3.38	1.67	1.97	2.27	1.89
北美其他	0.00	0.00	0.00	0.00	0.00	0.05	0.02
英国	3.13	3.06	3.82	4.39	4.51	4.56	4.25
欧盟 27 国	3.73	6.43	5.65	6.22	7.32	8.77	8.68
欧洲其他	0.24	1.06	1.05	0.73	1.12	1.16	2.59
中南美洲	0.40	0.05	0.02	0.00	0.03	0.10	0.11
中国	3.44	1.37	5.73	12.77	3.80	6.02	5.30
印度	0.38	0.16	0.70	1.32	0.91	1.24	1.14
亚洲其他	0.14	0.42	0.42	0.41	0.62	0.56	1.14
非洲	0.15	0.14	0.05	0.07	0.05	0.03	0.07
中东	5.99	1.55	1.31	1.76	1.45	2.66	1.73
大洋洲	0.05	0.05	0.42	0.13	0.18	0.22	0.18
国家/地区	2010 年	2011 年	2012 年	2013 年	2014 年	2015 年	2016 年
总计	100	100	100	100	100	100	100
美国	64.82	67.18	66.49	65.77	60.00	48.00	42.90
加拿大	2.00	2.07	2.23	1.93	1.40	1.10	1.14
北美其他	0.13	0.05	0.09	0.22	0.24	0.12	0.08
英国	7.06	2.80	4.91	4.57	3.77	3.79	3.07
欧盟 27 国	8.39	7.01	6.82	8.20	7.29	5.89	5.76
欧洲其他	2.61	1.85	1.92	2.11	1.11	0.90	0.85
中南美洲	0.26	0.33	1.14	0.97	0.58	0.44	0.28
中国	9.27	13.12	9.90	8.28	15.90	29.57	38.91
印度	1.49	1.87	1.87	2.19	4.82	5.58	2.13
亚洲其他	0.70	0.89	1.29	2.27	2.15	1.99	2.06

（续表）

国家/地区	2010 年	2011 年	2012 年	2013 年	2014 年	2015 年	2016 年
非洲	0.07	0.17	0.24	0.12	0.24	0.17	0.14
中东	2.93	2.22	2.85	2.92	2.11	2.01	2.28
大洋洲	0.26	0.43	0.27	0.44	0.39	0.44	0.39
国家/地区	2017 年	2018 年	2019 年	2020 年	2021 年	2022 年	
总计	100	100	100	100	100	100	
美国	41.91	42.04	46.37	46.30	46.60	45.86	
加拿大	1.37	1.14	1.72	1.24	1.84	1.85	
北美其他	0.12	0.21	0.58	0.31	0.55	0.40	
英国	5.19	3.85	4.38	4.74	5.30	6.87	
欧盟 27 国	5.99	5.29	7.19	8.35	9.47	11.45	
欧洲其他	0.85	0.65	0.85	1.21	1.08	1.46	
中南美洲	0.73	0.72	0.82	0.94	1.81	1.36	
中国	30.89	35.58	23.43	25.15	19.42	16.33	
印度	5.78	2.76	5.68	3.35	4.95	4.43	
亚洲其他	3.84	4.54	5.09	4.51	4.93	4.91	
非洲	0.17	0.22	0.25	0.21	0.36	0.55	
中东	2.65	2.44	2.98	3.01	2.87	3.39	
大洋洲	0.49	0.55	0.66	0.69	0.82	1.14	

资料来源：https://ncses.nsf.gov/pubs/nsb20241/data.

3.3.4　生物医药专利分析

专利是知识产权的核心。知识产权是生物医药发明、创新和应用的根源，如果没有知识产权，那些耗费大量时间和巨额资金的分子将永不得问世。因此加强专利申请和保护对生物医药创新链发展至关重要。另外，生物医药创新链的运行和发展是不断投入研发资金和人才，形成各种类型的产出的过程。专利本身也可以看作研发投入的产出品之一，也是创新链中进一步向产业化拓展的资产和动力。

从 PCT 专利(专利合作条约,Patent Cooperation Treaty)体系看,生物医药创新链上的专利至少可以分为医药专利、生物技术专利和医疗技术专利。

中国生物医药创新链上的 PCT 专利数量增长很快。1999—2020 年间,中国医药专利、生物技术专利、医疗技术专利占全球的比重分别从 2.20%、2.83%、0.27% 增加到 17.59%、15.14%、12.66%,与美国差距依然很大,但差距在变小。如从 1999 年到 2020 年间,中国医药专利、生物技术专利、医疗技术专利占美国的相应比重分别从 5.36%、5.50%、0.50% 增加到 44.87%、38.14%、39.10%(见表 3 - 17、表 3 - 18 和表 3 - 19)。

3.3.5 论文

1. 论文是基础研究和创新药研发成功与否的影响因素

论文作为基础研究的基本成果表达方式承载了生物医药创新链发起端的水平,也展示了创新链上主要的创新内容和价值。对于生物医药创新链而言,其中的论文,尤其是里程碑论文、突破性论文越多,说明对某些创新理论和创新药的研究越多,就越是容易促进创新药的成功。如从 2006—2016 年间全球医药企业 Top13 的创新药看,它们的成功上市的确获得了大量的关于基础研究的论文的支持,而失败的新药研究获得的论文支持较少(见表 3 - 20 和表 3 - 21)。

2. 自然指数

自然指数可以计量论文产出水平,是一种很好的衡量生物医药创新链上论文产出能力的计量方法和手段。发表和刊载论文的杂志很多,层次高低不一。为了衡量和描述生物医药创新链上论文发表量的多少,本研究使用 2022 年自然指数来度量中国、美国及全球生物医药创新链上的论文产出水平及国家间的差异。

2022 年按照论文篇数和论文份额计算的中国健康科学领域的自然指数分别为 1 835 和 1 288.84,而美国分别为 7 092 和 5 103.3,中国健康科学领域的自然指数分别占美国的 25.87% 和 25.26%。而若考虑在全球中的比重,中国则分别占 6.79% 和 10.63%,远低于美国的 26.23% 和 42.10%。中、美健康科学领域的论文合作指数相差不大,美国为 71.96%,中国为 70.24%,美国的这一指数高于中国 1.72 个百分点。

表 3 - 17　1999—2020 年 PCT 体系下医药专利情况

（单位：个）

国家/地区	1999	2001	2002	2003	2004	2005	2006	2007	2008	2009	2010
澳大利亚	135.5	178.1	183.4	163.4	181.3	187.8	192.8	209.1	179.8	154.0	144.4
比利时	—	—	—	—	—	119.2	119.8	133.2	107.9	124.7	104.2
加拿大	325.3	389.0	344.2	335.0	380.8	421.9	434.9	398.2	321.9	267.0	258.2
丹麦	119.0	183.2	157.6	206.5	175.4	199.9	169.8	218.1	175.2	121.1	116.1
法国	422.2	556.3	493.5	482.2	462.5	500.3	517.5	500.5	518.1	520.8	438.9
德国	869.6	1046.6	1074.3	973.7	990.3	961.3	884.8	1012.2	774.6	685.6	737.5
以色列	114.0	201.6	189.5	248.1	221.0	253.7	237.1	231.9	196.8	168.9	166.0
意大利	190.6	252.2	250.9	256.1	268.0	310.6	280.3	280.0	317.8	253.2	263.5
日本	908.0	1173.3	1283.0	1365.4	1458.7	1467.1	1239.3	1208.9	1096.0	1169.6	994.1
韩国	93.1	152.9	195.2	162.4	203.1	239.5	260.2	276.3	319.5	400.8	484.3
荷兰	115.5	152.7	171.1	141.9	155.4	169.9	169.4	199.3	158.1	231.7	261.5
西班牙	57.0	89.6	97.2	116.5	169.8	213.6	191.9	190.8	210.1	231.7	261.5
瑞典	176.1	197.2	205.9	200.0	184.8	214.9	208.0	245.4	144.3	139.7	127.6
瑞士	132.8	193.4	189.2	224.1	231.1	247.1	251.6	411.7	259.8	248.9	227.7
英国	749.9	850.5	857.8	769.8	694.7	771.5	745.0	730.8	594.2	484.3	442.9
美国	4985.4	5679.9	5725.2	5988.4	5674.0	5758.6	5833.9	5103.4	4963.4	4518.8	4486.2

（续表）

国家/地区	1999	2001	2002	2003	2004	2005	2006	2007	2008	2009	2010
欧盟27国	3018.4	3701.8	3723.4	3534.8	3498.5	3743.8	3581.4	3849.7	3312.8	3019.4	2896.4
中国	267.3	117.6	142.6	171.9	207.9	232.4	287.0	340.5	336.0	393.5	558.8
印度	68.5	134.2	253.8	310.9	322.3	345.8	317.5	332.0	366.8	416.3	447.5
全球	10222.0	12166.0	12525.0	12878.0	12756.0	13382.0	13145.0	12845.0	11813.0	11254.0	11336.0
美国占全球份额/%	48.77	46.69	45.71	46.50	44.48	43.03	44.38	39.73	42.02	40.15	39.57
中国占全球份额/%	2.20	0.91	1.12	1.28	1.58	1.81	2.43	2.65	2.84	3.50	4.93
中国占美国比例/%	5.36	2.07	2.49	2.87	3.66	4.04	4.92	6.67	6.77	8.71	12.46

国家/地区	2011	2012	2013	2014	2015	2016	2017	2018	2019	2020
澳大利亚	151.6	159.4	146.2	148.5	142.7	172.5	167.8	206.5	200	227.2
比利时	121.8	100.0	110.1	94.7	93.5	110.8	106.0	99.0	168.9	176.9
加拿大	254.5	245.5	267.6	216.6	280.7	239.6	270.9	348.9	317.7	352.1
丹麦	115.1	119.2	98.2	93.2	94.7	123.8	101.6	117.2	159.8	138.4
法国	452.3	470.0	427.0	431.7	443.9	426.9	432.9	423.9	428.5	489.7
德国	716.5	624.6	594.9	557.3	563.2	558.2	574.7	553.8	560.9	674.2
以色列	162.6	173.5	144.7	185.0	223.2	223.6	210.8	252.6	272.6	320.4
意大利	223.1	225.9	221.4	234.9	204.4	246.0	282.3	253.2	272.8	304.6

（续表）

国家/地区	2011	2012	2013	2014	2015	2016	2017	2018	2019	2020
日本	901.9	981.2	940.8	1013.6	1003.1	1071.1	1064.6	1169.3	1135.6	1089.9
韩国	598.4	526.8	555.9	559.4	639.0	690.1	750.6	936.1	969.5	1330.6
荷兰	208.7	180.4	189.6	180.5	163.3	142.3	190.6	190.0	160.9	187.0
西班牙	208.7	180.4	189.6	180.5	163.3	142.3	190.6	205.1	179.7	210.2
瑞典	111.7	91.0	82.5	109.3	111.3	128.6	119.5	124.1	126.3	152.6
瑞士	274.2	260.6	262.1	237.2	278.4	256.3	301.7	339.2	344.8	433.1
英国	423.1	370.0	431.7	430.7	474.0	458.0	435.8	540.2	585.4	650.7
美国	4419.0	4460.6	5162.4	4917.8	5514.8	5541.4	5529.9	6359.2	6673.8	7694.6
欧盟 27 国	2796.8	2566.1	2592.3	2560.1	2628.9	2597.5	2600.9	12642.0	13126.7	2730.2
全球	11209.0	11124.0	11843.0	11737.0	12895.0	13252.0	13842.0	15480.0	16508.0	19657.0
中国	665.0	642.0	736.9	872.2	1146.0	1453.9	1665.5	2039.6	2485.6	3452.9
印度	405.1	450.8	443.0	398.2	409.8	340.9	337.4	331.9	399.8	398.1
美国占全球份额/%	39.42	40.10	43.59	41.90	42.77	41.82	39.95	41.08	40.43	44.92
中国占全球份额/%	5.93	5.77	6.22	7.43	8.89	10.97	12.03	13.18	15.06	17.59
中国占美国比例/%	15.05	14.39	14.27	17.74	20.78	26.24	30.12	32.07	37.24	44.87

资料来源：OECD 数据库。

表3-18 1999—2020年PCT体系下生物技术专利情况

(单位:个)

国家/地区	1999	2001	2002	2003	2004	2005	2006	2007	2008	2009	2010
澳大利亚	157.6	225.9	181.8	231.4	180.4	214.8	199.3	207.9	180.6	169.8	174.7
比利时	165.2	143.0	148.4	139.4	145.9	134.5	149.7	162.8	143.5	163.5	161.6
加拿大	346.3	449.4	336.3	276.1	244.4	269.1	280.4	330.4	301.5	238.2	227.2
丹麦	157.2	175.9	198.9	206.8	218.7	192.3	163.7	268.8	242.3	171.2	195.7
法国	387.0	488.4	384.6	350.6	358.0	310.0	365.9	412.7	450.8	522.5	493.7
德国	795.5	1 217.7	1 124.5	951.7	913.5	668.3	667.1	725.6	673.9	659.5	670.3
以色列	122.3	162.5	139.3	172.7	171.4	154.7	146.2	195.6	172.8	139.2	166.9
意大利	85.0	106.0	116.3	111.7	122.9	132.8	144.4	124.8	154.9	147.3	145.8
日本	707.7	1 076.0	1 231.7	1 357.6	1 538.7	1 522.4	1 292.2	1 234.3	1 209.7	1 207.5	1 290.7
韩国	91.7	178.8	176.3	175.9	205.8	213.3	286.4	320.8	327.9	402.8	479.8
荷兰	155.3	174.1	247.9	193.2	221.0	299.4	317.4	330.0	318.1	300.4	250.5
西班牙	43.6	69.3	77.9	66.2	88.8	109.8	120.7	136.8	184.7	190.8	182.6
瑞典	170.4	171.5	185.7	137.5	143.8	137.6	129.5	135.1	102.2	111.0	120.1
瑞士	174.4	329.7	287.7	336.1	325.8	341.2	326.5	400.5	393.0	396.8	422.5
英国	645.1	639.3	574.7	508.7	433.6	443.7	405.2	461.5	407.4	370.5	384.3
美国	5 154.4	5 998.9	5 502.4	5 238.6	4 725.9	4 791.2	4 864.1	4 691.5	4 472.9	4 191.4	4 399.5

（续表）

国家/地区	1999	2001	2002	2003	2004	2005	2006	2007	2008	2009	2010
欧盟27国	2767.2	3401.5	3259.5	2879.8	2837.1	2631.2	2714.4	3021.9	2939.8	2869.5	2832.9
全球	10002.0	12199.0	11615.0	11178.0	10690.0	10662.0	10730.0	11326.0	10685.0	10400.0	10967.0
中国	283.3	62.3	103.0	122.8	106.8	106.0	142.7	167.6	174.9	251.8	382.9
印度	16.8	48.5	80.2	81.5	77.0	82.4	88.7	79.5	105.2	102.7	110.0
美国占全球份额/%	51.53	49.18	47.37	46.87	44.21	44.94	45.33	41.42	41.86	40.30	40.12
中国占全球份额/%	2.83	0.51	0.89	1.10	1.00	0.99	1.33	1.48	1.64	2.83	3.49
中国占美国比例/%	5.50	1.04	1.87	2.34	2.26	2.21	2.93	3.57	3.91	6.01	8.70

国家/地区	2011	2012	2013	2014	2015	2016	2017	2018	2019	2020
澳大利亚	154.7	139.1	145.3	149.6	151.1	150.0	160.4	177.2	182.3	192.9
比利时	166.0	147.1	124.5	138.5	156.2	160.2	146.4	124.8	183.1	168.2
加拿大	268.5	230.8	262.2	236.2	243.3	226.1	240.2	279.7	252.0	299.0
丹麦	212.1	229.9	209.5	247.8	221.7	220.6	213.8	174.4	159.8	174.0
法国	547.5	501.0	537.2	537.9	552.7	529.6	499.2	474.1	434.2	559.8
德国	670.3	605.3	592.2	592.8	663.9	604.8	630.2	636.7	666.0	778.0
以色列	160.3	156.9	142.3	179.7	187.8	168.4	199.3	214.1	222.3	290.0
意大利	122.2	130.7	112.0	115.9	125.2	130.6	135.7	184.4	169.3	216.4

（续表）

国家/地区	2011	2012	2013	2014	2015	2016	2017	2018	2019	2020
日本	1232.8	1243.8	1275.0	1349.8	1457.7	1628.4	1523.7	1721.1	1639.4	1563.0
韩国	550.3	535.0	537.4	617.5	747.7	868.3	896.0	1013.0	1066.8	1432.2
荷兰	257.7	270.6	250.8	243.5	280.2	237.1	237.7	243.7	215.7	281.9
西班牙	190.9	180.7	190.4	167.3	158.7	124.0	153.1	160.2	182.2	199.3
瑞典	124.2	102.5	109.2	114.0	104.7	119.1	102.3	125.8	128.9	143.1
瑞士	397.6	381.6	400.5	432.0	426.3	420.3	379.5	247.8	252.9	292.4
英国	394.4	400.5	422.2	494.2	495.0	480.2	466.9	578.3	596.8	670.1
美国	4589.1	4475.1	4997.6	4746.2	5311.4	5395.2	5468.1	6351.0	6573.9	7592.4
欧盟27国	2961.2	2822.8	2821.4	2926.8	3040.0	2857.0	2822.1	13132.7	13389.1	2865.7
全球	11351.0	11110.0	11821.0	11944.0	13041.0	13456.0	14062.0	15616.0	16127.0	19127.0
中国	486.3	449.8	547.9	616.7	821.8	1079.0	1433.3	868.5	2078.1	2895.9
印度	106.0	124.3	121.2	123.0	100.6	89.6	113.0	145.9	160.1	151.6
美国占全球份额/%	40.43	40.28	42.28	39.74	40.73	40.09	38.89	40.67	40.76	38.14
中国占全球份额/%	4.28	4.05	4.63	5.16	6.30	8.02	10.19	5.56	12.89	15.14
中国占美国比例/%	10.60	10.05	10.96	12.99	15.47	20.00	26.21	13.68	31.61	38.14

资料来源：OECD 数据库。

表 3 - 19　1999—2020 年 PCT 体系下医疗技术专利情况

（单位：个）

国家/地区	1999	2001	2002	2003	2004	2005	2006	2007	2008	2009	2010
澳大利亚	121.3	158.0	183.2	181.3	200.8	257.4	228.7	213.8	229.7	208.5	161.3
比利时	25.5	24.6	32.8	36.7	44.1	51.1	49.5	60.5	36.5	36.5	63.2
加拿大	143.4	130.7	159.4	149.0	189.3	241.8	249.8	260.6	182.2	182.2	218.3
丹麦	87.3	108.0	117.5	119.6	140.3	138.3	169.4	141.0	123.0	123.0	123.3
法国	235.4	237.3	284.5	264.6	273.2	321.4	308.8	368.8	387.0	387.0	379.0
德国	634.8	697.2	711.2	725.3	757.9	863.6	933.3	972.3	975.0	975.0	1157.6
以色列	161.6	214.4	243.3	231.2	269.6	305.4	310.7	347.5	285.3	308.6	319.1
意大利	117.7	116.7	146.7	136.8	164.3	181.2	223.7	198.8	199.5	196.3	233.2
日本	295.5	550.0	725.3	965.8	1265.8	1350.8	1330.4	1332.4	1434.8	1673.9	2121.2
韩国	65.3	144.8	140.5	159.5	145.5	161.7	217.9	224.8	299.5	427.7	561.1
荷兰	154.8	278.4	283.3	235.7	287.0	351.3	427.9	361.6	506.1	482.6	443.7
西班牙	32.0	45.0	51.3	57.0	81.5	66.5	88.2	115.3	124.6	108.9	137.5
瑞典	230.7	240.0	217.5	203.8	208.4	273.1	283.9	334.5	308.0	286.0	224.0
瑞士	221.7	320.3	362.4	414.1	442.3	455.0	475.8	484.0	433.5	458.3	484.3
英国	377.3	468.8	445.3	469.7	413.6	442.8	485.6	457.5	420.3	421.5	387.6
美国	3878.6	4641.7	5027.1	5359.1	5277.9	5853.2	6468.8	5876.4	5583.7	5205.7	5395.6

（续表）

国家/地区	1999	2001	2002	2003	2004	2005	2006	2007	2008	2009	2010
欧盟27国	2065.2	2413.8	2482.5	2457.8	2563.5	2896.8	3232.7	3275.0	3388.0	3525.3	3459.3
全球	7321.0	9073.0	9919.0	10608.0	11106.0	12296.0	13365.0	12720.0	12470.0	12835.0	13743.0
中国	19.5	43.0	29.0	57.8	85.8	127.0	144.6	153.9	156.7	234.8	402.3
印度	4.0	16.0	13.5	13.3	28.0	20.2	29.3	35.7	38.2	50.8	72.3
美国占全球份额/%	52.98	51.16	50.68	50.52	47.52	47.60	48.40	46.20	44.78	40.56	39.26
中国占全球份额/%	0.27	0.47	0.29	0.54	0.77	1.03	1.08	1.21	1.26	0.27	2.93
中国占美国比例/%	0.50	0.93	0.58	1.08	1.63	2.17	2.24	2.62	2.81	4.51	7.46

国家/地区	2011	2012	2013	2014	2015	2016	2017	2018	2019	2020
澳大利亚	204.2	163.5	172.3	207.2	263.2	230.4	242.9	283.5	300.9	318.7
比利时	58.5	102.5	81.8	69.8	87.7	73.5	93.5	83.6	81.2	109.8
加拿大	230.9	199.4	263.0	294.8	287.6	287.6	314.9	369.8	317.2	368.5
丹麦	139.8	147.0	110.5	127.5	144.0	175.0	121.2	155.5	142.8	161.0
法国	345.7	400.6	363.0	486.7	496.9	512.7	474.2	525.5	493.7	575.8
德国	1199.2	1223.9	1065.1	1036.8	925.4	1137.6	1074.1	1120.8	1191.3	1177.1
以色列	307.0	347.9	368.4	363.3	398.9	402.8	397.5	471.1	479.0	598.0
意大利	222.0	229.2	248.9	272.3	256.8	258.1	259.5	282.9	285.7	420.2

（续表）

国家/地区	2011	2012	2013	2014	2015	2016	2017	2018	2019	2020
日本	2 342.3	2 755.9	2 654.3	3 049.7	3 394.0	3 372.1	3 342.9	3 277.6	2 890.7	2 917.9
韩国	588.5	596.2	685.5	934.0	1 055.2	1 175.6	1 119.8	1 260.3	1 360.0	1 712.7
荷兰	562.8	617.0	598.2	674.9	706.1	681.0	607.5	617.2	577.0	549.0
西班牙	140.3	145.0	138.3	144.4	153.3	158.8	124.5	169.9	166.1	214.6
瑞典	217.9	225.5	168.5	161.3	205.1	202.9	213.0	207.1	205.7	233.3
瑞士	439.7	416.0	417.2	442.7	507.5	573.0	510.2	367.0	374.7	361.9
英国	416.2	369.4	427.2	449.2	498.4	580.8	488.2	661.3	646.4	684.1
美国	5 676.8	5 686.4	6 910.4	6 243.5	6 482.4	6 397.9	6 334.8	6 681.9	7 040.8	7 421.9
欧盟 27 国	3 756.8	3 562.5	3 730.0	3 755.9	4 101.7	4 108.1	3 790.6	17 261.3	17 313.7	4 016.1
全球	14 476.0	14 975.0	16 742.0	16 904.0	18 642.0	19 403.0	19 192.0	20 050.0	20 573.0	22 926.0
中国	412.6	504.3	723.4	756.1	1 186.7	1 628.3	1 603.4	1 838.3	2 265.2	2 902.0
印度	51.2	61.2	74.7	81.8	101.5	145.8	131.2	213.1	200.7	253.8
美国占全球份额/%	39.22	37.97	41.28	36.94	34.77	32.97	33.01	33.33	34.22	39.10
中国占全球份额/%	2.85	3.37	4.32	4.47	6.37	8.39	8.35	9.17	11.01	12.66
中国占美国比例/%	7.27	8.87	10.47	12.11	18.31	25.45	25.31	27.51	32.17	39.10

资料来源：OECD 数据库。

表 3 - 20 2006—2016 年全球 Top13 医药企业成功上市新药与支持论文对比

	0	1	2	3	4	5	6
距离成功时间/年							
生物新药论文/篇	309	337	254	137	99	68	42
新药分子实体药物论文/篇	1 076	1 220	881	653	486	352	228
距离成功时间/年	7	8	9	10	11	12	13
生物新药论文/篇	25	22	13	8	8	7	1
新药分子实体药物论文/篇	183	145	122	83	62	46	16
距离成功时间/年	14	15	16	17	18	19	20
生物新药论文/篇	2	0	2	0	0	0	0
新药分子实体药物论文/篇	26	7	9	3	2	1	1

资料来源：Liu X, Thomas C E, Felder C C. The impact of external innovation on new drug approvals: a retrospective analysis [J]. International Journal of Pharmaceutics, 2019, 563: 273 - 281.

表 3-21　2006—2016 年全球 Top13 医药企业失败新药与支持论文对比

	0	1	2	3	4	5	6	7
距离失败时间/年	0	1	2	3	4	5	6	7
生物新药论文/篇	22	21	28	15	26	12	16	13
新药分子实体药物论文/篇	34	63	47	26	20	20	14	8
距离失败时间/年	8	9	10	11	12	13	14	15
生物新药论文/篇	12	4	8	4	8	6	6	4
新药分子实体药物论文/篇	3	2	7	7	5	9	6	15
距离失败时间/年	16	17	18	19	20	25		
生物新药论文/篇	2	1	2	2	1	1		
新药分子实体药物论文/篇	12	5	4	4	0	0		

资料来源：Liu X, Thomas C E, Felder C C. The impact of external innovation on new drug approvals: a retrospective analysis [J]. International Journal of Pharmaceutics, 2019, 563: 273 – 281.

从表 3-22 中涉及的合作指数(包括按照份额计量的篇数/参与人计量的论文篇数)看,美国最高,其次是中国,再次是韩国,第四是日本。这表明美国的独立作者比例最大,其次是中国,再次是韩国,第四是日本。其他国家的合作指数都在 40 以下,这表明其他国家的论文合作比例都相当高。

表 3-22　2022 年不同国家健康科学领域的自然指数

国家/地区	论文计数 (1)	份额计量 (2)	论文计数 占比%(3)	份额计量 占比%(4)	合作指数 (2)/(1)	份额计量占 比(4)/论文 计数占比(3)
总计	27 041	12 121	100	100	44.82	100
美国	7 092	5 103.3	26.23	42.1	71.96	160.53
英国	2 203	872.99	8.15	7.20	39.63	88.40
中国	1 835	1 288.84	6.79	10.63	70.24	156.69
德国	1 425	523.78	5.27	4.32	36.76	82.00
加拿大	1 289	496.12	4.77	4.09	38.49	85.86
法国	1 081	419.58	4.00	3.46	38.81	86.59
荷兰	953	337.20	3.52	2.78	35.38	78.94
澳大利亚	951	350.25	3.52	2.89	36.83	82.16
意大利	832	260.11	3.08	2.15	31.26	69.75
西班牙	761	234.17	2.81	1.93	30.77	68.65
瑞士	674	191.02	2.49	1.58	28.34	63.23
日本	669	316.86	2.47	2.61	47.36	105.66
瑞典	634	201.81	2.34	1.66	31.83	71.01
丹麦	546	203.31	2.02	1.68	37.24	83.07
比利时	455	105.86	1.68	0.87	23.27	51.90
韩国	393	213.11	1.45	1.76	54.23	120.97
奥地利	275	61.78	1.02	0.51	22.46	50.12
巴西	265	65.16	0.98	0.54	24.59	54.86
挪威	252	63.53	0.93	0.52	25.21	56.24
以色列	247	88.38	0.91	0.73	35.78	79.83

（续表）

国家/地区	论文计数（1）	份额计量（2）	论文计数占比％（3）	份额计量占比％（4）	合作指数（2）/（1）	份额计量占比（4）/论文计数占比（3）
芬兰	237	62.16	0.88	0.51	26.23	58.51
新加坡	229	69.08	0.85	0.57	30.16	67.30
印度	195	61.31	0.72	0.51	31.44	70.14
南非	182	44.41	0.67	0.37	24.40	54.43
波兰	181	19.08	0.67	0.16	10.54	23.51
新西兰	160	37.36	0.59	0.31	23.35	52.09
爱尔兰	154	22.23	0.57	0.18	14.43	32.20
希腊	140	16.32	0.52	0.13	11.66	26.00
捷克	115	16.64	0.43	0.14	14.47	32.27
葡萄牙	111	17.60	0.41	0.15	15.86	35.38
俄罗斯	104	15.15	0.38	0.12	14.56	32.49
土耳其	100	13.67	0.37	0.11	13.67	30.51
墨西哥	98	12.87	0.36	0.11	13.14	29.31
阿根廷	98	10.64	0.36	0.09	10.86	24.23
匈牙利	82	10.21	0.30	0.08	12.45	27.78
泰国	73	13.12	0.27	0.11	17.97	40.08
乌干达	72	14.32	0.27	0.12	19.89	44.37
肯尼亚	63	13.88	0.23	0.11	22.03	49.16
沙特阿拉伯	62	8.15	0.23	0.07	13.15	29.34
埃及	56	5.08	0.21	0.04	9.08	20.25
智利	51	7.60	0.19	0.06	14.90	33.25
伊朗	48	9.96	0.18	0.08	20.75	46.28
孟加拉国	48	8.95	0.18	0.07	18.64	41.59
罗马尼亚	47	2.48	0.17	0.02	5.28	11.78
巴基斯坦	46	3.85	0.17	0.03	8.37	18.67

（续表）

国家/地区	论文计数（1）	份额计量（2）	论文计数占比％（3）	份额计量占比％（4）	合作指数（2）/（1）	份额计量占比（4）/论文计数占比（3）
哥伦比亚	43	3.89	0.16	0.03	9.04	20.16
斯洛文尼亚	43	2.30	0.16	0.02	5.34	11.92
尼日利亚	42	7.58	0.16	0.06	18.05	40.26
阿联酋	40	4.65	0.15	0.04	11.63	25.95
爱沙尼亚	39	5.08	0.14	0.04	13.02	29.04
越南	38	5.72	0.14	0.05	15.04	33.55
马来西亚	36	2.98	0.13	0.02	8.29	18.49
坦桑尼亚	34	5.89	0.13	0.05	17.31	38.62
马拉维	33	5.83	0.12	0.05	17.66	39.40
加纳	32	4.10	0.12	0.03	12.82	28.60
秘鲁	32	3.70	0.12	0.03	11.58	25.83
冰岛	31	7.00	0.11	0.06	22.59	50.39
卡特尔	30	9.84	0.11	0.08	32.82	73.21
埃塞俄比亚	28	4.11	0.10	0.03	14.69	32.77
乌克兰	26	1.39	0.10	0.01	5.34	11.91
卢森堡	24	5.39	0.09	0.04	22.46	50.11
莫桑比克	23	2.18	0.09	0.02	9.48	21.15
保加利亚	22	0.98	0.08	0.01	4.46	9.96
塞浦路斯	21	2.87	0.08	0.02	13.68	30.52
印度尼西亚	21	1.78	0.08	0.01	8.48	18.92
刚果	19	2.62	0.07	0.02	13.77	30.72
菲律宾	19	1.63	0.07	0.01	8.56	19.10
克罗地亚	19	0.95	0.07	0.01	5.00	11.16
塞尔维亚	19	0.76	0.07	0.01	3.99	8.89
立陶宛	18	0.77	0.07	0.01	4.29	9.56

（续表）

国家/地区	论文计数（1）	份额计量（2）	论文计数占比%（3）	份额计量占比%（4）	合作指数（2）/（1）	份额计量占比（4）/论文计数占比（3）
布基纳法索	16	2.32	0.06	0.02	14.48	32.31
约旦	15	2.37	0.06	0.02	15.81	35.28
黎巴嫩	15	1.94	0.06	0.02	12.96	28.92
尼泊尔	15	1.12	0.06	0.01	7.49	16.71
格鲁吉亚	15	1.10	0.06	0.01	7.31	16.32
斯洛伐克	15	0.85	0.06	0.01	5.65	12.60
津巴布韦	14	1.47	0.05	0.01	10.46	23.35
卢旺达	14	0.92	0.05	0.01	6.61	14.74
喀麦隆	14	0.88	0.05	0.01	6.31	14.08
科威特	14	0.62	0.05	0.01	4.39	9.80
柬埔寨	13	5.24	0.05	0.04	40.31	89.93
赞比亚	13	1.21	0.05	0.01	9.30	20.75
危地马拉	12	0.66	0.04	0.01	5.51	12.30
马其顿	11	0.51	0.04	0.00	4.59	10.24
白俄罗斯	11	0.39	0.04	0.00	3.56	7.94
拉通维亚	11	0.27	0.04	0.00	2.43	5.43
厄瓜多尔	10	1.43	0.04	0.01	14.29	31.88
其他	337	27.36	1.18	0.17	8.12	14.41

资料来源：1. https://www.nature.com/nature-index/country-outputs/collaboration-graph/.
　　　　2. https://www.nature.com/articles/d41586-023-01867-4.

3. 转化医学领域中的里程碑论文

转化医学领域中的里程碑论文是指在转化医学领域内具有划时代意义、对后续研究产生深远影响的论文。它们的基本特点通常表现为新的研究范式的出现，或者是对现有知识的重大突破，为后续的研究提供了新的方向或基础。转化医学领域中里程碑论文的贡献不限于提出新的理论、模型或方法，还包括解决长期存在的问题，或者对现有知识进行综合和提炼，使之成为该领域的标准或参考等等。

基础研究和转化医学进展是发现疾病、靶点及治疗方案的基础。基础理论和应用技术要经过转化方能形成创新药或突破性疗法。转化医学领域中的里程碑论文是丰富的前沿基础研究和强大的转化能力的综合体现,是生物医药创新链从基础研究走向新药和创新疗法的桥梁。

表3-23表明,2013—2022年的全球转化医学领域的里程碑论文发表总量基本平稳,但不同学科、领域的数量结构不平衡。如2013年全球转化医学领域的遗传学、靶点/标志物方面的里程碑论文较多,技术、结构、耐药等方面的里程碑论文较少。

中国在全球转化医学领域发表的里程碑论文较少。2013—2022年中国在全球转化医学领域发表的全部里程碑论文仅有38篇,不及美国在这一期间任何一年的发表量(表3-24)。

表3-23　2013—2022年全球转化医学领域里程碑论文数量及领域分布

(单位:篇)

年份	2013	2014	2015	2016	2017
初步临床	36	48	66	46	89
非临床	5	10	19	19	19
技术	7	7	3	6	11
结构	6	4	3	3	2
耐药	7	4	4	4	6
药物发现	15	15	19	28	29
靶点/标志物	17	13	24	17	29
遗传学	89	77	42	26	22
合计	182	178	180	149	207
年份	2018	2019	2020	2021	2022
初步临床	71	92	109	77	60
非临床	18	16	30	19	27
技术	11	13	17	13	23
结构	5	4	5	8	5
耐药	3	3	4	8	3

(续表)

年份	2018	2019	2020	2021	2022
药物发现	21	25	36	29	12
靶点/标志物	20	26	36	24	33
遗传学	25	16	17	12	15
合计	174	195	254	190	178

资料来源:医药魔方。

表 3-24　2013—2022 年中美及其他国家在全球转化医学领域的里程碑论文发表数量

(单位:篇)

年份	2013	2014	2015	2016	2017
美国	45	49	59	65	58
中国	1	2	2	1	1
其他	44	49	39	34	41
年份	2018	2019	2020	2021	2022
美国	53	59	59	61	56
中国	1	4	7	9	10
其他	46	37	34	30	34

资料来源:医药魔方。

3.3.6　研发管线

完整的研发管线包括临床前、临床Ⅰ期、临床Ⅱ期、临床Ⅲ期、新药上市申请、临床Ⅳ期等不同阶段的研究。这些环节和过程是构成生物医药创新链不可或缺的重要组成部分。2000 年代以来,全球研发管线数量增长较快(见表 3-25)。

表 3-25　2001—2024 全球研发管线及新物质数量　(单位:个)

年份	2001	2002	2003	2004	2005	2006	2007
管线数量	5 995	6 198	6 416	6 994	7 360	7 406	7 737
新物质数量	36	29	29	22	26	28	26

（续表）

年份	2008	2009	2010	2011	2012	2013	2014
管线数量	9 217	9 605	9 737	9 717	10 452	10 479	11 307
新物质数量	31	26	35	36	37	37	57
年份	2015	2016	2017	2018	2019	2020	2021
管线数量	12 300	13 718	14 872	15 267	16 181	17 737	18 582
新物质数量	43	34	47	51	49	74	84
年份	2022	2023	2024				
管线数量	20 109	21 292	22 825				
新物质数量	54	72	—				

资料来源：1. https://www. citeline. com/-/media/citeline/resources/pdf/white-paper_annual-pharma-rd-review-2024. pdf.

2. https://www. citeline. com/-/media/citeline/resources/pdf/report_nas-report-2024. pdf.

就中国而言，2001 年前中国的研发管线很少，2001 年中国研发管线数为 123 条，之后快速增加，2024 年达到 6 119 条。2001 年和 2024 年中国生物医药研发管线分别占全球生物医药研发管线的 2.05％和 26.81％。美国是研发管线最多的国家，如 2021 年美国研发管线数量占全球的比重为 61.70％，2024 年为 49.06％，虽然有所下降，但仍然遥遥领先于其他国家。从发展速度上看，美国生物医药研发管线总量占全球的比重大致是负增长的，而中国生物医药研发管线呈现正增长，并且 2020 年后大致呈现加速增长的基本趋势（见表 3－26）。中国研发管线的这一增长趋势与中国自 2010 年代开启的生物医药政策改革，特别是 2015 年以来大量推出医药新政息息相关。

表 3－26　2001—2024 年部分国家研发管线在全球的占比　（单位：％）

年份	2001	2002	2003	2004	2005	2006	2007	2008
美国	61.70	61.03	64.43	62.25	57.94	58.63	58.12	57.63
日本	14.73	14.30	13.39	11.60	10.42	10.60	9.81	8.83
中国	2.05	2.29	2.42	2.43	2.27	2.16	2.21	2.03
印度	1.03	1.45	2.06	2.19	2.00	2.00	2.47	3.09
英国	21.63	22.86	23.68	20.96	19.44	18.51	18.02	17.03

(续表)

年份	2001	2002	2003	2004	2005	2006	2007	2008
爱尔兰	5.22	7.43	7.90	7.01	6.33	6.32	5.97	5.33
丹麦	6.76	8.99	9.46	8.49	7.92	8.09	7.82	7.38
瑞典	6.94	8.54	9.06	8.28	7.44	7.13	7.28	6.71
法国	11.48	12.90	13.68	12.27	11.67	11.32	12.32	10.37
德国	12.48	14.25	14.71	13.70	12.54	12.31	11.32	11.37
瑞士	7.09	7.38	8.15	7.59	7.30	7.01	6.93	6.12
全球	100.00	100.00	100.00	100.00	99.99	100.00	100.00	100.00
年份	2009	2010	2011	2012	2013	2014	2015	2016
美国	58.16	58.01	59.18	58.96	58.63	55.76	57.19	57.64
日本	8.75	10.03	10.58	11.22	11.91	11.94	11.49	11.51
中国	2.07	2.83	4.03	4.62	5.44	6.20	6.92	8.24
印度	3.36	4.40	5.84	6.20	7.47	7.10	6.46	6.07
英国	16.46	16.93	17.51	17.37	18.76	18.99	18.50	18.10
爱尔兰	5.33	5.78	6.14	6.24	7.25	7.08	6.99	6.79
丹麦	7.02	7.59	8.33	8.30	9.01	9.10	8.78	8.74
瑞典	6.90	7.90	8.55	8.64	9.77	9.83	9.53	9.21
法国	9.88	10.43	12.20	12.78	14.24	14.05	13.87	13.63
德国	11.22	12.83	12.79	15.02	16.25	16.54	16.11	15.95
瑞士	6.06	6.91	7.97	8.34	9.11	9.15	8.85	8.41
全球	100.00	100.00	100.00	100.00	100.00	100.00	100.00	100.00
年份	2017	2018	2019	2020	2021	2022	2023	2024
美国	56.28	55.90	56.49	53.43	55.27	53.11	50.74	49.06
日本	10.64	10.26	10.09	9.76	9.67	9.13	9.30	8.96
中国	8.53	9.51	12.56	14.60	17.73	20.90	24.12	26.81
印度	5.46	4.89	5.04	4.57	4.19	3.55	2.96	3.04

(续表)

年份	2017	2018	2019	2020	2021	2022	2023	2024
英国	17.24	16.96	16.71	14.87	14.48	13.82	14.16	13.83
爱尔兰	6.39	6.39	6.37	5.58	5.58	5.11	5.16	5.07
丹麦	8.14	8.08	8.16	7.45	7.00	6.42	6.78	6.73
瑞典	8.75	8.57	8.09	7.83	7.28	6.72	6.89	6.85
法国	12.72	12.24	11.88	10.77	10.52	9.70	10.28	10.36
德国	14.71	14.09	13.64	12.66	12.01	10.82	11.08	10.86
瑞士	7.53	7.02	6.88	6.35	6.27	6.13	6.66	6.59
全球	100.00	100.00	100.00	100.00	100.00	100.00	100.00	100.00

注：由于一个管线可能有多个国家在试验，因此各国管线数加总大于全球管线总数，各国管线占全球的
比重合计大于100。
资料来源：https://www.citeline.com/-/media/citeline/resources/pdf/white-paper_annual-pharma-rd-review-2024.pdf.

从研发管线所对应发现的新物质看，2001年在全球5 995条研发管线之下，发现的新物质是36个，2023年在21 292条研发管线下，发现的新物质为72个（见表3-25）。

从生物医药研发管线支持下的药物研发数量看，美国的药物研发管线数量最多。2022年美国研发管线占全球的比重为53.4%，2023年为51.1%，有所下降，但研发药物从2022年的10 736个增加到2023年的10 876个，增加了140个。中国生物医药研发管线占全球的比重从2022年的20.8%增加到2023年的23.6%，增加了2.8个百分点，而研发药物从2022年的4 189个增加到2023年的5 033个，总量增加了844个。中美药物研发数量都在增加，但中国增长更快，中国的研发管线数量增长也很快（见表3-27）。

表3-27　2022—2023年主要国家的药物研发数量及管线占比

国家	2022年药物研发数量/个	2022年管线比重/%	国家	2023年药物研发数量/个	2023年管线比重/%
美国	10 736	53.4	美国	10 876	51.1
中国	4 189	20.8	中国	5 033	23.6
英国	2 887	14.4	英国	3 048	14.3

（续表）

国家	2022 年药物研发数量/个	2022 年管线比重/%	国家	2023 年药物研发数量/个	2023 年管线比重/%
韩国	2 627	13.1	韩国	2 917	13.7
德国	2 299	11.4	德国	2 349	11.0
加拿大	2 182	10.9	加拿大	2 231	10.5
法国	2 057	10.2	澳大利亚	2 172	10.2
澳大利亚	2 010	10.0	法国	2 161	10.1
日本	1 931	9.6	西班牙	2 033	9.5
西班牙	1 909	9.5	日本	1 964	9.2
荷兰	1 680	8.4	荷兰	1 704	8.0
比利时	1 608	8.0	意大利	1 670	7.8
意大利	1 603	8.0	比利时	1 651	7.8
波兰	1 477	7.3	波兰	1 575	7.4
瑞典	1 402	7.0	瑞典	1 437	6.7
丹麦	1 352	6.7	丹麦	1 415	6.6
瑞士	1 346	6.7	瑞士	1 405	6.6
匈牙利	1 258	6.3	匈牙利	1 298	6.1
捷克	1 248	6.2	捷克	1 283	6.0
奥地利	1 220	6.1	奥地利	1 258	5.9
爱尔兰	1 086	5.4	保加利亚	1 150	5.4
保加利亚	1 082	5.4	芬兰	1 105	5.2
芬兰	1 079	5.4	爱尔兰	1 085	5.1
葡萄牙	1 032	5.1	以色列	1 062	5.0
罗马尼亚	1 026	5.1	希腊	1 055	5.0
希腊	1 018	5.1			
挪威	1 014	5.0			
以色列	1 006	5.0			

资料来源：1. https://pharmaintelligence.informa.com/resources/product-content/pharma-rd-annual-review-2022.

2. https://images.intelligence.informa.com/Web/InformaUKLimited/%7B1e2824e9-0137-4cb4-9ef5-b8643c2243cc%7D_13575_Citeline_R_D_White_Paper_V6.pdf.

从 2013—2022 年创新药注册临床试验开展数量看,中国在 2013 年注册的创新药临床数量为 17 个,占当年全球创新药临床注册总量的 3.5%。而同期美国的创新药临床注册量为 239 个,占全球创新药临床注册总量的 49.18%。2022 年,中国注册的创新药临床数量为 166 个,占当年全球创新药临床注册总量的 28.42%。而同期美国的创新药临床注册量为 228 个,占全球创新药临床注册总量的 39.04%。中国创新药临床注册量在全球的占比迅速提高,美国有所下降,但美国依然占全球的 40% 左右,中国与美国在创新药临床注册方面仍存在很大差距,但相比 10 年前该差距缩小了很多(见表 3 - 28)。

表 3 - 28　2013—2022 年中美创新药注册临床试验开展数量比较

年份	2013	2014	2015	2016	2017
美国数量/个	239	228	304	207	243
中国数量/个	17	19	33	36	49
全球数量/个	486	501	571	451	522
美国占比/%	49.18	45.51	53.24	45.90	46.55
中国占比/%	3.50	3.79	5.78	7.98	9.39
年份	2018	2019	2020	2021	2022
美国数量/个	240	247	285	222	228
中国数量/个	95	131	175	200	166
全球数量/个	583	572	611	645	584
美国占比/%	41.17	43.18	46.64	34.42	39.04
中国占比/%	16.30	22.90	28.64	31.01	28.42

资料来源:https://bydrug.pharmcube.com/report/detail/9ed20d0c34d147f0b48203b7b0618aeb.

从管线的流程时序结构看,按照临床前、临床Ⅰ期、临床Ⅱ期、临床Ⅲ期、上市申报、新药注册的顺序,这些阶段的全球药物研发管线数量依次减少(见表 3 - 29)。

表 3 - 29　2021—2022 年全球药物研发管线结构

年份	类别	临床前	临床Ⅰ期	临床Ⅱ期	临床Ⅲ期	上市申报	新药注册	上市批准	暂停	其他
2021	数量/个	10 223	2 676	2 747	1 029	267	150	1 337	42	91
	占比/%	55.07	14.42	14.80	5.54	1.44	0.81	7.20	0.23	0.49
2022	数量/个	11 351	2 947	2 922	1 119	231	170	1 240	49	79
	占比/%	56.45	14.66	14.53	5.56	1.15	0.85	6.17	0.24	0.39

资料来源:https://pharmaintelligence.informa.com/resources/product-content/pharma-rd-annual-review-2022development-investment-allocation-by-function/.

从 2019—2021 年按照疗法统计的各国管线分布看,泌尿生殖、眼科领域的研发管线较少,而自免疫/炎症、肿瘤领域的研发管线最多。2021 年中国在自免疫/炎症、肿瘤领域的研发管线总量超过美国(见表 3 - 30、表 3 - 31、表 3 - 32)。

表 3 - 30　2019—2021 年按照疗法统计的各国管线分布(一)

合计				自免疫/炎症				肿瘤			
年份	2021	2020	2019	年份	2021	2020	2019	年份	2021	2020	2019
中国	3 795	2 781	2 161	中国	420	292	249	中国	1 747	1 199	1 026
美国	3 310	3 134	2 859	美国	397	332	389	美国	1 434	1 312	1 321
西班牙	768	696	579	德国	145	126	155	西班牙	341	287	263
英国	742	603	622	波兰	143	92	113	法国	322	277	275
加拿大	710	552	558	加拿大	132	96	127	意大利	269	215	203
德国	693	625	615	英国	130	97	149	澳大利亚	255	247	202
法国	689	621	561	澳大利亚	126	88	104	英国	251	214	205
日本	664	552	532	西班牙	120	87	105	日本	249	229	248
澳大利亚	647	567	466	法国	109	76	106	韩国	246	213	157
意大利	618	—	459	日本	106	88	111	德国	237	236	221

表 3-31　2019—2021 年按照疗法统计的各国管线分布（二）

中枢神经系统				心血管				内分泌与代谢			
年份	2021	2020	2019	年份	2021	2020	2019	年份	2021	2020	2019
美国	550	438	510	中国	389	274	247	美国	395	254	227
中国	407	226	187	美国	178	155	138	中国	333	256	282
英国	118	66	92	加拿大	70	48	52	英国	91	59	79
加拿大	116	78	87	英国	58	44	48	德国	85	67	81
澳大利亚	98	76	74	德国	54	44	43	日本	83	—	—
德国	96	65	76	伊朗	54	56	29	意大利	83	44	45
日本	87	62	60	韩国	52	40	40	加拿大	81	45	54
西班牙	87	71	72	西班牙	50	38	36	韩国	79	50	63
波兰	80	—	—	日本	49	39	35	西班牙	73	43	49
法国	78	—	73	法国	48	—	38	澳大利亚	72	58	39

表 3-32　2019—2021 年按照疗法统计的各国管线分布（三）

传染病				泌尿生殖				眼科			
年份	2021	2020	2019	年份	2021	2020	2019	年份	2021	2020	2019
美国	475	715	212	中国	39	46	22	美国	83	75	72
中国	457	525	238	伊朗	39	24	39	中国	42	22	21
印度	213	232	33	美国	19	26	31	西班牙	22	12	12
伊朗	140	353	14	印度	8	ND	ND	加拿大	20	ND	9
巴西	111	159	20	西班牙	6	10	10	澳大利亚	19	18	8
英国	104	134	53	意大利	6	—	—	德国	18	13	13
加拿大	99	ND	37	日本	9	7	1	波兰	19	13	9
西班牙	99	175	49	俄罗斯	7	—	6	印度	17	—	—
日本	98	—	—	德国	8	8	8	英国	17	—	45
俄罗斯	92	—	38	捷克	6	—	6	法国	16	12	11

资料来源：https://pharmaintelligence. informa. com/resources/product-content/the-annual-clinical-trials-round-up-2021.

　　从全球范围内企业资助的活性药物发明实验看,美国发明试验最多,其次是欧洲,再次是中国(见表3-33)。表3-33表明,在全球企业资助的临床研究中,美国所有临床试验总量为6519个,占全球的48%,而中国所有临床试验为2205个,占全球的16%。其中,美国的临床Ⅰ期、临床Ⅱ期和临床Ⅲ期研究数量的占比分别为24%、50%和26%。而中国的临床Ⅰ期、临床Ⅱ期和临床Ⅲ期研究数量的占比分别为35%、32%和33%。全球的临床Ⅰ期、临床Ⅱ期和临床Ⅲ期研究数量的占比分别为28%、48%和25%。可见,中国的临床研发比较偏重于早期的临床阶段的研究。

　　从全球范围内企业资助的活性药物发明实验的细分结构看,中国的生物药临床试验占全球的47%,高于美国的44%,也高于世界平均水平的44%,而在基因疗法、疫苗和孤儿药中,中国的临床试验占全球的比重分别为8%、3%和11%,而同期的美国占比分别为5%、3%和57%。美国在孤儿药方面的全球占比明显高于中国,而中国在基因疗法方面的占比明显高于美国。

表3-33　全球范围内企业资助的活性药物发明实验(临床Ⅰ~Ⅲ期)

所有临床试验	非洲	拉美	中国	亚洲(不含中国)	东欧	欧洲	加拿大	美国	全球
全球、区域内药物临床研发/个	401	922	2205	2152	1786	4436	1703	6519	13490
全球药物临床研发占比/%	3	7	16	16	13	33	13	48	100
按不同方式进行区域试验	非洲	拉美	中国	亚洲(不含中国)	东欧	欧洲	加拿大	美国	全球
区域生物药数量/个	182	434	1057	972	746	1919	774	2917	5907
生物药区域占比/%	47	47	47	44	43	44	46	44	44
区域生物药全球占比/%	3	7	18	16	13	32	13	49	100
基因疗法/个	5	9	171	45	12	136	49	338	650

(续表)

疫苗/个	35	34	65	96	43	131	33	205	569
基因疗法全球占比/%	1	1	8	5	1	3	3	5	11
疫苗全球占比/%	9	4	3	10	2	3	2	3	10
区域罕见病临床研发数量/个	201	505	714	1 099	970	2 476	1 055	3 685	6 428
区域临床中孤儿药数量/个	49	53	31	49	53	54	59	54	48
孤儿药全球占比/%	3	8	11	17	15	39	16	57	100
Ⅰ～Ⅲ期药物临床研究	非洲	拉美	中国	亚洲（不含中国）	东欧	欧洲	加拿大	美国	全球
临床数量（经过FDA批准）/个	260	575	1 084	1 246	1 194	2 823	1 208	4 953	8 621
临床全球占比（经过FDA批准）/%	3	7	13	14	14	33	14	57	100
FDA审批临床Ⅰ～Ⅲ期/%	100	100	100	100	100	100	100	100	100
区域临床Ⅰ期占比/%	1	3	35	21	6	17	11	24	28
区域临床Ⅱ期占比/%	21	24	32	42	33	47	38	50	48
区域临床Ⅲ期占比/%	78	73	33	37	61	36	51	26	24

资料来源：BioCentury/BIO Survey（截至 2010 年 3 月 19 日）。

从按照公司总部所在地统计的 2017—2022 年的药物管线数量看，美国药物管线数量最多，其次是欧洲，再次是日本。欧洲、美国的年增长速度低于全球增长速度，中国按照公司总部所在地统计的药物管线数量的增速最快（见表 3-

34)。如 2017—2022 年,按照公司总部所在地统计的 2017 年药物管线数量中,欧洲、美国、日本和中国分别为 5 877 条、7 737 条、1 553 条和 843 条,分别占全球的 39.37%、51.84%、10.40%和 5.65%;2022 年,按照公司总部所在地统计的药物管线数量中,欧洲、美国、日本和中国分别为 5 873 条、9 481 条、1 453 条和 3 743 条,分别占全球的 28.81%、46.51%、7.13%和 18.36%。

表 3-34　2017—2022 年按照公司总部所在地统计的药物管线数量和比重

年份		2017	2018	2019	2020	2021	2022	年复合增长率(2017—2022)
管线数量/条	欧洲	5 877	5 824	5 981	5 962	5 884	5 873	0.0%
	美国	7 737	7 832	8 341	8 535	9 113	9 481	4.1%
	日本	1 553	1 532	1 568	1 552	1 513	1 453	−1.3%
	中国	843	1 069	1 637	2 170	2 865	3 743	34.7%
	全球	14 926	15 264	16 690	17 717	19 012	20 384	6.4%
占全球比重/%	欧洲	39.37	38.16	35.84	33.65	30.95	28.81	—
	美国	51.84	51.31	49.98	48.17	47.93	46.51	—
	日本	10.40	10.04	9.39	8.76	7.96	7.13	—
	中国	5.65	7.00	9.81	12.25	15.07	18.36	—
	全球	100	100	100	100	100	100	—

资料来源:https://pharmaintelligence.informa.com/resources/product-content/2022/10/24/10/07/the-state-of-innovation-i n-europe.

3.3.7　创新药

创新药是指拟上市的新药物。创新药是生物医药创新链发展的最大内生动力源,其在服务患者的同时获取丰厚的回报,也成为生物医药创新链再投入、再研发的内在保障。从上市新药来看,美国近十年全球首次上市创新药及首发数量最多。中国在 2013 年的首发创新药仅有 3 个,2021 年达到 41 个,2022 年有所下降,但超过了日本和欧洲,成为全球首次上市创新药及首发数量仅次于美国的全球第二大国(见表 3-35)。

表 3-35　2014—2024 年 6 月年全球首次上市创新药及首发数量　（单位:个）

年份	2013	2014	2015	2016	2017
欧洲	17	14	10	17	12
日本	11	18	11	9	6
中国	3	8	8	8	3
美国	38	52	52	40	56
其他	2	1	4	1	3
合计	71	93	85	75	80
中国占比/%	4	9	9	11	4
年份	2018	2019	2020	2021	2022
欧洲	7	8	13	10	13
日本	13	13	18	15	18
中国	19	11	25	41	20
美国	59	56	63	62	35
其他	1	1	1	3	5
合计	99	89	120	131	91
中国占比/%	19	12	21	31	22

资料来源:根据 FDA、EMA 及 CDE 等公开资料整理。

从全球新创新药研制数量看,2014 年 1 月至 2024 年 5 月,全球共计获批 180 款 FIC 创新药。其中,美国获批 115 款,欧盟共计获批 28 款,日本共计获批 23 款,中国共计获批 8 款,其他国家和地区共计获批 6 款,分别占总获批量的 63.9%、15.6%、12.8%、4.4% 和 3.3%(见表 3-36)。中国 8 个创新药中有 6 个是在近 5 年批准上市的,即多格列艾汀(Dorzagliatin,治疗 2 型糖尿病药物)、卡度尼利单抗(Cadonilimab,治疗宫颈癌药物)、淫羊藿素(Lcaritn,治疗肝细胞癌药物)于 2022 年批准上市,泰它西普(Telitacicept,治疗红斑狼疮药物)于 2021 年批准上市,甘露特纳(Sodium Oligomannurarate,治疗阿尔茨海默病药物)、本维莫德(Benvitimod,治疗银屑病药物)在 2019 年批准上市。

表 3-36　2014—2024 年 5 月全球 FIC 创新药分布

国家/地区	美国	欧盟	日本	中国	其他	合计
数量/个	115	28	23	8	6	180
占比/%	63.9	15.6	12.8	4.4	3.3	100

资料来源:据公开会议资料整理。

从全球发现的新物质总量来看,虽然年际间数量不断变化,但总体呈现不断增加趋势。2000—2013 年间每年发现的新物质在 22～37 个之间,2014—2023 年增加到 34～84 个之间(见表 3-37)。

从新物质的发现国家来看,美国发现的新物质数量最多。2023 年中国发现新物质 26 个,占全球发现新物质数量的 25.74%,这明显低于美国,而且这些新物质大都没有研制成上市的创新药(见表 3-38)。

表 3-37　2000—2023 年全球发现的新物质数量

年份	2000	2001	2002	2003	2004	2005	2006	2007
数量/个	37	36	29	29	22	26	28	26
年份	2008	2009	2010	2011	2012	2013	2014	2015
数量/个	31	26	35	36	37	37	57	43
年份	2016	2017	2018	2019	2020	2021	2022	2023
数量/个	34	47	51	49	74	84	54	72

资料来源:https://pharmaintelligence.informa.com/resources/product-content/pharma-rd-annual-review-2022.

表 3-38　2015—2023 年全球新物质发现数量

年份	国家/地区	数量/个	比重/%	国家/地区	数量/个	比重/%
2015	美国	29	63.00	欧盟其他国家	2	4.35
	日本	8	17.39	其他欧洲(俄罗斯)	(1)	2.17
	德国	3	6.52	印度	1	2.17
	英国	1	2.17	韩国	1	2.17
	加拿大	1	2.17	合计	46	100
	中国	1	2.17			

(续表)

年份	国家/地区	数量/个	比重/%	国家/地区	数量/个	比重/%
2017	美国	34	59.65	其他欧洲	1	1.75
	日本	4	7.02	印度	1	1.75
	德国	2	3.51	韩国	3	5.26
	英国	2	3.51	泰国	1	1.75
	加拿大	1	1.75	阿根廷	1	1.75
	中国	1	1.75	合计	47	100
	欧盟其他国家	2	3.51			
2021	中国	18	27.27	意大利	1	1.52
	美国	45	68.18	欧洲合计	10	15.15
	欧盟	3	4.55	韩国	3	4.55
	德国	2	3.03	澳大利亚	1	1.52
	英国	1	1.52	印度	2	3.03
	法国	3	4.55	伊朗	2	3.03
	芬兰	1	1.52	新加坡	1	1.52
	荷兰	1	1.52	南非	1	1.52
	瑞典	1	1.52	合计	86	100
	日本	8	8.25			
2022	中国	16	17.58	澳大利亚	1	1.10
	美国	28	30.77	印度	3	3.30
	日本	12	13.19	韩国	2	2.20
	挪威	5	5.49	英国	1	1.10
	荷兰	4	4.40	克罗地亚	1	1.10
	斯洛伐克	2	2.20	丹麦	1	1.10
	法国	2	2.20	芬兰	1	1.10
	德国	2	2.20	罗马尼亚	1	1.10
	瑞典	2	2.20	印度尼西亚	2	2.20
	奥地利	2	2.20	欧洲合计	27	29.70
	捷克	2	2.20	合计	91	100

（续表）

年份	国家/地区	数量/个	比重/%	国家/地区	数量/个	比重/%
	其他欧洲	1	1.10			
2023	美国	47	46.53	英国	1	0.99
	中国	26	25.74	印度	5	4.95
	澳大利亚	1	0.99	印度尼西亚	1	0.99
	比利时	1	0.99	日本	1	0.99
	克罗地亚	1	0.99	俄罗斯	1	0.99
	芬兰	3	2.97	韩国	3	2.97
	斯洛伐克	3	2.97	西班牙	1	0.99
	瑞典	1	0.99	合计	101	100
	德国	2	1.98			
	荷兰	2	1.98			

注：由于有些新物质由多个国家共同发现的，因此每年按照国家统计的新物质总量可能超过全球新物质总量。
资料来源：1. https://pharmaintelligence. informa. com/resources/thought-leadership/white-paper.
2. https://www. citeline. com/-/media/citeline/resources/pdf/report_nas-report-2024. pdf.

3.3.8 重磅药物及里程碑药物

1. 重磅药物

重磅药物是指年销售收入达到一定标准，对医药产业具有特殊贡献的药物。1980 年代国际上的重磅药物标准是年销售收入在 5 亿美元以上的药物。重磅药物是生物医药创新链上的"明珠"。在整个 1980 年代这类药物大概有 8～9 种，其中的抗溃疡药物雷尼替丁以 23 亿美元的年销售额成为这一时期的"药王"。1990 年代以来，国际上重磅药物的标准是指单品种年销售额在 10 亿美元以上的药品。2000 年代以来，全球重磅药物每年在 150 种以上。2004 年辉瑞的阿托伐他汀年销售收入超过百亿美元，一直到 2022 年还保持着"药王"地位。

2021 年全球销售收入超过 10 亿美元的重磅药物约有 160 个。其中 Top100 销售额中，第 100 名药品的全球销售额为 17.95 亿美元，Top 100 重磅药物的总销售额为 4 867.88 亿美元。Top 10 重磅药物的销售额为 1 753.95 亿美元，占 Top100 总销售额的 35.88%。这些药品主要来自 24 家国际跨国药企，其中 Top 7

药企的入榜药品数量均超过 7 个。Top3 企业,即强生、罗氏、阿斯利康的入榜药品数量超过 10 个。从这些企业的来源国家看①,美国最多,有强生(12 个)、辉瑞(8 个)、艾伯维(7 个)、百时美施贵宝(7 个)、默沙东(6 个)、礼来(5 个),渤健制药(3 个),安进制药(3 个)、再生元(3 个)、吉利德(2 个)、因赛特(1 个),合计 11 家公司,57 个药品。瑞士有罗氏(11 个)、诺华(9 个),合计 2 家公司,20 个药品。英国有阿斯利康(10 个)、葛兰素史克(2 个),合计 2 家企业,12 个药品。德国有勃林格殷格翰(4 个)、拜耳(2 个)、拜恩泰科(1 个),合计 3 家企业,7 个药品。法国有赛诺菲 1 家企业,拥有 3 个药品。比利时有优时比 1 家企业,拥有 2 个药品。日本有武田(2 个)、安斯泰来(2 个)、田边三菱(1 个),合计 3 家企业,5 个产品。

可见,2021 年全球重磅药物销售额 Top100 主要是由美国、欧洲和日本贡献的,中国尚未有全球销售额排名在前 100 名的产品。

美国 living. tech 网站的统计资料显示,2023 年全球重磅药物达到 152 个,Keytruda 拿下"全球药王"的桂冠,该重磅药物的全年销售额高达 250.11 亿美元(见表 3 - 39)。

表 3 - 39　2023 年全球重磅药物　　　　(单位:10 亿美元)

序号	药品	销售额	公司	疗法	类别
1	Keytruda	25.011	默克	肿瘤	生物药
2	Humira	14.404	艾伯维	自免疫	生物药
3	Ozempic	14.358	诺和诺德	心血管代谢	小分子
4	Eliquis	12.206	百时美施贵宝、辉瑞	心血管代谢	小分子
5	Biktarvy	11.850	吉利德科学	抗病毒	小分子
6	Dupixent	11.588	赛诺菲、再生元	自免疫	生物药
7	Comirnaty	11.220	辉瑞、拜恩泰科	疫苗	生物药
8	Stelara	10.858	强生	自免疫	生物药
9	Darzalex	9.744	强生	肿瘤	生物药
10	Eylea	9.381	再生元、拜耳	眼科	生物药

① 由于一些产品是由多家公司合作研发的,因此出现按照药品来源国统计的数据超过 100 个的情况。

(续表)

序号	药品	销售额	公司	疗法	类别
11	Opdivo	9.009	百时美施贵宝	肿瘤	生物药
12	Kaftrio/Trikafta	8.945	福泰制药	罕见病	小分子
13	Gardasil franchise	8.886	默克	疫苗	生物药
14	Skyrizi	7.763	艾伯维	自免疫	生物药
15	Trulicity	7.133	礼来	心血管代谢	生物药
16	Ocrevus	7.106	罗氏	罕见病	生物药
17	Imbruvica	6.861	艾伯维、强生	肿瘤	小分子
18	Spikevax	6.671	莫德纳	疫苗	生物药
19	Prevnar franchise	6.440	辉瑞	疫苗	生物药
20	Xarelto	6.118	强生、拜耳	紧急护理	小分子
21	Revlimid	6.097	百时美施贵宝	肿瘤	小分子
22	Entresto	6.035	诺华	心血管代谢	小分子
23	Farxiga	5.963	阿斯利康	心血管代谢	小分子
24	Tagrisso	5.799	阿斯利康	肿瘤	小分子
25	Entyvio	5.490	武田	胃肠	生物药
26	Mounjaro	5.163	礼来	心血管代谢	小分子
27	Cosentyx	4.980	诺华	自免疫	生物药
28	Ibrance	4.753	辉瑞	肿瘤	小分子
29	Wegovy	4.701	诺华诺德	心血管代谢	小分子
30	Hemlibra	4.618	罗氏	罕见病	生物药
31	Enbrel	4.527	安进、辉瑞	自免疫	生物药
32	Shingrix	4.397	葛兰素史克	疫苗	生物药
33	Jakafi/Jakavi	4.314	因赛特、诺华	肿瘤	小分子
34	Imfinzi	4.237	阿斯利康	肿瘤	生物药
35	Perjeta	4.196	罗氏	肿瘤	生物药
36	Tencentriq	4.194	罗氏	肿瘤	生物药

序号	药品	销售额	公司	疗法	类别
37	Invega/Xeplion/Trevicta	4.115	强生	神经	小分子
38	Prolia	4.048	安进	衰老	生物药
39	Lynparza	4.010	阿斯利康、默克	肿瘤	小分子
41	Xolair	3.912	诺华,罗氏	呼吸	生物药
42	Verzenio	3.863	礼来	肿瘤	小分子
43	Orencia	3.601	百时美施贵宝	自免疫	生物药
44	Pomalyst/Innovid	3.441	百时美施贵宝	肿瘤	小分子
45	Januvia/Janumet	3.367	默克	心血管代谢	小分子
46	Vyndaquel	3.321	辉瑞	罕见病	小分子
47	Privigen	3.294	杰特贝林	罕见病	生物药
48	Tremfya	3.146	强生	自免疫	生物药
49	Soliris	3.145	阿斯利康	罕见病	生物药
50	Vyvanse/Elvanse	3.097	武田	神经疾病	小分子
51	Botox Therapeutic	2.991	艾伯维	神经疾病	生物药
52	Ultomiris	2.965	阿斯利康	罕见病	生物药
53	Actemra	2.929	罗氏	自免疫	生物药
54	Rybelsus	2.813	诺和诺德	心血管代谢	小分子
55	Trelegy	2.810	葛兰素史克	呼吸	小分子
56	Taltz	2.760	礼来	自免疫	生物药
57	Vraylar	2.759	艾伯维	神经	小分子
58	Jardiance	2.745	礼来	心血管代谢	小分子
59	Botox Cosmetic	2.682	艾伯维	化妆品	生物药
60	Vabysmo	2.625	罗氏	眼科	生物药
61	Enhertu	2.547	第一三共株式会社	肿瘤	生物药
62	Calquence	2.514	阿斯利康	肿瘤	小分子

（续表）

序号	药品	销售额	公司	疗法	类别
63	Erleada	2.387	强生	肿瘤	小分子
64	ProQuad	2.368	默克	疫苗	生物药
65	Symbicort	2.362	阿斯利康	呼吸	小分子
66	Dovato	2.321	葛兰素史克	抗病毒	小分子
67	Veclexta	2.288	艾伯维	肿瘤	小分子
68	Promacta/Revolade	2.269	诺华	肿瘤	小分子
69	Yervoy	2.238	百时美施贵宝	肿瘤	生物药
70	Simponi	2.197	强生	自免疫	生物药
71	Kadycla	2.189	罗氏	肿瘤	生物药
72	Otezla	2.188	安进	自免疫	小分子
73	Veklury	2.185	吉利德科学	抗病毒	小分子
74	Kesimpta	2.171	诺华	罕见病	生物药
75	Xgeva	2.112	安进	肿瘤	生物药
76	Nucala	2.112	葛兰素史克	呼吸	生物药
77	Kisqali	2.080	诺华	肿瘤	小分子
78	NovoRapid	2.067	诺和诺德	心血管代谢	生物药
79	Genvoya	2.060	吉利德科学	抗病毒	小分子
80	Descovy	1.985	吉利德科学	抗病毒	小分子
81	Opsumit	1.973	强生	呼吸	小分子
82	Triumeq	1.968	葛兰素史克	抗病毒	小分子
83	Sprycel	1.930	百时美施贵宝	肿瘤	小分子
84	Tafinlar＋Mekinist	1.922	诺华	肿瘤	小分子
85	Prezista/Prezcobix/Rezolsta/Symtuza	1.854	强生	抗病毒	小分子
86	Tasigna	1.848	诺华	肿瘤	小分子
87	Bridion	1.842	默克	紧急护理	小分子

（续表）

序号	药品	销售额	公司	疗法	类别
88	Ingrezza	1.836	神经分泌生物科学公司	神经	小分子
89	MabThera	1.815	罗氏	肿瘤	生物药
90	Herceptin	1.811	罗氏	肿瘤	生物药
91	Hizentra	1.788	杰特贝林	罕见病	生物药
92	Tivicay	1.769	葛兰素史克	抗病毒	小分子
93	Adectris	1.760	希根、武田	肿瘤	生物药
94	Avastin	1.752	罗氏	肿瘤	生物药
95	Benlysta	1.721	葛兰素史克	自免疫	生物药
96	Xeljanz	1.703	辉瑞	自免疫	小分子
97	Zyprexa	1.695	礼来	神经	小分子
98	Alecensa	1.673	罗氏	肿瘤	小分子
99	Humalog	1.663	礼来	心血管代谢	生物药
100	Repatha	1.635	安进	心血管代谢	生物药
101	Uptravi	1.581	强生	呼吸	小分子
102	Evrysdi	1.580	罗氏	罕见病	小分子
103	Arexvy	1.580	葛兰素史克	疫苗	生物药
104	Lipitor	1.559	维雅瑞	心血管代谢	小分子
105	Fasenra	1.553	阿斯利康	呼吸	生物药
106	Lantus	1.544	赛诺菲	心血管代谢	生物药
107	Saxenda	1.543	诺和诺德	心血管代谢	小分子
108	Sofosbuvir/Velpatasvir	1.537	吉利德科学	抗病毒	小分子
109	Yescarta	1.498	吉利德科学	肿瘤	生物药
110	Nplate	1.477	安进	紧急护理	生物药
111	Lucentis	1.475	诺华	眼科	生物药
112	Advair	1.453	葛兰素史克	呼吸	小分子

序号	药品	销售额	公司	疗法	类别
113	Mavyret	1.430	艾伯维	抗病毒	小分子
114	Lagevrio	1.428	默克	抗病毒	小分子
115	Relvar/Breo Ellipta	1.407	葛兰素史克	呼吸	小分子
116	Kyprolis	1.403	安进	肿瘤	小分子
117	Aranesp	1.362	安进	紧急护理	生物药
118	Ilaris	1.355	诺华	自免疫	生物药
119	Odefsey	1.350	吉利德科学	抗病毒	小分子
120	Brilinta	1.324	阿斯利康	心血管代谢	小分子
121	Mirena/Kyleena/Jaydess	1.315	拜耳	生殖健康	生物药
122	Sandostatin	1.314	诺华	心血管代谢	小分子
123	Activase/TNKase	1.306	罗氏	紧急护理	生物药
124	Victoza	1.300	诺和诺德	心血管代谢	小分子
125	Brukinsa	1.290	百济神州	肿瘤	小分子
126	Paxlovid	1.279	辉瑞	抗病毒	小分子
127	Creon	1.268	艾伯维	罕见病	生物药
128	Phesgo	1.247	罗氏	肿瘤	生物药
129	Zolgensma	1.241	诺华	神经	生物药
130	Austedo	1.225	武田	神经	小分子
131	Lovenox	1.223	赛诺菲	紧急护理	生物药
132	Toujeo	1.221	赛诺菲	心血管代谢	生物药
133	Takhzyro	1.215	武田	罕见病	生物药
134	NovoSeven	1.194	诺和诺德	罕见病	生物药
135	Xtandi	1.191	辉瑞	肿瘤	小分子
136	Vyvgart	1.191	阿根斯	自免疫	生物药
137	Tresiba	1.163	诺和诺德	心血管代谢	生物药

（续表）

序号	药品	销售额	公司	疗法	类别
138	Evenity	1.160	安进	抗衰老	生物药
139	Strensiq	1.152	阿斯利康	罕见病	生物药
140	Edurant	1.150	强生	抗病毒	小分子
141	human insulin	1.139	诺和诺德	心血管代谢	生物药
142	JNJ COVID-19疫苗	1.117	强生	疫苗	生物药
143	Simparica	1.111	硕腾	犬类药	小分子
144	Linzess/Constella	1.108	艾伯维	胃肠	小分子
145	Crestor	1.107	阿斯利康	心血管代谢	小分子
146	Trodelvy	1.063	吉利德科学	肿瘤	生物药
147	Aubagio	1.038	赛诺菲	罕见病	小分子
148	Inlyta	1.036	辉瑞	肿瘤	小分子
149	Fluad	1.036	杰特贝林	疫苗	生物药
150	Plavix	1.031	赛诺菲	紧急护理	小分子
151	Reblozyl	1.008	百时美施贵宝	罕见病	生物药
152	Abraxane	1.004	百时美施贵宝	肿瘤	生物药

资料来源：https://www.living.tech/articles/worlds-bestselling-drugs-addicted-broken-us-healthcare.

这些重磅药物主要来自罗氏、诺华、安进、诺和诺德、阿斯利康、赛诺菲、辉瑞、百时美施贵宝、强生、艾伯维、武田、礼来、默克、葛兰素史克、吉利德科学等欧洲、美国、日本等大型跨国医药企业，这些企业也是全球生物医药创新链上的头部企业，是全球生物医药创新链的核心支点和发展的动力源（见表3-40）。

表3-40　制药企业拥有的重磅药物

序号	企业	数量/个	序号	企业	数量/个
1	罗氏	15	4	阿斯利康	12
2	强生	13	5	艾伯维	11
3	诺华	13	6	葛兰素史克	10

(续表)

序号	企业	数量/个	序号	企业	数量/个
7	辉瑞	10	19	阿根斯	1
8	诺和诺德	9	20	百济神州	1
9	安进	9	21	第一三共株式会社	1
10	百时美施贵宝	9	22	莫德纳	1
11	吉利德科学	8	23	神经分泌生物科学公司	1
12	礼来	7	24	福泰	1
13	默克	6	25	硕腾	1
14	赛诺菲	6	26	梯瓦	1
15	杰特贝林	3	27	拜恩泰科	1
16	武田	3	28	因赛特	1
17	拜耳	3	29	西雅图遗传学	1
18	再生元	2			

资料来源：https://www. living. tech/articles/worlds-bestselling-drugs-addicted-broken-us-healthcare.

2023 年全球医药销售总额超过 1.5 万亿美元。上述 152 个全球重磅药物在 2023 年的销售收入总额为 5110 亿美元，占全球医药销售总额的 34%，其中 2980 亿美元的销售收入来自美国市场，约占全部销售收入的 58%。这些重磅药物主要分布在肿瘤（39%）、心血管代谢（23%）、自免疫（17%）、罕见病（16%）、抗病毒（14%）、呼气疾病（9%）、疫苗（9%）、紧急护理（7%）等疾病领域。

这些重磅药物主要来自全球 32 家跨国制药企业，其中美国 14 家，德国和日本各 3 家，英国、瑞士和日本各 2 家，澳大利亚、中国、荷兰、法国、以色列、丹麦各 1 家。可见，全球最重要的重磅药物主要来自美国、欧洲、日本等地区的企业。总体而言，虽然近年来中国生物医药研发创新发展很快，但中国的研发创新实力有待加强，在生物医药创新链上的创新药物较少，重磅药物更少。

2. 里程碑药物

若从拯救人类生命的价值来看，近百年来 5 种里程碑创新药拯救了很多人的生命。如 Alexander Fleming 爵士（1928）、牛津大学的科学家 Howard

Florey 和 Ernst Chain(1939)发现青霉素让很多原本致命的感染得以治疗[1]。法国医生 Henri Laborit(1952)发现氯丙嗪在术中使用具有稳定中枢神经系统效果,FDA 在 1954 年批准了该药物。氯丙嗪成为全球第一代抗精神病药物(antipsychotics)之一。1951 年,化学家 Carl Djerassi,Luis Miramontes 和 George Rosenkranz 合成了首个黄体酮类似物炔诺酮,其在低剂量下口服也能生效,开启了口服避孕药的大门,在控制人口、优化人口结构,保护妇女健康方面做出了巨大贡献。再如美国 FDA 在 1987 年批准齐多夫定(zidovudine)为首款抗病毒疗法,它通过抑制病毒的逆转录酶防止病毒复制。1995 年 FDA 批准了首个蛋白酶抑制剂沙奎那韦在美国上市。1996 年美国洛克菲勒大学艾滋病研究所何大一教授提出并验证了鸡尾酒疗法疗效,该法成为艾滋病的标准疗法。20 世纪 80 年代末,Ciba-Geigy 公司的科学家们发现伊马替尼彰显出了极高的特异性抑制能力。2001 年伊马替尼(商品名:格列卫)首次被 FDA 批准治疗慢性髓系白血病(CML),将 CML 患者的 5 年生存率从之前的 30% 提高到近 90%[2]。

这些创新药都具有高效临床效果,挽救了众多相关患者群体,也进一步激发了创新药的研究热情,大大推进了生物医药创新链的建构和发展。这些药物主要来自欧美国家的贡献,中国在这方面的贡献相对较小。

3.3.9 大学及研发机构

大学及研发机构是生物医药创新链上人才的高度集聚地,也是诺奖人才最乐于工作的地方。大学研发机构的专利、技术及其基础理论与知识是医药企业研制新药的关键"燃料"和"启动力",是医药企业研发创新发育与赋能的"母机"。欧美的许多医药企业本是大学或研发机构的实体,条件成熟后脱离母体而成为独立的企业,或者是大学/研发机构为了产业化其研发成果而与投资公司或其他有关企业或个人合作组建的企业。因此,大学、国家实验室、大型研发机构集聚区往往形成研发驱动型医药产业集群,衍生出强健的创新链。大学和研发机构越强,研发成果质量越高,数量越多,它们的附属机构也越多,就会形成众多医药企业,尤其会形成众多的医药技术公司,进而形成高等级的研发型

---

[1] 在 1945 年,这三位科学家凭借与青霉素发现相关的研究荣获诺贝尔生理学或医学奖的殊荣。
[2] 见 https://weibo.com/ttarticle/p/show? id=2309404094942569032515640。

医药产业集群和具有国际竞争力的创新链。如英国的剑桥大学、牛津大学即各自形成了发达的医药产业集群，具有很强的研发创新能力，构建了发达的创新链。美国生物医药研发能力最强，与其具有全球最多的一流大学息息相关。如2007—2011 年世界最有影响力的 50 所大学中美国有 34 所，占 64％。从 50 所大学的科学出版物的引用所表达的学术研究热点可以看出，美国主要在农林科学、生物化学、基因和分子生物学、神经科学、药学等领域有显著的研究成果。

在这些领域，美国的大学牢牢占据着 30％ 左右的份额。这是美国医药产业科技体系牢牢控制关键产业研发的根本，是控制医药产业链条上游研发设计的根本原因。许多大型医药企业，如辉瑞、强生、艾伯维通过赞助与研究型大学、研发机构、医学中心开展联合研究，推动着其研发创新。

据公布的 2024 年 QS 世界大学学科排名结果，从学科分布院校与国家看，在全球范围内的化学、生命科学、护理学、解剖与生理学、心理学、药剂与药理学、医学、牙科学、兽医学和农林科学等 10 个与生物医药相关的学科中，排名前10 位的高校中，美国的大学占了 46％，英国的大学占了 27％，瑞士和加拿大的大学各占了 5％，新加坡、瑞典、中国香港、澳大利亚的大学各占 2％，荷兰的大学占了 4％，中国内地、日本、比利时的大学各占 1％。

这些大学以其强大的学科优势，成为带动全球生物医药基础研发创新的关键力量，是全球生物医药创新链的核心研发组织。

2008—2022 年中国医药高等院校数量从 89 所增加到 183 所，已经成为中国生物医药创新链上不可或缺的组成部分。这些医药大学/学院也是生物医药研发创新的重地，且发展很快。2008 年我国医药高等院校的科学家工程师有157 114 人，研发支出资金达 77 850 万元，获得发明专利授权 188 项，出售专利收入达 390 万元。2022 年上述指标分别变为 239 124 人、729 321.9 万元、4 377项和 14 548.5 万元（见表 3 - 41）。当然与发达国家比较，中国的研发创新能力和创新产出还不够强大。如仅从专利许可费看，2022 年中国 183 家医药高校的专利许可费约为 1.45 亿元，而美国得克萨斯大学 2020 年的专利许可费约3.63 亿美元。但是中国医学院、药学院及相关研究机构对构建中国生物医药创新链起到了很大的作用。如很多生物科技公司都是依托高校孵化出来的。根据医药魔方 InvestGo 数据库，截至 2024 年 6 月，中国科学院、清华大学、北京大学、复旦大学、上海交通大学等 11 家大学已经孵化出了 459 家生物科技公司，为中国生物医药创新链发展做出了显著贡献（见表 3 - 42）。

表 3 - 41 医药高等院校的研发投入

年份	2008	2011	2012	2013	2014	2015	2016	2017	2018	2019	2020	2021	2022
高校科学家工程师/位	157 114	176 422	188 651	194 507	201 651	204 540	214 611	226 717	242 307	258 449	297 596	295 913	239 124
医药院校数量/个	89	103	104	107	109	114	137	157	166	171	183	185	183
研发支出/千元	778 500	1 638 314	1 914 831	2 466 752	2 950 917	3 091 697	3 336 183	3 749 914	4 051 372	5 053 995	6 118 959	6 168 951	7 293 219
发明专利授权/项	188	364	607	891	970	1 073	1 249	1 410	1 571	2 034	2 204	2 844	4 377
出售专利收入/千元	3 900	37 216	14 296	14 390	9 950	46 854	42 038	30 922	35 747	55 369	119 638	184 376	145 485

资料来源：中华人民共和国教育部科学技术司编，《高等学校科技统计资料汇编》(历年)。

表3-42　部分高校及孵化的生物科技公司数量

序号	高校	校友创建企业数/家	产学研转化企业数/家	合计/家
1	中国科学院	64	52	116
2	清华大学	46	46	92
3	北京大学	60	18	78
4	复旦大学	25	13	38
5	上海交通大学	19	19	38
6	南开大学	25	1	26
7	浙江大学	10	7	17
8	上海科技大学	15	15	30
9	西湖大学	15		15
10	中山大学	58		58
11	四川大学	7	4	11

资料来源:赵靖宜. 诞生最多 Biotech 的中国大学 TOP10[EB/OL]. (2024 - 09 - 02)[2024 - 09 - 03]. https://www. 163. com/dy/article/jb4212od0534q32z. html.

3.3.10　CRO

CRO(Contract Research Organization,即合同研究组织),也被称为临床研究机构或医药研发外包。它主要接受研发机构、研究型医院、制药厂及生物技术公司的委托,提供新药开发时所需的非临床与临床试验、数据分析、法规咨询等专业服务。CRO是生物医药创新链上非常重要的环节,它凭借专业和高效率,通过多样性深度合作减少委托单位的研发创新成本和时间投入,以较少的人力及设备投入获得大量临床及临床前试验数据,并进一步追踪和分析,从而高效落实临床试验的全过程。

中国生物医药领域的 CRO 发展经历了一个逐步成长的过程。如 1995 年之前中国 CRO 基本处于萌芽状态。1996 年美国 MDS Pharmaceutical Services 在华成立第一家 CRO,1997 年国内首家合资 CRO——北京凯维斯成立,中国生物医药 CRO 进入起步阶段。2000 年后,特别是 2015 年后,中国生物医药创新能力提高,促使生物医药 CRO 进入快速发展期,而今经过前一阶段的快速发展,该行业进入整合升级阶段。

2023 年按照营业收入排名的世界 Top10 的生物医药 CRO 公司合计营业收入为 1 161.68 亿美元。中国有药明康德、康龙化成和泰格医药，排名分别为第 5、第 9 和第 10 位，三者合计营业收入为 83.18 亿美元。美国有赛默飞、艾昆纬、徕博科、赛纽仕、塞尔斯河、迈得派斯，排名分别为第 1、2、3、6、7、8 位，美国 CRO 营业收入总和为 997.93 亿美元（见表 3 - 43）。可见中国生物医药 CRO 环节总体规模依然不强。

表 3 - 43　2023 年全球 CRO 营收排名 Top 10

排名	公司	国家	2023 年营收/亿美元	增长率/%	2023 年净利润/亿美元	增长率/%
1	赛默飞	美国	428.60	−5.00	58.55	−14.43
2	艾昆纬	美国	149.84	4.00	13.58	24.50
3	徕博科	美国	121.60	2.50	4.19	−67.29
4	爱恩康	爱尔兰	81.20	4.90	6.12	21.19
5	药明康德	中国	56.30	3.00	——	——
6	赛纽仕	美国	54.74	1.50	——	——
7	塞尔斯河	美国	41.29	3.80	4.80	−2.04
8	迈得派斯	美国	18.86	29.20	2.83	15.51
9	康龙化成	中国	16.27	14.00	2.27	19.00
10	泰格医药	中国	10.61	7.80	3.23	16.10

注：1 人民币≈0.139 2 美元；药明康德 2023 年营收数据来源于公司路演材料；泰格医药数据来源于浙商证券预计；Syneos Health 被私有化，未有更新财报，2023 全年营收数据根据第一季度数据和业绩指引预估。

CRO 企业的上游是医药研发机构、高校和科研院所等，下游为制药企业、医疗器械企业及医疗保健企业、医院等。上游和下游的强力需求是 CRO 发展的关键。中国长期以来多以仿制药研发为主，对 CRO 的需求不足。

从生物医药 CRO 公司收入的地域来源看，2023 年国内头部 CRO 企业 70% 以上的收入来自海外市场，药明康德、药明生物、康龙化成、昭衍新药的海外收入增速高于国内收入增速。

2024 年第一季度全球生物医药投融资金额为 470.7 亿美元，达到自 2011 年以来的历史第二高季度数据，同比增长 257%，环比增长 118%，海外需求复苏可部分对冲 MNC 转移产能的影响。2024 年第一季度,药明康德新增客户超 300 个,康龙化成新签订单增长超 20%,凯莱英询价指标、新签订单、在手订单、订单与目标收入覆盖率均呈现积极增长状态。

在国内对生物医药 CRO 企业服务的需求有限的背景下,CRO 积极推动国际化,促使海外营收来源多元化是 CRO 企业的必然选择。欧洲成为中国 CRO 四巨头增速最快的市场,药明康德 2024 年第一季度来自欧洲市场客户的收入同比增长 3.9%,药明生物 2023 年在欧洲市场的收入同比增长 101.9%,占公司收入的比重提升至 30.2%(2022 年为 16.7%),凯莱英 2023 年来自欧洲市场客户的收入同比增长 57.11%,康龙化成 2023 年来自欧洲客户(含英国)的收入同比增长 24.35%。与地缘政策关联度低的长尾客户占比提高,康龙化成 2023 年来自中小客户的收入同比增长 11.96%,占营业收入的 85.07%。凯莱英 2024 年第一季度来自中小制药公司的收入达 9.18 亿元,占营收的 65.57%(2023 年为 36.26%)。

大型跨国制药企业正在通过部分减少中国 CRO 服务配给来优化资源配置,提高自身创新链韧性,减少风险。因此,中国 CRO 需要增加全球 BD 拓展和客户访问,努力在高景气细分赛道 ADC、多肽、寡核苷酸、合成生物学上积极布局,促使 CRO 增长。

另外,中国生物医药 CRO 人效相比国外龙头公司仍有一定的提升空间。如药明康德、药明生物、九洲药业、昭衍新药 2023 年人均创收超过或接近 100 万元,海外 CRO 人均创收一般在 100~300 万元区间,其中三星生物为 460.4 万元。

总体而言,中国生物医药 CRO 起步晚,发展受制于上、下游的需求,是限制生物医药创新链发展的重要因素之一,虽然发展速度快,但整体规模、综合竞争力有待提高。中国生物医药 CRO 基于大量工程师红利和相对较低的薪资成本,在提高人效方面还有很大的潜力和空间。CRO 企业由于高度专业化的分工和强有力的联系,因此是生物医药创新链建设过程中需要重点关注的内容。如果 CRO 进一步扩展为 CRDO、CRDMO 等,其对创新链的作用会进一步加强。

3.3.11　创新药企业

1. 大型创新药企业

大型创新药企业是生物医药创新链上的重要"发动机",它通过巨量投资,在"官产学研医融用"中发挥重要作用,决定着创新链的强度、宽度、深度和延展度。如 2023 年全球药企 Top 50 中,强生、诺华、默克等大型跨国药企的年销售收入超过 500 亿美元,年研发投入超过 130 亿美元。它们是全球生物医药创新链上的关键链主,有着自己的重磅药物,主导着全球生物医药创新链的发展方向、发展速度与规模结构。中国这类大型药企有云南白药、中国生物制药、上海医药、恒瑞医药等四家企业,排名分别是第 33、38、42 和 48 位,研发投入相对较少,缺少重磅药物(见表 3 - 44),在全球及中国生物医药创新链上的作用还很有限,对创新链的整合能力、主导能力有待提高。

表 3 - 44　2023 年全球医药企业 Top 50

序号	企业名称	销售收入/亿美元	研发投入/亿美元	销售最多的药物及收入/亿美元
1	强生	534.63	148.05	Stelare 108.58; Darzalex 97.44; Tremfya 31.47
2	艾伯维	527.34	70.29	Humira 144.04; Skyrizi 77.63; Rinvoq 39.69
3	诺华	524.73	138.97	Entresto 60.35; Cosentyx SC 49.80; Promacta 22.69
4	默克	508.46	297.11	Keytruda 250.11; Gardasil 88.86; Januvia 21.89
5	罗氏	491.10	147.43	Ocrevus 71.07; Hemlibra 42.03; Perjeta 41.97
6	辉瑞	482.18	106.79	Comirnaty 112.20; Prevnar13, 64.40; Lbrance 47.53
7	百时美施贵宝	443.98	91.12	Eliquis 122.06; Opdivo 90.09; Revlimid 60.97
8	阿斯利康	437.90	102.67	Farxiga 59.63; Tagrisso 57.99; Lmfinzi 40.19
9	赛诺菲	408.05	72.78	Dpixent 115.90; Fluzone 28.87; Pentacel 23.42
10	葛兰素史克	367.58	71.52	Shingrix 42.86; Trelegy 27.39; Dovato 22.63
11	诺和诺德	337.22	47.10	Ozempic 138.97; Wegovy 45.51; Rybelsus 27.22

（续表）

序号	企业名称	销售收入/亿美元	研发投入/亿美元	销售最多的药物及收入/亿美元
12	礼来	318.68	93.13	Trulicity 71.33；Mounjaro 51.63；Verzenio 38.63
13	武田	276.87	47.76	Entyvio 55.3；Vyvanse 24.51；Gammagard Liquid 24.31
14	安进	266.21	47.00	Prolia 44.08；Enbrel 36.97；Otezla 21.88
15	吉利德	206.13	57.20	Biktarvy 118.5；Veklury 21.84；Genvoya 20.60
16	勃林格殷格翰	176.63	57.33	Jardiance 79.85；Ofev 37.97；Tradjenta 18.45
17	拜耳	152.28	58.10	Xareito 37.85；Eylea 34.95；Mirena 13.08
18	维雅瑞	141.76	75.80	Lipitor 15.59；Fluticasone Propionate；Salmeterol Xinafoate 11.65；Norvasc 7.32
19	杰特贝林	125.00	14.51	Privigen 35.69；Hizentra 19.82；Human albumin(CSL) 11.74
20	梯瓦	103.77	9.53	Austedo 12.25；Copaxone 5.90；Ajovy 4.35
21	安斯泰来	98.69	19.41	Xtandi 51.99；Myrbetriq 13.72 Prograf 11.26
22	福泰制药	96.47	31.52	Trikafta 89.45；Kalydeco 4.76；Orkambi 3.26
23	山德士	87.11	915.00	Omnitrope 2.88；Rixathon 2.81；Binocrit 2.62
24	默克 MERK KGAA	80.91	26.46	Erbitux 11.09；Mavenclad 10.34；Glucophage 9.54
25	第三一共	80.91	25.88	Enhertu 27.42；Lixiana 19.93；Venofer 4.22
26	大冢	79.70	21.95	Rexulti 15.15；Abilify Maintena 14.44 Jynarque 13.09

序号	企业名称	销售收入/亿美元	研发投入/亿美元	销售最多的药物及收入/亿美元
27	渤健	72.47	22.62	Tysabri 18.77；Spinraza 17.41；Tecfidera 10.13
28	再生元	70.78	44.08	Eylea 57.20；Libtayo 8.63；Praluent 1.82
29	莫德纳	66.71	48.45	Spikevax 66.71
30	欧加隆	61.42	516.00	Atozet Nexplanon 8.30；Atozet 5.19 Singulair 4.04
31	基立福	60.12	428.00	Gamunex-C 19.30；Flebogamma 12.04；Prolastin-C 10.50
32	太阳药业	57.89	447.00	Ilumya 4.35；Ciprofloxacin Hydrochloride 1.98；Cequa 1.16
33	云南白药	55.19	47.00	NA
34	UBC	52.10	17.63	Cimzia 22.08；Briviact 6.23；Keppra 5.83
35	林肯实验室	51.13	NA	Diamicron 5.88；Daflon 4.63；Prestalia 3.24
36	弗雷泽纽斯	50.39	25.19	Ademetionine 0.27；Drospirenone；Ethinyl Estradiol 0.26；Choline Alfoscerate 0.18
37	雅培	45.38	715.00	Heparin Sodium (FRES) 0.81
38	中国生物制药	44.33	671.00	Focus V 6.59；Tianqingganmei 3.75；Calcitriol 2.20
39	博士康	44.18	602.00	Xifaxan 550,18.00；Relistor 1.80；Wellbutrin XL 1.71
40	卫材	43.05	11.30	Lenvima 20.60；Dayvigo 2.74；Halaven 2.59
41	三菱化工集团	42.35	NA	Lenvima 20.60；Dayvigo 2.74；Halaven 2.59
42	上海医药	42.26	NA	Tanshinone ⅡA 2.31；Shenmai Injection (SHANPH)1.76；Hydroxychloroquine Sulfate 1.62

(续表)

序号	企业名称	销售收入/亿美元	研发投入/亿美元	销售最多的药物及收入/亿美元
43	中外制药	40.36	11.61	Ronapreve 5.87；Hemlibra 3.91；Actemra 3.16
44	史达德	38.96	NA	Bortezomib 1.03；Retacrit 1.03；Apokyn 0.96
45	美纳里尼	38.40	NA	Bystolic 4.00；Elzonris 3.33；Enantyum 1.90
46	爵士制药	37.37	850.00	Xywav 12.73；Epidiolex 8.45；Xyrem 5.70
47	益普生	35.55	667.00	Somatuline 11.53；Dysport 7.02；Trelstar 5.90
48	恒瑞医药	32.32	10.93	AiRuiKa 11.36；Aitan 4.31；Pyrotinib 3.11
49	因塞特	31.65	16.28	Jakafi 25.94；Opzelura 3.38；Iclusig 1.12
50	雷迪博士实验室	30.07	261.00	Omeprazole 3.36；Nimesulide 1.19；Zoledronic Acid 0.74

资料来源：https://www.pharmexec.com/view/2024-pharm-exec-top-50-companies.

若按照公司总部所在国家/地区统计的研发企业分布看，2013—2024 年间，美国研发企业最多，为 49 家，中国从 2013 年的 2 家提高到 2024 年的 16 家（见表 3 - 45）。2024 年，中国医药研发企业数量仅次于美国，但各个研发企业的规模较小，成立时间相对较短，专利等累积不足。

表 3 - 45　2013—2024 年按照公司总部所在国家/地区统计的研发企业数量（单位：家）

年份	美国	欧洲其他	亚太其他	中国	英国	加拿大	日本	德国	法国	中南美洲/非洲
2013	49	15	14	2	5	4	4	3	3	1
2014	48	17	12	3	5	4	4	3	3	1
2018	48	15	11	6	6	4	3	3	3	1
2019	46	14	13	7	6	4	3	3	3	1

(续表)

年份	美国	欧洲其他	亚太其他	中国	英国	加拿大	日本	德国	法国	中南美洲/非洲
2020	46	14	13	8	6	4	3	2	3	1
2021	46	14	13	9	5	4	3	2	3	1
2022	44	13	13	12	5	4	3	2	3	1
2023	43	15	11	13	5	4	3	3	3	1
2024	39	15	13	16	5	3	3	2	3	1

资料来源：①历年 Pharma R&D Annual Review 报告；②2018—2019 年数据按照 Torreya 统计资料整理；③2020 年数据来自 Statista 网站 https://www.statista.com/statistics/788274/regional-distribution-of-pharma-randd-companies/#statisticContainer。

创新药企业，尤其是大型研发力量强劲的医药企业对生物医药创新链的发育十分重要。如美国通过大型跨国医药企业进行大量的海外研发投资，已经编织成了一个强大的全球研发创新网络，从而可以有效动用全球资源，推动研发进程和新药研制，并将更多新药推向全球市场。如 2017 年美国医药以本土为中心，在德国、英国、法国等欧洲国家，在日本、中国、韩国等亚太国家，在加拿大、墨西哥、阿根廷等美洲国家，在澳大利亚和新西兰等澳洲国家，乃至中东和非洲等若干国家和地区都有不同程度的投资，在全球构建了最为广泛且强大的研发网络。

在这一研发网络中，美国将核心研发布局在本国，并依托不同国家和地区的比较优势和竞争优势将非核心研发和市场开拓性研发或联合研发分区布局。根据全球研发中的地位建构不同等级的研发创新中心，形成具有层次等级和专业化分工双重特征的研发创新网络体系。这一体系包括基础的研发、药物发现、临床前的研究、临床Ⅰ期、临床Ⅱ期、临床Ⅲ期、上市申请、临床Ⅳ期、生产工艺、生产流程、市场开发、物流优化、用户管理等各个阶段和各个层面的专门研究和综合研究。这一网络具备柔性化特征，可以综合优化配置研发创新资源，降低研发创新成本，提高研发创新效率和新药的研制能力，并能提高整体的研发创新竞争力和市场的盈利水平。

美国依靠大型跨国医药企业及各类创新药企业的研发投资和构筑的研发网络，铸就强大的创新链，支持了美国和全球的生物医药创新，促进了生物医药创新链的发展。

2. 医药创新企业

某一国家、地区的医药创新企业在世界医药创新企业中的地位及变化深刻影响着该国家、地区生物医药创新链发展及在全球医药创新产业链中的地位及变化。一国医药创新企业在全球创新药企业中的地位越高,说明该国生物医药创新能力越强,生物医药创新链发育越好,反之亦反。为了描述生物医药创新企业发展情况,本书使用欧洲科学计分卡选用的全球生物医药创新企业样本来分析中国生物医药创新企业的国际地位及变化。这些企业既包括大型医药制造企业,又包括一些重要的生物技术公司,它们能够较好地反映生物医药企业的特点,揭示中国及欧美等国家/地区的生物医药创新链发展状况。

从表 3-46 可以看出,2017—2022 年,世界生物医药创新企业的 6 个主要指标,如研发投入、净销售额、资本支出、运营利润、员工人数、总市值占全球的相应指标的比重都逐步提高。在上述指标中,占有比重最大的是美国,其次是欧盟。中国的一些指标逐步超过了日本,但有些指标的排序依然位居日本之后。随着这 6 个指标在全球相应指标中的比重上升,说明中国生物医药创新能力不断提高,也表明中国生物医药创新链发育水平在提高,在全球中的地位不断上升,但与美国、欧盟、日本等国家和地区相比,仍有很大差距。2013 年中国医药企业的研发投入、净销售额、资本支出、运营利润、员工人数占世界医药企业相应指标的比重分别为 0.13%、0.64%、1.73%、0.37%、1.88%,2022 年这些指标的相应比重提升到了 5.84%、14.64%、20.09%、11.05%、22.77%,但仍明显低于上述国家和地区。

表 3-46　中国医药创新企业在世界医药创新企业中的地位及变化

年份	国家或地区	研发投入/%	净销售额/%	资本支出/%	运营利润/%	员工人数/%	总市值/%
2022	中国	5.84	14.64	20.09	11.05	22.77	8.71
	欧盟	15.23	18.29	19.16	20.87	22.17	12.47
	日本	6.52	6.82	6.15	4.29	5.43	4.39
	其他	19.84	19.90	18.63	17.43	22.64	19.76
	美国	52.57	40.35	35.98	46.35	26.98	30.32
	合计	100.00	100.00	100.00	100.00	100.00	100.00

（续表）

年份	国家或地区	研发投入/%	净销售额/%	资本支出/%	运营利润/%	员工人数/%	总市值/%
2021	中国	4.59	12.80	14.72	6.17	20.62	7.25
	欧盟	18.34	19.59	21.33	17.37	21.70	11.63
	日本	7.19	7.95	5.88	6.41	6.47	6.03
	其他	20.70	21.43	20.92	25.62	24.57	21.28
	美国	49.18	38.24	37.15	44.42	26.64	53.80
	合计	100.00	100.00	100.00	100.00	100.00	100.00
2020	中国	3.60	11.34	10.88	4.82	20.07	4.67
	欧盟	18.29	20.92	23.26	16.34	22.59	13.42
	日本	7.66	10.10	6.21	7.11	7.09	6.33
	其他	21.37	22.22	23.54	24.76	25.38	23.66
	美国	49.09	35.42	36.10	46.97	24.87	51.92
	合计	100.00	100.00	100.00	100.00	100.00	100.00
2019	中国	2.75	10.26	10.19	5.38	18.72	3.92
	欧盟	25.93	27.45	28.61	17.73	30.83	20.24
	日本	7.57	9.20	5.72	6.97	7.55	6.17
	其他	15.26	16.00	19.49	16.09	17.93	15.15
	美国	48.49	37.08	35.99	53.84	24.97	54.52
	合计	100.00	100.00	100.00	100.00	100.00	100.00
2018	中国	1.66	8.74	8.54	4.89	16.51	3.01
	欧盟	28.59	30.87	32.99	29.28	31.96	23.21
	日本	7.59	8.90	5.25	6.37	7.35	5.46
	其他	15.43	16.15	20.47	5.98	18.70	14.88
	美国	46.74	35.35	32.74	53.49	25.48	53.43
	合计	100.00	100.00	100.00	100.00	100.00	100.00
2017	中国	2.80	10.31	8.95	4.31	17.51	4.38
	欧盟	39.59	39.65	43.47	35.55	41.38	33.88
	日本	7.68	9.03	3.94	5.30	7.49	5.37

(续表)

年份	国家或地区	研发投入/%	净销售额/%	资本支出/%	运营利润/%	员工人数/%	总市值/%
	其他	2.72	4.47	8.68	3.36	8.72	4.44
	美国	47.22	36.54	34.97	51.47	24.90	51.92
	合计	100.00	100.00	100.00	100.00	100.00	100.00
2013	中国	0.13	0.64	1.73	0.37	1.88	—
	欧盟	44.84	46.25	47.66	48.46	51.62	—
	日本	11.31	12.38	11.28	5.76	10.28	—
	其他	0.69	1.49	2.38	1.24	0.85	—
	美国	43.04	39.24	36.95	44.16	35.37	—
	合计	100.00	100.00	100.00	100.00	100.00	—

资料来源：https://op.europa.eu/en/web/eu-law-and-publications/publication-detail/-/publication/04797497-25de-11ee-a2d3-01aa75ed71a1.

若从 Torreya 公司选取的 1 000 家医药上市公司中的中国医药企业市值看，中国医药上市公司的市值从 2015 年的 3 150.91 亿美元增长到 2021 年的 8 402.61 亿美元，占 1 000 家医药上市公司总市值的份额从 2015 年的 6.5%，提高到了 2021 年的 12.0%，提高了 5.5 个百分点。而美国医药上市公司在 2015 年的总市值为 20 355.72 亿美元，2021 年提高到了 27 937.82 亿美元，分别是中国相应年份市值的 6.46 倍和 3.32 倍（见表 3-47）。虽然中国和美国在医药上市公司的市值方面差距很大，但这一差距正在缩小。

表 3-47　2015 年、2020 年、2021 年医药产业市值变化

国家	2015 年总市值/百万美元	2015 年份额/%	2020 年总市值/百万美元	2020 年份额/%	2021 年总市值/百万美元	2021 年份额/%
美国	2 035 572	42.2	2 326 168	38.7	2 793 782	40.0
中国	315 091	6.5	864 268	14.4	840 261	12.0
瑞士	555 752	11.5	498 775	8.3	539 394	7.7
英国	245 738	5.1	328 454	5.5	436 457	6.2
德国	298 656	6.2	322 319	5.4	413 935	5.9

（续表）

国家	2015 年总市值/百万美元	2015 年份额/%	2020 年总市值/百万美元	2020 年份额/%	2021 年总市值/百万美元	2021 年份额/%
日本	230 513	4.8	428 114	7.1	375 314	5.4
丹麦	159 922	3.3	199 572	3.3	318 315	4.6
法国	203 763	4.2	176 534	2.9	231 742	3.3
印度	126 807	2.6	120 071	2	165 832	2.4
韩国	43 902	0.9	115 098	1.9	117 615	1.7
澳大利亚	32 559	0.7	99 960	1.7	117 428	1.7

资料来源：Torreya 发布的《全球 1 000 强药企报告》。

若从生物技术上市公司的市值看，2020 年中国生物技术上市公司的数量为 12 家，市值为 328.1 亿美元，占 1 000 家中生物技术公司的 6.7%，同期美国分别有 180 家，市值为 2 211.9 亿美元，占比 55%。2021 年中国这三个指标分别为 44 家、624.96 亿美元和 11.3%，同期美国分别为 455 家、3 267.86 亿美元和 58.8%（见表 3-48）。而美国拥有世界上 85% 的研发密集型的生物技术公司、初创企业等，极大地提升了美国生物医药创新链的竞争力和研发能力。

表 3-48　生物技术上市公司的市值

国家	2021 年公司数/家	2021 年总市值/百万美元	2021 年份额/%	2020 年公司数/家	2020 年总市值/百万美元	2020 年份额/%	2020—2021 年份额变化/%
美国	455	326 786	58.8	180	221 190	55.0	3.8
中国	44	62 496	11.3	12	32 810	6.7	4.6
丹麦	6	38 055	6.9	4	30 387	7.6	−0.7
荷兰	6	17 194	3.1	4	10 533	2.6	0.5
韩国	36	15 565	2.8	16	11 649	2.9	−0.1
英国	22	14 858	2.7	11	11 562	2.9	−0.2
瑞士	12	11 466	2.1	12	10 033	2.5	−0.4

(续表)

国家	2021 年公司数/家	2021 年总市值/百万美元	2021 年份额/%	2020 年公司数/家	2020 年总市值/百万美元	2020 年份额/%	2020—2021 年份额变化/%
德国	12	8 773	1.6	7	28 550	7.1	−5.5
加拿大	10	8 628	1.6	8	4 273	1.1	0.5
日本	14	7 191	1.3	8	9 986	2.5	−1.2
法国	23	6 990	1.3	2	2 446	0.6	0.7
澳大利亚	10	6 199	1.1	2	905	0.2	0.9
以色列	10	2 690	0.5	3	4 095	1.0	−0.5
挪威	4	1 999	0.4	3	1 533	0.4	0.0
印度	4	1 867	0.3	7	3 360	0.8	−0.5
瑞典	13	1 806	0.3	1	494	0.1	0.2

资料来源:Torreya 网站。

3.3.12 研究型医院

研究型医院不仅是临床试验的实践者,也是发起临床研究的源地。大型研究型医院自然成为官、产、学、研、医、用、融一体化的连接体。它不仅是生物医药创新链的组织者,也是生物医药创新链的建构者,还是未来生物医药创新链发展的重要主导者、推动者,尤其在生物医药技术转化中起到无可替代的作用。美国、欧洲、日本等生物医药创新链强大的推动因素之一是具有大量的研究型医院,它们的研发创新和技术转化能力很强。如 2018—2020 年间,美国 Top20 的研究型医院完成了大量的临床研究,转化了大量的医药技术成果。若以其专利许可费用作为衡量指标,2018 年全美最强的头部医院——希望之城国家医疗中心 & 贝肯曼研究中心产生的专利许可费为 5.04 亿美元,Top20 的医院的专利许可费用达到 22.12 亿美元。2020 年全美最强的头部医院——得克萨斯大学医院产生的专利许可费用为 3.63 亿美元,Top20 的医院的专利许可费用为 21.83 亿美元(见表 3-49)。

表 3‑49 2018—2020 年美国头部医院技术专利许可费用情况

序号	2018 年		2019 年		2020 年	
	机构名称	专利许可费用/美元	机构名称	专利许可费用/美元	机构名称	专利许可费用/美元
1	希望之城国家医疗中心&贝肯曼研究中心	503 742 000	麻省总医院	298 897 875	得克萨斯大学	362 712 828
2	西北大学	257 009 819	西北大学	261 129 388	斯隆-凯特琳癌症研究所	265 284 478
3	加利福尼亚大学系统	199 318 000	斯隆-凯特琳癌症研究所	160 801 301	希望之城国家医疗中心&贝肯曼研究中心	165 523 000
4	麻省大学波士顿分校	145 911 263	得克萨斯大学	134 667 864	麻省总医院	142 906 417
5	冷泉港实验室	143 235 036	宾夕法尼亚	113 674 052	普林斯顿大学	134 338 003
6	斯隆-凯特琳癌症研究所	133 482 809	加利福尼亚大学系统	103 761 000	梅奥医学中心	117 885 888
7	纽约大学	127 931 627	哈佛大学	97 891 618	斯坦福大学	114 022 678
8	麻省总医院	94 663 060	佛罗里达大学	94 715 889	加利福尼亚大学系统	107 945 000
9	丹娜法伯癌症研究院	69 025 773	梅奥医学中心	77 007 005	西北大学	105 321 475
10	宾夕法尼亚大学	68 910 930	约翰霍普金斯大学	73 494 269	麻省理工学院	87 000 000
11	梅奥医学中心	63 080 394	纽约大学	71 630 327	西奈山医学院	77 120 430
12	得克萨斯大学	55 659 446	休斯敦大学	65 686 595	杜克大学	65 267 643
13	哈佛大学	54 069 455	杜克大学	57 795 470	休斯敦大学	59 116 380
14	杜克大学	51 103 503	斯坦福大学	49 300 000	佛罗里达大学	58 695 546

（续表）

序号	2018 年		2019 年		2020 年	
	机构名称	专利许可费用/美元	机构名称	专利许可费用/美元	机构名称	专利许可费用/美元
15	麻省理工学院	45 350 000	马萨诸塞大学	49 108 251	哈佛大学	58 687 376
16	佛罗里达大学	44 912 517	丹娜法伯癌症研究院	48 608 994	洛克菲勒	57 512 998
17	休斯敦大学	42 000 267	伊利诺伊大学尔巴纳分校	47 166 693	伊利诺伊大学尔巴纳分校	54 232 350
18	斯坦福大学	41 008 000	麻省理工学院	46 500 000	贝勒医学院	53 123 532
19	哥伦比亚大学	40 091 449	波士顿儿童医院	43 044 493	新墨西哥大学	52 341 706
20	西达赛奈医学中心	31 100 700	西达赛奈医学中心	37 500 000	哥伦比亚大学	43 517 319
合计	—	2 211 606 048	—	1 932 381 084	—	2 182 555 047

中国医学创新联盟(CMIA)和健康界联合发布的《中国医院创新转化排行榜(2022)》显示,2022 年中国的医院专利转化总量达到 1 544 件,相比 2021 年提升了 54%。其中 Top6 头部医院专利转化合同金额超 1 亿元,专利转化排名 Top20 的转化合同金额为 26 亿元[①]。

3.3.13　集群

生物医药创新集群是指相同、相似、相关生物医药企业在特定空间上的集聚现象。良好的生物医药创新集群,往往具有良好的创新生态,具有创新主体及上游和下游的紧密连接,是形成生物医药创新链的重要链段。良好的生物医药创新集群往往也是生物医药创新链的支点和策源基地,是生物医药创新链发展的重要赋能机制。美国的许多州把发展生物技术集群以支持生物医药创新链作为重要发展战略,现在已经形成了大量的不同能级的生物医药产业集群。

---

① 见 https://baijiahao.baidu.com/s?id=17689207343632305928&wfr=spider&for=pc。

这些集群集聚了生物医药创新链所必需的大量的风险投资(VC)、高端人才、政府资助、实验室、大学、大型医药企业、专业金融组织及医疗机构和专利(见表3-50)等,已经成为支撑美国生物医药创新链的基石和创新策源区。这主要表现为产业集群的建立能帮助创新链上下游的企业、研发机构及相关组织建立更密切和高效的合作关系,帮助吸引生物医药高端人才的长久驻留,对创新链上的企业和人才的发展都大有裨益。

表 3-50　2020—2024 年美国十大医药创新集群的研发差异及变化

综合排名	指标	2020 年		2021 年		2023 年		2024 年	
		数量	排名	数量	排名	数量	排名	数量	排名
波士顿、剑桥:1 (1)*	美国国立卫生研究院资助/亿美元	24.57	1	37.11	1	54.12	1	52.20	1
	VC/亿美元	61.62	1	101.13	2	121.60	2	107.18	5
	实验室用地/百万平方英尺	26.80	1	35.20	1	55.90	1	61.90	1
	专利/项	7 666	2	9 099	2	18 769	3	23 853	3
	从业人员/人	90 566	3	115 942	4	106 704	5	116 937	5
	1985—2021 年 FDA 批准新药/个	73							
	大型医药企业	渤健、福泰制药、泰萨罗等							
	主要大学	麻省理工学院、哈佛大学等							
旧金山海湾:2 (2)	美国国立卫生研究院资助/亿美元	14.16	4	24.74	4	40.38	4	36.48	5
	VC/亿美元	60.58	2	107.49	1	137.49	1	103.88	2
	实验室用地/百万平方英尺	26.00	2	33.10	2	47.10	2	50.60	2
	专利/项	11 163	1	12 777	1	27 472	2	28 690	2
	从业人员/人	74 046	4	145 235	3	158 449	1	156 454	1
	1985—2021 年 FDA 批准新药/个	149							
	大型医药企业	安进、吉利德、百傲万里、基因泰克等							
	主要大学	斯坦福大学、加州大学等							

(续表)

综合排名	指标	2020 年		2021 年		2023 年		2024 年	
		数量	排名	数量	排名	数量	排名	数量	排名
纽约-新泽西:3(3)	美国国立卫生研究院资助/亿美元	20.67	1	33.08	2	53.80	2	50.98	2
	VC/亿美元	10.76	4	37.73	4	24.90	5	25.60	4
	实验室用地/百万平方英尺	22.60	3	24.70	4	23.10	5	24.00	5
	专利/项	3 208	5	5 332	5	9 793	6	10 474	6
	从业人员/人	130 393	1	152 162	2	144 500	2	149 100	2
	1985—2021 年 FDA 批准新药/个	147							
	大型医药企业	百时美施贵宝、强生、默克、赛尔基因等							
	主要大学	纽约大学、普林斯顿大学等							
圣地亚哥:5(4)	美国国立卫生研究院资助/亿美元	8.23	9	11.62	9	19.65	9	47.50	3
	VC/亿美元	9.00	3	49.94	3	34.35	4	47.50	3
	实验室用地/百万平方英尺	18.00	5	23.30	7	24.4	4	25.10	4
	专利/项	4 911	4	5 973	4	12 705	5	13 931	5
	从业人员/人	66 567	5	71 626	7	77 770	7	75 816	7
	1985—2021 年 FDA 批准新药/个	147							
	大型医药企业	安进、吉利德、百傲万里							
	主要大学	斯坦福大学、加州理工学院等							
马里兰州/弗吉尼亚州/华盛顿:4(5)	美国国立卫生研究院资助/亿美元	14.56	3	30.00	3	42.45	3	43.42	4
	VC/亿美元	9.44	4	16.77	7	14.37	8	29.30	5
	实验室用地/百万平方英尺	22.50	4	29.70	3	31.69	3	35.90	3
	专利/项	4 943	3	6 015	3	52 899	1	73 315	1
	从业人员/人	41 322	9	74 542	6	128 886	4	13 164	3

(续表)

综合排名	指标	2020 年		2021 年		2023 年		2024 年	
		数量	排名	数量	排名	数量	排名	数量	排名
	1985—2021 年 FDA 批准新药/个	37							
	大型医药企业	联合治疗公司、诺瓦瓦克斯、西雅图遗传学公司等							
	主要大学	约翰斯·霍普金斯大学、华盛顿大学等							
大费城地区：7 (6)	美国国立卫生研究院资助/亿美元	8.87	6	14.80	8	23.43	5	21.89	7
	VC/亿美元	7.73	6	29.00	5	0.88	10	33.60	4
	实验室用地/百万平方英尺	12.80	6	23.37	5	22.8	5	23.60	6
	专利/项	1 798	7	5 184	6	14 969	4	15 514	4
	从业人员/人	56 452	6	69 565	8	71 286	9	50 000 +	9
	1985—2021 年 FDA 批准新药/个	97							
	大型医药企业	斯帕克疗法、伊诺维奥							
	主要大学	宾夕法尼亚大学、卡内基梅隆大学等							
西雅图：8(7)	美国国立卫生研究院资助/亿美元	8.43	8	17.32	6	22.6	8	18.42	9
	VC/亿美元	3.72	8	6.76	10	15.82	7	11.90	8
	实验室用地/百万平方英尺	10.00	8	11.25	10	9.26	9	8.50	9
	专利/项	2 087	6	2 336	7	4 125	10	4 783	9
	从业人员/人	36 102	10	35 914	10	43 500	10	46 540	10
	1985—2021 年 FDA 批准新药/个	34							
	大型医药企业	西雅图遗传学公司等							
	主要大学	西北大学、华盛顿大学等							
罗利达勒姆：9 (8)	美国国立卫生研究院资助/亿美元	10.27	5	23.08	5	34.82	5	33.28	6
	VC/亿美元	4.81	7	7.72	9	15.66	7	7.94	9

(续表)

综合排名	指标	2020 年		2021 年		2023 年		2024 年	
		数量	排名	数量	排名	数量	排名	数量	排名
	实验室用地/百万平方英尺	12.40	7	11.40	8	17.60	6	18.20	7
	专利/项	1 124	10	1 408	10	4 552	8	5 094	8
	从业人员/人	36 102	10	39 588	9	75 000	8	75 000	8
	1985—2021 年 FDA 批准新药/个	60							
	大型医药企业	G1 Therapeutics 等							
	主要大学	杜克大学等							
洛杉矶/奥兰治县:6(9)	美国国立卫生研究院资助/亿美元	8.53	7	15.35	7	22.50	7	20.96	8
	VC/亿美元	2.21	10	15.25	8	46.30	3	14.60	7
	实验室用地/百万平方英尺	7.90	10	1 280.00	9	11.40	8	12.00	8
	专利/项	1 612	8	1 876	8	5 676	7	6 019	7
	从业人员/人	122 012	2	195 000	1	134 739	3	127 274	4
	1985—2021 年 FDA 批准新药/个	149							
	大型医药企业	安进、吉利德、百傲万里等							
	主要大学	斯坦福大学、加州理工学院等							
芝加哥(伊利诺伊州):10(10)	美国国立卫生研究院资助/亿美元	6.88	10	12.34	10	19.10	10	18.11	10
	VC/亿美元	3.32	9	9.90	9	13.12	10	3.38	10
	实验室用地/百万平方英尺	8.80	9	3.82	10	1.98	10	2.04	10
	专利/项	1 246	9	1 755	9	4 452	9	4 705	10
	从业人员/人	52 668	7	87 918	5	90 941	6	91 000	6
	1985—2021 年 FDA 批准新药/个	75							
	大型医药企业	艾伯维等							

（续表）

综合排名	指标	2020 年		2021 年		2023 年		2024 年	
		数量	排名	数量	排名	数量	排名	数量	排名
	主要大学	芝加哥大学等							
合计	美国国立卫生研究院资助/亿美元	125.17	—	219.44	—	332.85	—	343.24	—
	VC/亿美元	173.19	—	381.69	—	424.49	—	384.88	—
	实验室用地/百万平方英尺	167.80	—	2.086	—	245.23	—	261.84	—
	专利/项	39 758	—	51 755	—	155 412	—	186 378	—
	从业人员/人	706 230	—	987 492	—	1 031 775	—	1 024 285	—

注：* 表示括号内为 2020 年排名，下同。
资料来源：1. https://www.genengnews.com/topics/drug-discovery/top-10-u-s-biopharma-clusters-10/.
　　　　　2. https://www.genengnews.com/a-lists/top-10-u-s-biopharma-clusters-2024/.

目前，美国十大医药创新集群吸聚了大量的研发创新投资，建造了大量的实验室及相关科技基础设施，创造了大量的专利和新药，吸纳了大量的生物医药人才。如 2019 年美国十大医药创新集群获得了 125.17 亿美元的美国国立卫生研究院的研发资助和 173.19 亿美元的风险投资，创造了 39 758 项医药领域的发明专利，建造了 1.678 亿平方英尺的实验室（能满足生命科学研究的实验室），吸纳了 706 230 位生物医药专业人才，其中大部分是从事医药研发创新的人员。2024 年上述 5 项指标分别变为 343.24 亿美元、384.88 亿美元、186 378 项、2.618 4 亿平方英尺和 1 024 285 人。这些指标值都明显超出了 2020 年水平，说明了美国十大生物医药创新集群有了明显的发育，进一步加强了美国生物医药创新链（见表 3 - 50）。

中国在长三角、京津冀、大湾区、两湖（湖南和湖北）地区、成渝地区已经初步形成了生物医药创新集群，这些地区是中国生物医药创新链的主要支点和赋能区，集群中的企业、研发机构、大学等本身也是中国生物医药创新链的组成部分。但是，中国生物医药创新集群的规模较小，核心企业、研发机构、大学等形成的研发能力、对生物医药产业链的整合能力等还十分有限。

从 2021 年全球 1 000 强药企密集区分布中的 Top25 看，美国有 7 家，中国也有 7 家。但中国 7 家密集区企业市值占全球相应市值的比重仅为 8.2%，不及美国纽约地区医药上市公司市值的 50%，仅为美国 7 家密集区医药上市公司市值的 21.98%（见表 3-51）。

表 3-51　全球药企 1000 强中 Top25 密集区企业市值

排名		区域	所在国家	2021 年市值/美元	2021 年市值份额/%	2020 年市值/美元	2020 年市值份额/%
2021	2020						
1	1	纽约地区	美国	1 254 781	18.0	1 247 732	19.0
2	2	巴塞尔	瑞士	460 600	6.6	542 549	8.2
3	7	哥本哈根	丹麦	317 835	4.6	214 763	3.3
4	6	波士顿	美国	310 043	4.4	236 422	3.6
5	4	莱茵区	德国	303 989	4.4	323 452	4.9
6	5	芝加哥地区	美国	301 229	4.3	285 953	4.3
7	3	东京	日本	300 960	4.3	361 124	5.5
8	14	印第安纳	美国	273 874	3.9	164 308	2.5
9	8	湾区	美国	241 191	3.5	204 781	3.1
10	12	剑桥和牛津	英国	216 000	3.1	168 273	2.6
11	9	巴黎	法国	211 172	3.0	200 382	3.0
12	13	伦敦	英国	202 022	2.9	165 534	2.5
13	10	江苏	中国	167 404	2.4	194 488	3.0
14	11	洛杉矶	美国	159 765	2.3	175 284	2.7
15	16	墨尔本	澳大利亚	111 767	1.6	103 813	1.6
16	15	韩国	韩国	97 743	1.4	116 116	1.8
17	22	北京	中国	92 526	1.3	59 369	0.9
18	20	孟买	印度	80 075	1.1	64 827	1.0
19	17	四川	中国	69 280	1.0	75 678	1.1
20	23	山东	中国	65 619	0.9	41 231	0.6
21	NA	河北	中国	65 190	0.9	NA	NA
22	21	圣地亚哥	美国	63 945	0.9	60 990	0.9
23	19	大阪	日本	61 991	0.9	67 751	1.0
24	18	广东	中国	61 639	0.9	72 049	1.1
25	NA	上海	中国	59 117	0.8	NA	NA

资料来源：Torreya《全球 1000 强药企报告》，截至 2021 年 12 月 5 日。

3.3.14 研发网络

研发网络是由研发主体基于各类合作关系形成的网链结构。它包括基础研究网络、临床试验网络，以及临床前、临床、生产制造及流通销售和用药的综合网络。对于生物医药创新链而言，其包含的网络中最典型、密度最大的创新链链段是临床链段。本书主要利用临床试验数据来分析中国生物医药创新链的网络结构。

临床研究包括临床Ⅰ期、临床Ⅱ期、临床Ⅲ期、临床Ⅳ期。其中所含的成员有发起者、实际完成者。这些发起者和完成者可以是企业、研发机构、大学、医院等等。几乎每一个临床研究都需要医院和医生的参与。多数临床研究由企业发起，需要医院等医疗机构和医生参与完成。一般而言，临床研究通过联系大学、科研机构、企业、医院等生物医药产业链上重要的创新主体来形成研发创新网链，从而成为展现生物医药创新链发展的重要手段和结构标志。临床试验越多，由此而构建的研发创新网链越是密集，对创新链的作用越强，创新链发育得越好。

2010 年代以来，中国的临床试验数量不断增加，生物医药专利数也在增加，这验证了临床研究发展很快。如 2013 年中国的临床试验仅为 185 个，生物医药专利数仅有 16 261 项，到 2023 年分别增加到了 17 369 个和 28 097 项（见表 3-52）。从临床试验结构看，各期临床试验数量大致都在增加。各期临床试验中Ⅲ期临床试验数量占比最大（见表 3-53）。

表 3-52　2013—2023 年中国开展临床试验和生物医药专利情况

年份	2013	2014	2015	2016	2017	2018
开展临床试验数/个	185	2 579	16 417	17 098	16 835	19 409
专利/项	16 261	20 410	23 122	26 680	37 703	49 135
年份	2019	2020	2021	2022	2023	
开展临床试验数/个	27 587	36 722	45 616	37 956	17 369*	
专利/项	57 927	77 116	75 707	61 141	28 097	

注：* 为 2023 年上半年的数据。
资料来源：国家药品监督管理局药品审评中心和国家知识产权局。

表 3-53　2013—2023 年临床试验阶段结构

临床类型	Ⅰ期	Ⅱ期	Ⅲ期	Ⅳ期	Ⅰ～Ⅱ期	Ⅱ～Ⅲ期	Ⅲ～Ⅳ期	其他
占比/%	6.4	16.0	64.9	3.2	2.6	1.8	1.5	3.4

资料来源:根据国家药品监督管理局药品审评中心数据计算。

对中国临床研发分布及流入(接受临床试验发起者的请求并具体完成临床试验)、流出(发起临床研究)情况分析可见:中国临床试验主要集中在由北京-成都-深圳-上海组成的"四边形"内,并且该四边形内的临床试验数量随着时间增加而不断增加。四边形内的生物医药企业、三甲医院、研发机构、大学等分布不均衡。长三角(上海、浙江、江苏、安徽)、京津冀(北京、天津、河北)、珠三角(广东省)、成渝(四川、重庆)、两湖(湖南、湖北)等地区的临床试验相对密集,是中国最重要的生物医药集群(见图 3-7),中国生物医药创新链的重要支撑点,也是创新链创新策源地,决定了中国生物医药创新链的发展水平、方向和路径模式。

表 3-54 显示,从 2015 年到 2021 年,成渝、京津冀、长三角、珠三角、两湖五大地区临床试验的流入、流出数量都在增加。京津冀、长三角、珠三角流出的临床试验多于流入的临床试验(见图 3-7)。这些地区的医疗机构很多,但这些地区也具有大量的生物医药企业,当地医疗机构已经承担了大量的当地药企的临床试验,因此承担外来临床试验的能力有限,并且当地企业还有大量的临床试验因为当地医疗机构的承载能力限制,需要在各自区域外寻求临床试验的医院和医生。成渝地区、两湖地区的临床试验流入大于流出,说明当地的临床试验能力大于临床试验需求,还可以相对较多地接受外来临床试验。

表 3-54　2015 和 2021 年五大地区临床试验流出和流入情况　(单位:个)

年份	2015	2021	年份	2015	2021
成渝地区流出	100	173	两湖流入	195	280
成渝地区流入	73	181	长三角流出	442	837
京津冀流出	160	285	长三角流入	210	424
京津冀流入	173	259	珠三角流出	204	441
两湖流出	58	132	珠三角流入	91	196

资料来源:https://www.chictr.org.cn/searchproj.html。

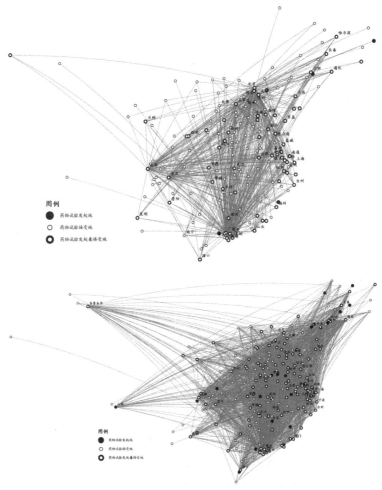

图 3-7　2015 年(上)与 2022 年(下)全国临床试验开展城市分布情况

资料来源:根据国家药品监督管理局药品审评中心数据绘制。

3.3.15　研发资产交易

创新药及研发资产的交易是体现企业间分工合作、协同、关联发展的重要机制,是创新链发展的重要表征之一。2000—2023 年全球创新药交易从 41 项增加到 913 项(见表 3-55),有力地促进了生物医药创新链发展。

表 3‑55　2000—2023 年全球药品交易情况

年份	2000	2001	2002	2003	2004	2005	2006	2007
交易数量/件	41	49	52	72	104	97	145	150
年份	2008	2009	2010	2011	2012	2013	2014	2015
交易数量/件	143	153	147	204	208	269	321	382
年份	2016	2017	2018	2019	2020	2021	2022	2023
交易数量/件	431	467	586	715	1 159	1 168	904	913

资料来源:医药魔方。

　　License in 和 License out 是生物医药企业间、生物医药研发机构与企业间常见的资产交易方式。医药企业通过创新药的 License in 在节省了创新药研发时间,减少了若干研发风险,节省了研发投入的同时,也增加了与国内外相关组织,尤其是大型医药跨国公司的合作。通过创新药的 License out,医药企业在获得部分创新资产,可以加强与国外公司等相关组织的研发创新合作的同时,还获得首付款、里程碑付款等大量的资金,以支持当前及新开辟的研发管线,客观上增加了创新链的"宽度""长度",提高了国内创新链段对国际生物医药创新链的贡献度。

　　2019 年中国生物医药领域的 License in 为 108 项,2020 年上升到 170 项,2023 年因为资本寒冬的影响,License in 事件减少到了 58 项。同期的 License out 事件数和交易额分别从 2019 年的 33 项和 9.02 亿美元,增加到 2023 年的 105 项和 42.18 亿美元(见表 3‑56、表 3‑57)。

表 3‑56　2019—2023 年中国创新药 License in 交易事件数

年份	2019	2020	2021	2022	2023
License in/件	108	170	164	97	58

资料来源:药融云数据库。

表 3‑57　2007—2022 年中国创新药 License out 数量和交易额

年份	2007	2008	2011	2012	2013
数量/项	3	1	2	2	5
金额/百万美元	0.00	0.00	26.00	0.00	1 060.52

（续表）

年份	2014	2015	2016	2017	2018
数量/项	3	4	9(2)	11(8)	15(9)
金额/百万美元	10.02	2 451.00	318.00	2 559.00	1 061.60
年份	2019	2020	2021	2022	2023
数量/项	25(33)	59(78)	37(50)	42(70)	96(105)
金额/百万美元	902.00	9 588.70	13 969.10	8 920.00	4 218.00

注:（ ）中数据是由药融云统计。

资料来源:医药魔方.中国创新药 license out 渐入佳境[EB/OL].(2022 - 10 - 01)[2023 - 07 - 27].
https://www.163.com/dy/article/HIJ1MIQR0534Q32Z.html.

从创新药资金的交易结构看,2019—2024 年上半年,中国的创新药资金交易主要分布在小分子、细胞疗法、抗体、药物递送、疫苗、AI 制药、小核酸、基因疗法、抗体药物偶联物、基因编辑十大领域,其中小分子、细胞疗法、抗体、药物递送等四个领域的资产交易合计量占总交易量的 70% 左右,是最为集中的四个领域。从 2019—2024 年上半年的时间变化看,小分子、细胞疗法、抗体、药物递送等创新药资产最集中的四个领域的创新药资产交易份额大致在下降,其余六个领域的创新药资产交易量份额大致比较稳定或逐步上升(见表 3 - 58)。

表 3 - 58　中国创新药资金交易结构　　　　　　（单位:%）

年份	2019	2020	2021	2022	2023	2024H1
小分子	34	33	25	19	26	27
细胞疗法	17	13	14	18	13	13
抗体	17	16	15	12	12	15
药物递送	7	9	11	12	13	9
疫苗	4	8	7	5	5	8
AI 制药	4	3	6	7	7	3
小核酸	2	4	5	6	8	—
基因疗法	3	4	5	6	5	6
抗体药物偶联物	4	5	4	6	3	7
基因编辑	3	3	3	4	3	3

资料来源:德勤报告。

　　中国 License out 的受让方多是海外大型医药跨国公司,即全球生物医药创新链上的头部企业。因此,这种 License out 交易对于中国尤其重要。一方面,License out 交易增多说明了中国生物医药创新受到了大型生物医药跨国公司的认可,同时有效、有力地推进了中国生物医药创新链的全球化扩展,促使中国生物医药企业提升了参与全球生物医药创新链的能力、动用全球生物医药创新资源以发展创新链的能力;另一方面,License out 交易增多伴随着首付款和里程碑付款的增多,这些收益大大增加了中国生物医药研发资金的投入保障,一定程度上解决了资本寒冬下生物医药创新融资难、融资代价高的弊端,增加了创新链的韧性、效率,以及提升了创新药研发能力。

　　在 License out 的中国创新药中,已有 13 款在 2020—2021 年成功获批上市或申报上市,其中包括小分子、单抗、细胞疗法、基因疗法、疫苗等产品。如传奇生物自主研发的 BCMA CAR - T 细胞疗法通过与强生合作成功在欧美日市场获批上市。天济医药 First-in-class 银屑病新药通过授权给 Dermavant 公司后顺利在美国获批,成为到目前为止先在中国批准上市之后才获美国 FDA 批准的首款创新药(见表 3 - 59)。这些 License out 交易对中国生物医药创新链发展起到积极作用。

表 3 - 59　2013—2021 年 License out 交易的中国创新药中已批准上市的药物情况

交易时间	转让方	受让方	药物	技术	阶段(授权区域)
2020 - 9 - 30	基石药业	辉瑞	舒格利单抗	单抗	已上市(中国)
2020 - 8 - 21	科兴生物	Bio Farma	克尔来福	单抗	已上市(印尼)
2020 - 5 - 4	君实生物	礼来	埃特司韦单抗	疫苗	已上市(美国)
2019 - 7 - 31	顺天医药	IDEOGEN	塞纳布咖	单抗	已上市(新加坡)
2017 - 12 - 21	传奇生物	强生	西达基奥伦赛	小分子	已上市(欧美)
2017 - 3 - 6	中裕新药	Theratechno-logies	艾巴利珠单抗	细胞疗法	已上市(欧美)
2016 - 1 - 28	台大医院	Agilis	Eladocagene exuparvovec	单抗	已上市(欧盟)
2013 - 10 - 9	和黄医药	礼来	呋喹替尼	基因疗法	已上市(中国)
2013 - 3 - 28	天济医药	Welichem Bi-otech	本维莫德	小分子	已上市(美国)

(续表)

交易时间	转让方	受让方	药物	技术	阶段（授权区域）
2007-3-6	微芯生物	HUYA Bioscience	西达本胺	小分子	已上市（日本）
2021-2-1	君实生物	Coherus	特瑞普利单抗	单抗	已上市（美国）
2021-1-11	百济神州	诺华	替雷利珠单抗	单抗	已上市（美国）
2020-7-23	豪森药业	EQRx	阿美替尼	小分子	已上市（英国）

资料来源：https://www.163.com/dy/article/HIJ1MIQR0534Q32Z.html.

3.3.16 国际贸易与国际市场

医药市场大小是创新药及生物医药创新链发展的重要条件。美国创新药和创新链的发育最好，这与美国是全球最大的生物医药制造业，是最大的生物医药市场有关，也与美国创新药企业涉及大量的国际贸易息息相关。2023年全球重磅药物销售收入为5 110亿美元，其中58%的收入来自美国市场。如修美乐在2007—2023年都是销售收入超过10亿美元的重磅药物，历年销售收入主要来自美国，同时也有10%～50%的收入来自美国以外的国际市场（见表3-60）。

表3-60　2007—2023年修美乐销售收入来源结构

年份	2007	2008	2009	2010	2011	2012
美国销售额/10亿美元	1.60	2.20	2.50	2.87	3.43	4.38
美国外销售额/10亿美元	1.40	2.30	3.00	3.64	4.51	4.89
年份	2013	2014	2015	2016	2017	2018
美国销售额/10亿美元	5.24	6.52	8.41	10.43	12.36	13.69
美国外销售额/10亿美元	5.42	6.02	5.61	5.65	6.07	6.25
年份	2019	2020	2021	2022	2023	
美国销售额/10亿美元	14.86	16.11	17.33	18.62	12.16*	
美国外销售额/10亿美元	4.31	3.72	3.36	2.62	2.24	

注：＊表示2023年美国的修美乐生物类似药上市。
资料来源：https://www.living.tech/articles/worlds-bestselling-drugs-addicted-broken-us-healthcare.

　　美国是全球最大的医药制造国,2021 年美国医药产值约占全球医药制造业总产值的 30%,其次为瑞士、德国、日本、法国等国家(见表 3-61)。2022 年美国生物医药产值占全球的比重达到 42.6%,其次为中国、日本等(见表 3-62)。这些国家在全球医药制造业中发挥着重要的作用,也在全球范围内具有一定的竞争力和影响力。强大的医药制造是国际贸易和国际市场发展的基础,是生物医药创新链再投入、再研发和进一步发展的保障。

表 3-61　2021 年世界 Top10 国家的生物医药产值在全球医药制造业总产值中的占比

国家	美国	瑞士	德国	日本	法国	英国
占比/%	30	10	9	9	4	4
国家	中国	意大利	荷兰	比利时	其他	
占比/%	3	3	3	2	25	

表 3-62　2022 年世界 Top10 国家生物医药产值在全球医药制造业总产值中的占比

国家	美国	中国	日本	德国	法国	意大利
占比/%	42.6	7.6	4.5	4.0	2.8	2.4
国家	英国	加拿大	西班牙	巴西	其他	
占比/%	2.3	2.0	1.9	1.9	28.0	

资料来源:https://www.statista.com/statistics/245473/market-share-of-the-leading-10-global-pharmaceutical-markets/.

　　若从国际进出口市场看,2014 年以来世界出口药市场不断扩大。中国在世界医药进出口市场上表现为进出口逐步扩大的态势(见表 3-63)。

表 3-63　2014—2028 年世界出口药销售额

年份	2014	2015	2016	2017	2018
销售额/10 亿美元	774	760	790	809	848
年份	2019	2020	2021	2022*	2023*
销售额/10 亿美元	882	907	1 066	1 139	1 153
年份	2024*	2025*	2026*	2027*	2028*
销售额/10 亿美元	1 219	1 311	1 412	1 508	1 612

注:* 为预测数据。
资料来源:https://info.evaluate.com/rs/607-YGS-364/images/2022%20World%20Preview%20Report.pdf.

从 2020—2022 年中国生物医药出口情况看,中国生物医药进出口的对象主要分布在欧洲、亚洲、北美洲、南美洲等地区(见图 3-8,表 3-64 至表 3-69)。

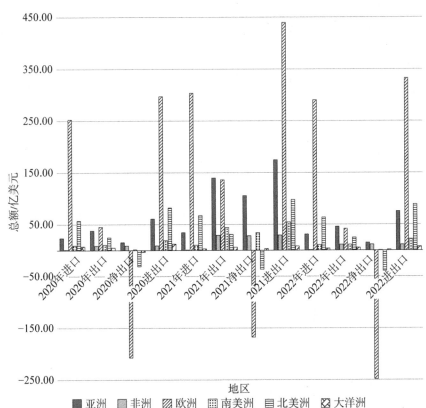

图 3-8 2020—2022 年中国药品进出口总额空间分布情况

表 3-64 2020 年中国药品出口对象国的出口金额占比

国家/地区	美国	法国	丹麦	韩国	意大利	印度
占比/%	18.3	3.2	3.1	3.9	2.9	3.4
国家/地区	巴西	澳大利亚	德国	荷兰	日本	英国
占比/%	3.2	3.0	6.2	1.3	2.3	8.0
国家/地区	其他					
占比/%	33.4					

表 3 - 65　2020 年中国药品进口来源国的进口金额占比

国家/地区	德国	爱尔兰	美国	法国	瑞士	意大利
占比/%	21.9	6.3	12.0	5.8	4.4	5.4
国家/地区	日本	英国	瑞典	丹麦	其他	
占比/%	3.2	3.3	4.5	1.7	31.7	

表 3 - 66　2021 年中国药品出口对象国的出口金额占比

国家/地区	美国	法国	丹麦	韩国	意大利	印度	巴西	澳大利亚
占比/%	7.4	2.3	2.1	1.6	1.3	1.4	3.3	1.3
国家/地区	德国	荷兰	英国	马来西亚	其他			
占比/%	10.3	1.2	9.2	1.9	53.1			

表 3 - 67　2021 年中国药品进口来源国的进口金额占比

国家/地区	德国	爱尔兰	美国	法国	瑞士	意大利
占比/%	22.6	12.3	14.9	7.2	5.5	5.9
国家/地区	日本	英国	瑞典	丹麦	其他	
占比/%	4.1	3.9	4.1	2.8	16.8	

表 3 - 68　2022 年中国药品出口对象国的出口金额占比

国家/地区	美国	法国	丹麦	韩国	意大利
占比/%	17.0	5.8	4.4	3.8	3.6
国家/地区	印度	巴西	澳大利亚	瑞士	德国
占比/%	3.2	3.1	3.0	2.7	2.3
国家/地区	荷兰	日本	其他		
占比/%	2.3	2.1	35.6		

表 3 - 69　2022 年中国药品进口来源国的进口金额占比

国家	德国	丹麦	瑞典	英国	日本	意大利
占比/%	19.6	2.4	3.4	3.5	3.8	6.2
国家	瑞士	法国	美国	爱尔兰	其他	
占比/%	6.6	7.7	15.2	15.5	16.3	

　　从表 3-64 至表 3-69 和图 3-8 可以看出,从 2020 年至 2022 年,不同年份的中国生物医药进口来源国和出口对象国都有所不同,但变化不大。若从出口市场看,2022 年中国医药出口对象国主要是美国(17.0%)、法国(5.8%)、丹麦(4.4%)、韩国(3.8%)、意大利(3.6%)、印度(3.2%)、巴西(3.1%)、澳大利亚(3.0%)、瑞士(2.7%)等国家(见表 3-68)。可见,中国出口市场相对比较分散,主要出口原料药和仿制药/生物类似药及中草药和医疗器械及耗材。

　　若从 2022 年进口来源国看,Top10 的国家分别是德国(19.6%)、爱尔兰(15.5%)、美国(15.2%)、法国(7.7%)、瑞士(6.6%)、意大利(6.2%)、日本(3.8%)、英国(3.5%)、瑞典(3.4%)和丹麦(2.4%),如表 3-69 所示。总之,中国药品进口来源国主要是欧洲、美国和日本,并且进口额度呈现越来越集中的趋势,进口的产品主要是高端制剂和医疗器械。

　　中国生物医药进出口企稳向好,不仅加强了国际合作,拓展了生物医药网络,还对推动中国生物医药创新链国际化起到了十分重要的作用。

　　通过上述对生物医药创新链上 16 个核心要素、阶段及相关要素的分析,可以看出,中国生物医药创新链总体发育水平还比较低,尤其与美国等生物医药创新链强国来比,中国生物医药创新链的发展亟待加强。中国生物医药创新链发展还存在结构不合理的基本特征,如基础研究,包括新靶点、新机制、新方法的研究不足。同时,生物医药创新链上专利技术的转化医学阶段,包括临床前及临床桥接、药代动力学/药效动力学、生物制造、精准用药(precision medicine)等方面存在短板。在临床阶段,目标创新药产品特征和临床开发计划、临床试验设计、质量运营、竞争速度和新数字化应用等方面发展滞后。在创新链运行管理法规方面,适应生物医药创新链上细分部门发展的指导文件研制比较落后,创新药审评审批条件及优先审评快速通道建设,突破性疗法的认定及管理,真实世界研究(real-world study)的可接受性等方面的法律法规需要优化。另外,创新药企业规模、研发管线布局与结构、研发网络、进出口总量等对生物医药创新链形成了较强的制约。从投入要素看,高端人才匮乏是整体创新链发育水平不高的最突出的根本原因。

第4章

中国生物医药创新链发展的动力分析

4.1 创新链发展机理

4.1.1 创新链及其关键决定要素

生物医药创新链发展决定于企业、市场、技术、资金、人才、制度等关键要素,它需要合同研发服务、生产制造、流通销售、医疗服务、投资及支付金融服务等行业及其细分行业部门的支持(见图4-1)。从企业视角看,创新链是若干相关企业为了创新而通过价值、技术、资金、市场、人才等上下游关联所形成的链接组织,组成创新链的企业不仅包括研发类企业、生产制造类企业、流通销售类企业,也包括医院和零售药店及其他相关企业和组织。创新链上的大学和研究机构及其科学家是创新链的"灵魂"。创新链上企业的规模、研发创新能力、生产经营能力、销售能力和医院的等级及专业特色是强化各类企业关联的纽带,许多大型企业具有相对稳定的客户群和供应商,是构造创新链不可或缺的"骨架",而通过关联所产生的价值及增长率则是创新链的"血脉"。"灵魂""骨架""血脉"越强劲,创新链越牢固,发展也越快越持续。

从技术角度看,技术创新及其领先和商业化是创新链发育、发展的核心动力。技术创新和突破,会强化既有创新链、更新改造既有创新链或者扬弃既有创新链而形成新的创新链。从市场角度看,生物医药创新链本身是一种创新资源的市场配置形态,市场对创新链发展起到基础的引导和优化作用。当前全球生物医药创新链发展水平较好的国家和地区多具有较高的市场经济发展水平、相对完善的市场机制。

从资金角度看,生物医药产业是资金密集型产业,从研发、制造到最终产品的价格都是需要大量资金支持的。从目前生物医药创新链发达的国家和地区看,其共同特点是资本市场较为发达,资金供给相对充足。并且,新药研发呈现反摩尔定律,遵循厄尔姆定理,新药研发的平均时间和花费在不断增加。当然人工智能制药的兴起,可能会减少研制新药的时间,但是否一定会节省成本,提高创新链的效率还需要等待时间检验。一个基本的经验告诉我们,如果研发资金不足,就可能造成创新链上的某些活动受到抑制,严重地持续会造成"断链",阻碍生物医药创新发展。当前资本寒冬对生物医药创新链发展正在形成威胁,解决融资困难和研发资金不足的问题是发展生物医药创新链的重要课题。

从人才角度看,生物医药创新链需要大量的专业人才和创新能力突出的人才来支持。欧美生物医药创新链强大,与其拥有大量的专业人才、创新型人才(如诺奖级人才)及培育这类人才的大学、研发机构乃至大型跨国公司是息息相关的。

从制度角度看,生物医药创新链事关未满足的临床需要的新药研制,这自然关系到国民的生命安全和身体健康,是重要的民生领域。因此,生物医药创新链需要复杂的规制规范,诸如临床研究、上市、产品定价、生产环境与工艺、产品包装运输、产品流通、给药对象、知识产权认证等环节都需要严格的医药伦理审查、工艺过程管理、质量管理和各类专业管理,是规制密集型领域。并且,上述因素基本具有非完全替代性,可以看作构造木桶的不同板块,任何板块的短缺都会严重影响木桶容纳功能,即抑制生物医药创新链的发展。

从创新药研制过程看,新药的研制成功会派生出生产工艺和生产设备的创新、生产链的重组和创新,乃至流通和临床联合用药的创新,从而促使创新链从基础理论逐步拓展到消费端。如2012—2022年中国药监局累计批准新药385个,其中国内研制创新药92个,进口创新药293个[1]。这些新药研制成功的同时推动了新药生产设备和相关医疗设备的研制和生产,加快了创新链的发展。如PD－1药物的上市促进了发酵技术、发酵罐及其生产工艺的研发,促进了冷链运输技术和设备的研制。细胞和基因治疗药物的批准上市,激发了细胞生产工艺的开发,推动了一站式全封闭流程设备和工艺的开发与生产,促进了药物低温储存和运输工艺,以及其他相关设备与技术的研发。

从生产制造角度看,生物医药可以细分为化学药、生物药、中药、医疗器械等部分。这些部分还可以进一步细分,如化学药可以分为仿制药和创新药,生

---

① Hu H X, Lu X T, Xu H Y, et al. Analysis of new drug registration and review in China in 2021 [J]. Acta Pharmaceutica Sinica B, 2022,12(4):2127 - 2128.

物药可以分为抗体、疫苗、血液制品、基因治疗和细胞治疗等。医疗器械包括体外诊断器械、医疗设备、医用材料等。人造器官研发上市促进了医疗器械行业的生产和工艺创新，促进了相关辅材的研发创新。生物医药创新链上创新药的

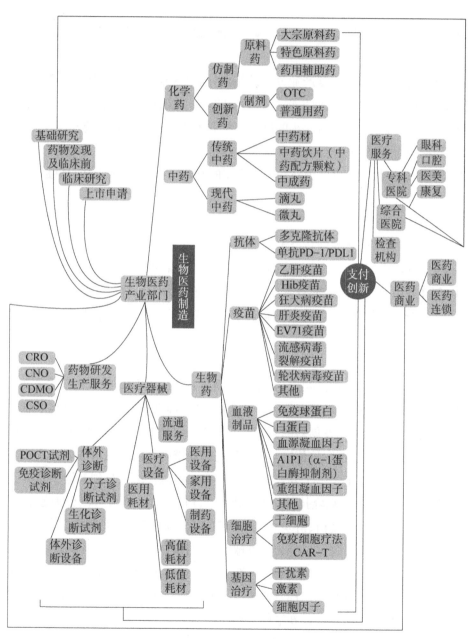

图 4-1　生物医药创新链及其支持体系

研制过程也是创新链创新发展的过程。

4.1.2 生物医药创新链的作用机制

生物医药创新链的运行和发展本质上是通过高效的竞争互动,促使研发活动降本增效,提质提量,从而满足未满足的临床需要,具体表现为如下几方面:

1. 分工合作

创新链的链接模块是产业分工的结果,通过这种分工和专业化活动,力求低成本或零成本合作,促使生物医药创新的若干投入产出能高效率运转,从而促使各个参与分工合作的创新单位能够获取大于非分工合作状态下的福利效应,与此同时,降低整个行业的研发成本,提高行业研发创新的总体效率。这是维系和加强生物医药研发创新和分工合作的基础,也是创新链形成、加强、发展的基础机制。

2. 竞争优化

创新链可以理解为创新资源配置的一种链状模式,其效能在于市场"无形的手"的基础作用,在理想的市场机制下,所有的发展资源由效率最高的单位使用,创新药由出价最高的消费者/患者购买和使用。因此,这是一种竞争优化机制,通过合理竞争,优化生物医药创新资源配置,展现出大于非产业链组织的优势。

3. 行业结构与空间布局优化

创新链必须与产业链融合,方能形成研发投入-回报-再投入的闭合机制。生物医药创新链如同"动脉血管",而产业链如同"静脉血管",二者融合,相辅相成,以支持生物医药研发创新的发展。空间链、人才链和政策支持是创新链和产业链融合的"催化剂",价值链是创新链与产业链融合的根本市场动力。

生物医药创新链是一个复合链,各类产品都可以形成细分创新链。如抗体药可以进一步分为多克隆抗体、单抗 PD - 1、PD - L1。疫苗可以分为乙肝疫苗、Hib 疫苗、狂犬病疫苗、肝炎疫苗、EV71 疫苗、流感病毒裂解疫苗、轮状病毒疫苗等。血液制品又可以分为免疫球蛋白、白蛋白、血源凝血因子 A1P1(α - 1 蛋白酶抑制剂)、重组凝血因子等。细胞疗法可以分为干细胞疗法和免疫细胞疗法等。每一个细分部门都具有各自的创新链。这些细分创新链的兴起、成长和衰落构成了生物医药创新链的结构演变。

从空间来看,不同细分创新链的空间分布及聚散变化,形成了生物医药创新链的空间结构及其演变。

总体而言,创新链的部门结构会随着技术的研发、技术的更新和迭代而演变。创新链的空间结构会随着产业链的增强,由地区链向着全国链、国际链和全球链演变。

4. 演化升级

生物医药创新链具有不断演化升级的基本特征(见图 4-2)。

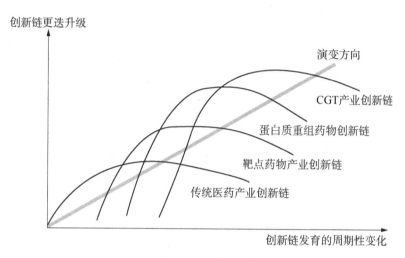

图 4-2　生物医药产业链演化示意图

创新链的发展与升级主要有两种基本路径模式。第一种多出现于发展中的生物医药产业较弱的国家或后发展的国家。其基本特征是从传统医药或仿制药生产开始,逐步进入以仿制药研发为主的创新链发展阶段,待积累到一定研发水平和研发资金投入规模时,进入以原发创新为主导的创新链发展阶段。第二种多出现在生物医药产业较发达的强国,其生物医药创新链的发展从基础研究开始,然后通过临床前和临床研究,上市并进入商业化生产、销售的后创新阶段。该类创新链的升级是基于基础前沿研究而定的。前沿研究的突破,或新的细分领域的出现、新的研发范式的革新等,会引导创新链的升级换代。两种创新链的发展路径模式最终并轨成为依靠基础研发进入临床前和临床研究,再借助商业化实现创新链上创新投入的资金回笼和创新链的可持续发展的模式。

中国生物医药创新链属于前者。具体而言,中国生物医药产业按照从生产链(生产大众广谱药)-销售供应链-生产(仿制药)营销链-研发创新链的次序发展生物医药创新链。就当前及未来而言,中国生物医药创新链发展基于原发创新的驱动。

5. 生态保障机制

生物医药创新链发育需要良好的创新生态环境。这个生态环境包含各类医药企业、政府职能管理部门、大学、研发机构、医院、风险投资公司、基金公司、患者群、非营利组织等,它们共同组成一个相互支持、竞争协作,且具有自我更新能力的综合体(见图4-3)。

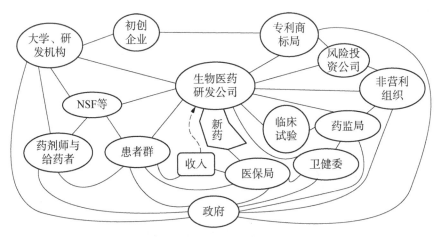

图4-3　医药产业生态示意图

创新生态是一个具备闭环-开环结构的组织状态,创新生态链是一个开放性闭环。之所以说是开放性,是因为生物医药创新具有长时间、高风险、关联因素多等特点,创新链的链主需要大量的外部创新支持,因此创新链具有很显著的开放性。同时创新链上的投入需要转化为创新药,然后在惠及患者的同时,完成研发投入资金的回收和开启新一轮的研发投资,这个研发投资投入-产出-资金回收的闭环是生物医药创新链可持续发展的关键。

从发达国家的医药生态发展来看,国际一流医药创新链具有如下基本特征:

(1)有强大的基础研究。发达的生物医药产业集群需要具有强大的原发创新能力。这需要汇集大量一流的科学家,不断"产出"突破性的基础理念和理论,为新的医药技术和商业化转化形成基础支撑和"原料""种子"。如美国十大医药产业集群中都具有全球一流的大学和研究机构,能够不断发现和创造生命科学知识,破解生命原理,解释疾病生发机制,同时能源源不断地培养生命科学领域的精英研究者。

（2）具有充足的研发经费。生物医药研发创新需要巨量投资且风险很大,这要求有充足的研究经费以保障长期研究的支出,同时要具有大批风险投资者可以快速对研发人员的新技术、新想法等给予进一步深入研究和产业化的支持。

（3）有充足的高水平的湿实验室。生命科学研究需要功能强大、设备先进的实验环境。高水平的湿实验室是不可缺少且无可替代的刚性医药科技基础设施。

（4）具有充足的高素质专业人才。医药新药一旦批准上市,需要迅速进行规模生产、高效率运营、快速营销,力求在专利保护期内以较高的价格尽快获取最大收益。这就需要有充足的高素质的、富有一定创新能力的生物医药领域的专业人才。

（5）拥有具备创新精神和实践经验的企业家。根据熊彼特的理论,企业家是根本的创新者。有经验且富有冒险与创新精神的企业家能充分调动一切可以利用的资源,实现新技术、新原理支持下的革命性生产、运营,实现技术成果的产业化,推动"投入-研发-生产-销售-资金回笼-研发投入增加……"的循环、可持续的发展模式。

（6）形成富有活力且不断升级的创新生态。医药研发创新需要的关键要素包括:积聚了研发资本、风险资本的优良区位,能够生产新技术、新发明、新专利、新知识的一流大学、研发机构,能够自我培育的研发创新人才,富有企业家精神的行业领军队伍,具备不断更新的科学的激励医药研发-生产-销售的政策等。更重要的是需要各要素科学配置,以形成一个具有高效率的创新系统。每一个医药创新集群本身就是一个开放的生态系统,而且这一系统在不断动态升级与发展中。

（7）强大的支付能力。支付能力强大的多元化的支付体系,成为支持生物医药创新链发展的重要基础之一。如 2023 年,发达市场药品支出规模约为 1.3 万亿美元,占全球药品支出比重的 80％左右,其中品牌药（创新药）在发达市场占比约为 75.8％,且预计到 2028 年支出规模将仍以 6％～9％的复合年均增长率持续扩大。其中表现最突出的是美国,作为全球生物医药创新链最发达的国家,美国依靠强大的支付能力,使其创新药的平均价格最高,其创新药的销售额占比近80%，成为支持美国和全球生物医药创新链发展的基石。并且如此强大的支付能力，吸引了全球大多数创新药在美国首发上市，许多突破性疗法和全球新药物在美国研发，也造就了全球生物医药创新链上的很多链主企业属于美国，成就了美国十大生物医药创新集群在全球生物医药创新链上的枢纽地位。

4.1.3 政策与制度的革新

生物医药产业是深受规制密切监控和指导的行业，生物医药创新链需要科学的政策系统来保障其有效建构、规范运行。

在1980年前，美国政府支持的基础研究专利归属政府所有，无法激励私人投资的生物医药研发，政府支持研发的2.8万项专利中仅有5%转化为生产力。1980年美国制定并通过了《拜杜法案》，该法案后被纳入美国法典第35编《专利法》中第18章"联邦资助所完成发明的专利权"的《专利与商标法修正案》。修订后的《专利法》规定：只要大学可以承担专利申请和将专利许可授权给企业的角色，联邦政府资助的专利权归属大学，大学可以独占专利许可，但发明人可以分享专利许可收入（份额没有具体规定），并规定大学必须将专利转移和许可收入全部用来支持教学和研究。不过，联邦政府对那些没有通过专利许可而商业化的发明专利保留干预权，即对于这类发明专利，联邦政府有权决定该类发明专利由谁进行产业化。这一法案促进了美国整个生物医药创新的发展，如迄今为止在这个法案的激励下，政府、研发机构、生物制药、医疗器械、诊断公司和许多其他公司之间相互合作，各取所长，风险共担，信息共享，促使数百个新药和疫苗的研制成功，奠定了美国全球生物医药创新链的领导者地位[1]。

2010年代以来，中国医药政策也在不断发生改变。2015年是中国医药史上的重大转折点，国家在这一年里相继推出了各项政策规范，药品及器械相关评审得到了提速，由此开启了中国医药创新元年。

2017年医疗器械政策体系先行壮大，鼓励国产药品进行替代和本土药物出海。2018年医保带量采购压缩仿制药的舒适空间。2020年创新药纳入医保

---

[1] 见https://votersforcures.org/innovation-in-medicine/diseases/Infectious/understanding-the-research-and-development-ecosystem-in-developing-new-treatments-and-vaccines。

目录,医保制度逐渐完善。

从首次申请临床的创新药数据看,国产化药和国产生物药从 2013 年到 2024 年间都呈现加速增长的趋势,特别是 2015 年后增长加速十分明显,这在一定程度上表明中国生物医药产业政策改革对生物医药创新链上的研发创新活动有强大的促进作用。如 2013—2022 年中国首次申请临床的创新药数量从 2013 年的 146 个增加到 2022 年的 600 个(见表 4 - 1)。中国批准上市的创新药从 2013 年的 19 个提高到 2022 年的 50 个(见表 4 - 2)。这在一定程度上说明医药新政明显地提升了中国生物医药创新链的活力和创新产出能力,自然也促进了生物医药创新链的发展。

表 4 - 1　2013—2022 年中国首次申请临床的创新药数量

年份	2013	2014	2015	2016	2017	2018
国产化药/个	45	53	72	62	114	65
国产生物药/个	37	29	28	27	75	72
进口化药/个	48	41	24	27	33	44
进口生物药/个	16	10	11	9	14	20
合计/个	146	133	135	125	236	201
年份	2019	2020	2021	2022	2013—2022	
国产化药/个	115	178	265	233	1 202	
国产生物药/个	72	134	231	242	947	
进口化药/个	77	79	98	76	547	
进口生物药/个	34	50	58	49	271	
合计/个	298	441	652	600	2 967	

资料来源:医药魔方 Nextpharma 数据库,TrialCube 数据库。

表 4 - 2　2013—2022 年中国批准上市的创新药

年份	2013	2014	2015	2016	2017	2018
国产化药/个	2	3	16	2	1	7
国产生物药/个	1	2	1	2	1	6
进口生物药/个	1	—	4	2	7	11

（续表）

年份	2013	2014	2015	2016	2017	2018
进口化药/个	15	7	1	2	36	34
合计/个	19	12	20	8	45	58
国产化比例/%	10.53	15.79	84.21	10.53	5.26	12.07

年份	2019	2020	2021	2022	2013—2022	
国产化药/个	6	12	20	8	77	
国产生物药/个	3	3	17	7	43	
进口生物药/个	14	15	15	9	78	
进口化药/个	30	21	25	26	197	
合计/个	53	51	77	50	393	
国产化比例/%	11.32	23.53	25.97	16.00	19.59	

资料来源：https://bydrug.pharmcube.com/report/detail/9ed20d0c34d147f0b48203b7b0618aeb.

4.2 区域医药行业创新链发展动力及影响因素[①]

4.2.1 研究方法及数据

为了进一步分析中国生物医药创新链的发展动力及影响因素，本节将基于数据可得性构建模型，计量分析创新链发育水平和其关键动力及影响因素。

1. 研究方法

为了研究省级区域医药研发创新发展的影响因素，本节将通过建立计量模型加以分析。由于受到系统数据资料的限制，关于中国生物医药创新链发展的动力机制无法完全按照上一章分析的框架进行广泛的深入分析。因此，本节基于数据资料的可得性、指标的代表性、底层指标的不可替代性和高层指标的可融合性原则收集数据，构建如下模型，对中国生物医药创新链进行描述和动力机制的分析。

$$R\&D\_eco_{it} = \alpha + \beta X_{it} + \gamma Y_{it} + \lambda Z_{it} + Time\_trend_i + \mu_j + \varepsilon_{it} \quad (1-1)$$

---

① 本节得到研究生范涛涛的支持。

其中 $R\&D\_eco_{it}$ 表示省级区域当年度医药行业研发创新链的发展水平;α 是截距项;X_{it} 是一系列随时间变化的解释变量,包括区域医药创新"生态环境"、研发经费内部支出、高被引科学家数量等;Y_{it} 包括有效专利数、硕博比例、销售收入等变量;Z_{it} 是指不随时间变化的个体特征。考虑到省级区域研发创新能力会随着时间变化而变化,模型控制了时间趋势项 $Time\_trend_i$。由于不同省份医药创新链发展程度有所差距,模型还控制了省份固定效应 μ_j,ε_{it} 为随机扰动项。

2. 数据、变量和统计性描述

具体而言,本节主要使用了 2015—2023 年度《中国高技术产业统计年鉴》统计的各个省份医药制造业数据及 2014—2022 年 iFind 数据库中 483 家上市医药公司的数据。此外,高倍引科学家数据来自科睿唯安数据库,青海、宁夏两省相关统计资料缺失值过多,故研究范围为除青海、宁夏、港澳台以外的中国 29 个省份。

本节的被解释变量 $R\&D\_eco_{it}$ 是通过构建区域研发创新能力指标体系(见表 4-3),并通过熵权 TOPSIS 法计算得出的。熵权 TOPSIS 法是一种通过指标体系数据计算研究对象优劣排序的方法,分别涉及熵权法和 TOPSIS 法。熵权法计算各评价指标的权重值,然后利用权重值乘原始数据,得到新数据。系统利用新数据进行 TOPSIS 法计算,最终得到各评价对象的接近度 C 值,用于判断和衡量评价对象的优劣等。被解释变量数据使用的是 2014—2022 年度 29 个省份经计算的 C 值,相比传统的选择某一种单一指标来衡量研发实力,基于构建指标体系的熵权 TOPSIS 法则综合考虑了与研发有关的投入、技术人员、专利产出等多个维度,使得不同省份的年度间对比更多元、更综合。

表 4-3　区域研发创新能力指标体系

评价对象	一级指标		指标解释
创新链发育指数	研发支出合计	X_1	当年度研发内部支出经费
	研发支出增长率	X_2	研发支出同上年比的增长率
	研发密度	X_3	企业在研发上的支出与企业销售的比率
	研发人员数量	X_4	企业或科研单位内部从事研究活动的人员数量
	研发人员增长率	X_5	研究人员数同上年比的增长率

(续表)

评价对象	一级指标		指标解释
	技术人员数量	X_6	具备中级以上职称或博士学位的研究人员数量
	技术人员增长率	X_7	技术人员数量同上年比的增长率
	技术人员比例	X_8	技术人员数量占全部从业人员的比重
	发明专利	X_9	企业当年度申请发明专利数量
	发明专利增长率	X_{10}	申请发明专利数同上年比的增长率

本节的主要解释变量之一——区域医药创新"生态环境"MED_eco_{it} 也采用构建评价指标体系与熵权 TOPSIS 法计算得出,采用接近度 C 值作为计量模型数据。与 $R\&D\_eco_{it}$ 不同的是,对医药创新生态环境的评价除研发外,还涉及生产、销售、动力方面的考察,因此构建二级指标体系,从各维度综合衡量区域医药创新"生态环境"水平。该指标体系如表 4-4 所示。此外,本模型中的其他解释变量包括研发经费内部支出、研发投入强度、政府资金比例、研究人员比例、高级研究人员比例、高被引医药科学家数量、行业规模等。其他控制变量名称及含义如描述性统计表 4-5 所示。

表4-4 解释变量 MED_eco_{it} 的评价指标体系

评价对象	一级指标	二级指标		一级指标	二级指标	
区域医药创新"生态环境"	研发能力	研发支出合计	X_1	生产能力	库存品	X_{11}
		研发投资增长率	X_2		库存品占主营业务收入的比重	X_{12}
		研发密度	X_3		在产品	X_{13}
		研发人员数量	X_4		在产品增长率	X_{14}
		研发人员增长率	X_5		在产品占主营业务收入的比重	X_{15}
		技术人员数量	X_6		原材料	X_{16}
		技术人员增长率	X_7		原材料增长	X_{17}
		技术人员比重	X_8		原材料占主营业务收入的比重	X_{18}
		发明专利	X_9		生产人员数量	X_{19}
		发明专利增长率	X_{10}		生产人员增长率	X_{20}
		生产人员占总员工人数的比重	X_{21}		国外收入额	X_{33}

(续表)

评价对象	一级指标	二级指标		一级指标	二级指标	
		固定资产	X_{22}		国外收入增长率	X_{34}
		固定资产增长率	X_{23}		外国收入占主营业务收入的比重	X_{35}
		主营业务成本	X_{24}		利润额	X_{36}
		主营业务成本增长率	X_{25}		利润增长率	X_{37}
		主营业务成本/主营业务收入	X_{26}		利润率	X_{38}
	销售能力	销售人员数量	X_{27}	发展动力	Z 值	X_{39}
		销售人员增长率	X_{28}		总资产报酬率	X_{40}
		销售人员占全部员工的比重	X_{29}		总资产净利率	X_{41}
		销售费用	X_{30}		员工总数	X_{42}
		销售费用增长率	X_{31}		员工增长率	X_{43}
		销售费用占主营业务收入的比重	X_{32}		区位商	X_{44}

3. 描述性统计

对原始数据取对数,并进行上下 2.5% 的缩尾处理,计量模型共包含 261 个各年度的省级区域样本。表 4-5 给出了所有变量的定义和描述性统计结果。可以看到研究人员占全体职员比重的平均值为 8.5%,而具有中级以上职称的高级研究员的比例下降到 3.3%。此外,以省级区域划分,高被引医药科学家数量在不同省份间差距悬殊,中位数为 0,表示相当部分的省份在长时间内没有高被引医药科学家,而从医药企业成立年限来看,平均成立年限为 19 年,专精特新企业数量平均超过 7 家,不同省份间差距较大。最后对本节数据进行 Z 标准化,以解决单位不一致的量纲问题。

表 4-5　变量定义及描述性统计

变量名	变量含义	平均值	标准差	中位数
R&D_eco	创新链发育指数	1.791	1.323	1.390
MED_eco	区域医药创新"生态环境"	1.276	0.963	0.895
Scale	医药行业规模(取对数)	24.706	1.142	24.847

(续表)

变量名	变量含义	平均值	标准差	中位数
Expense	研发经费内部支出(取对数)	20.775	1.310	20.887
R&D	研究人员比例	0.085	0.030	0.084
Engineer	高级研究人员比例	0.033	0.013	0.031
Scientist	高被引医药科学家数量	0.649	2.148	0.000
Strength	研发投入强度	2.181	0.986	2.079
Gov	政府资金比例	0.046	0.032	0.041
Staff	行业人员总数(取对数)	10.815	1.002	10.825
MED_cluster	集群	1.452	1.116	1.119
Patent	有效发明专利数(取对数)	6.859	1.116	6.924
Sale	销售支出(取对数)	22.072	1.369	22.143
Fixed	固定资产(取对数)	22.674	1.083	22.705
Age	医药企业成立年限	18.967	3.890	19.000
State	国企比例	0.177	0.144	0.158
Advanced	专精特新企业数量	7.483	9.759	4.000
Bachelor	本科生比例	0.244	0.077	0.233
PhD	硕博比例	0.034	0.025	0.027

　　从创新链发展水平看,上海、江苏、浙江、广东等地的创新链发育较好,而西藏、贵州、青海等地的创新链发育不佳。总体而言,创新链发展较好的省区市主要分布在东部沿海的长三角、环渤海和大湾区,两湖地区、成渝地区的医药创新链也相对较好(见图4-4)。

4.2.2　实证分析

1. 岭回归

　　本模型所研究的主要解释变量中存在一些经 VIF 检验后显示具有共线性的变量,在不剔除所研究的解释变量的要求下,使用普通 OLS 回归会影响变量回归系数正负及显著性。对于具有共线性的解释变量,可以选择使用逐步回

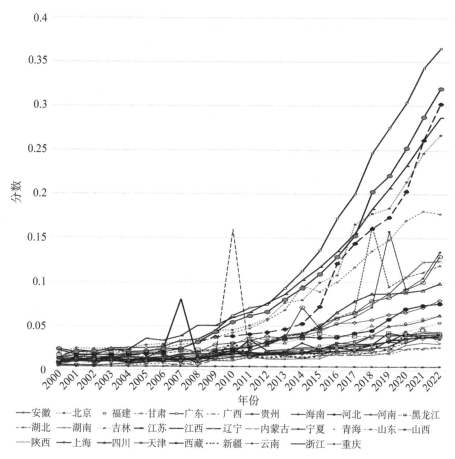

图 4-4　各省区市医药创新链发展水平及变化

归、岭回归或者 Lasso 回归模型。但逐步回归会直接移除共线性的解释变量 X，此类做法导致希望研究的变量无法得到研究，没有实质上解决变量共线性的问题。因此，本节首选岭回归模型进行研究，结果如表 4-6 所示。

表 4-6　区域医药创新链发育的影响因素（岭回归）

模型	M(1)			M(2)		
因变量	R&D_eco			R&D_eco		
变量	回归系数	t 值	P 值	回归系数	t 值	P 值
常数	0	0	1	0	0	1
MED_eco	0.360	12.150	<0.010***	0.323	11.485	<0.010***

（续表）

Scale	0.197	10.382	<0.010***	0.101	6.156	<0.010***
Expense	0.211	11.773	<0.010***	0.122	7.801	<0.010***
Strength	0.154	5.481	<0.010***	0.160	5.986	<0.010***
Gov	0.001	0.040	0.968	−0.014	−0.572	0.568
R&D	0.059	2.121	0.035**	0.043	1.706	0.089*
Engineer	0.049	1.717	0.087*	0.078	3.024	<0.010***
Scientist	0.050	1.928	0.055*	0.055	2.163	0.0310**
Staff				0.106	5.333	<0.010***
Sale				−0.059	−2.167	0.031**
Patent				0.113	4.521	<0.010***
MED_cluster				−0.040	−1.712	0.088*
Fixed				0.033	1.198	0.232
Age				−0.092	−3.788	<0.010***
State				−0.043	−1.822	0.070*
Advanced				−0.011	−0.395	0.693
Bachelor				−0.059	−2.358	0.019**
PhD				0.068	2.650	<0.010***
时间趋势	控制			控制		
省份固定效应	控制			控制		
R^2	0.806			0.830		
样本量	261			261		

注：***、**、*分别代表1%、5%、10%的显著性水平。

从回归的结果可以看出，主要解释变量——区域医药创新"生态环境"对研发创新能力有着显著的正向关系，良好的医药创新"生态环境"会为区域的医药研发水平的发展提供多方面支撑。省级医药行业规模越大，规模效应越显著，就越能提高医药创新链的研发实力。同样地，研发投入强度越大，研发实力越强，生物医药创新链越发达。政府对医药研究直接投资的比例提升并没有明显地对研发促进或抑制医药创新链起到作用，这可能说明在研发能力的发展中更重要的是资金投入数量而非资金来源。在研究人员结构方面，总体行业人数的增加更有利于研发的开展，进而起到促进医药创新链发展的作用，而普通研究人员、高级研究人员、高被引医药科学家均对研发有正向促进作用，但相比普通研究人员，高级研究人员的边际促进作用更大。

从 M(2)回归模型中可以看出，企业在过往发展中所积累的有效专利会对现在的研发起到正向作用，一方面可能是企业利用过往的专利储备降低了现在研发的技术难度，另一方面过往的技术储备也表明企业中存在相应的研发人员储备。医药企业在销售费用上的过多投入可能会挤占研发投入，对研发起到负向作用。由区位商表示的医药集群环境对研发有负向作用，看似不合常理，但也有可能存在，从两个角度可以做出解释：首先，高区位商的地区可能会吸引大量的生物医药企业和研究机构入驻，导致竞争激烈。在竞争激烈的环境下，企业可能更注重于维持现有业务和市场份额，而不是投入更多资源进行创新研发，这可能会导致创新能力的下降。其次，高区位商的地区可能存在人才流动性大、稳定性弱的情况，优秀的研发人才可能会频繁流动到其他地区或企业，导致该地技术积累和创新能力的下降。随着企业成立年限增高，可能有一部分企业转为销售成熟药品，研发动力减缓，对研发产生负向作用。而国企比例的提高也会对省内医药行业研发造成抑制。最后硕博人员占比系数为正，本科为负，这说明本科学历的员工在医药企业创新方面基本没有贡献，在高技术含量的医药研发体系中往往不能胜任工作，相反可能会挤占企业在研发投入上的资源。

2. Lasso 回归

在处理回归模型具有共线性的解释变量问题上，除了岭回归模型外，Lasso回归模型也可以解决共线性问题，此外其还可用于"特征筛选"，从而找出有意义的解释变量 X。针对结果中不具有显著性的解释变量，Lasso 回归模型将其回归系数设置为 0，并剔除出模型。其余非 0 回归系数的解释变量具有显著性。使用 Lasso 回归模型处理本节研究数据所得的结果如表 4-7 所示。

表 4-7 区域医药创新链发育的影响因素（Lasso 回归）

模型	M(1)	M(2)
因变量	R&D_eco	R&D_eco
变量	回归系数	回归系数

（续表）

截距	0	0
MED_eco	0.477	0.491
Scale	0.000	0.000
Expense	0.412	0.268
Gov	0.000	0.000
Strength	0.069	0.115
R&D	0.052	0.013
Engineer	0.000	0.042
Scientist	0.076	0.080
Staff		0.067
Patent		0.097
Sale		−0.069
MED_cluster		−0.015
Fixed		0.000
Age		−0.088
State		−0.026
Advanced		0.016
Bachelor		−0.028
PhD		0.028
时间趋势	控制	控制
省份固定效应	控制	控制
R^2	0.806	0.840
样本量	261	261

与岭回归结果对比，解释变量的相关性基本没有变化，区域医药创新"生态环境"、研发投入、研究人员构成比例、高被引医药科学家数量、有效专利对区域医药研发创新实力产生促进作用。从促进研发能力的边际作用来看，高被引医药科学家仍然强于高级研究人员，而销售投入、企业成立年限、国企占比、从业人员中本科生占比会对医药创新链的实力产生负面作用。行业规模对区域创新链研发能力的影响发生显著性变化，这是 Lasso 和岭回归对于 K 值的选择

有差别所导致的。

3. 系统 GMM 估计

医药创新链当年度的研发创新能力还有可能受到之前年份研发创新的影响。本节引入研发创新能力的滞后一期作为解释变量,同时引入被解释变量——研发创新能力的滞后二期作为工具变量,并利用系统 GMM 法进行回归,研究区域医药创新"生态环境"存在的内生性问题。内生性检验结果显示,C 统计量 P 值为 0.011,表明选中的内生变量中具有内生性。回归结果如表4-8 所示。Wald 统计量的 P 值<0.01,说明 GMM 估计是有效的。表中可见被解释变量的滞后一期会对区域医药创新链的创新能力产生促进作用。而研发经费内部支出、研发投入强度对创新链的研发创新能力有正向的影响。

表 4-8　系统 GMM 模型回归结果

变量	B	标准误	Z	P
常数项	0.000	0.014	0.000	1.000
L. R&D_eco	0.861	0.043	20.181	<0.010***
MED_Ecology	0.016	0.027	0.602	0.547
Expense	0.059	0.029	2.015	0.044**
Gov	−0.041	0.021	−1.943	0.052*
Strength	0.097	0.028	3.506	<0.010***
R&D	−0.029	0.048	−0.603	0.547
Engineer	−0.009	0.047	−0.189	0.850
Scientist	0.000	0.011	−0.010	0.992
因变量	R&D_eco			
其他控制变量	控制			
时间趋势	控制			
省份固定效应	控制			
Wald	3 385.292*** (P<0.01)			
R^2	0.959			
样本量	261			

注:***、**、*分别代表 1%、5%、10%的显著性水平。

4. 异质性检验

对所研究的 29 个省份按地理区域划分为东部地区、中部地区、西部地区。变量回归结果的差异可以反映出不同地域间医药创新链影响因素作用程度的差别。

在西部地区,医药创新"生态环境"、医药行业规模、研发人员比例及有效专利对研发创新能力没有显著作用,这可能是由于西部地区的医药行业整体发展水平相对东中部地区还比较低,医药创新链的相关人才体系、研发配套、销售配套、专利积累还不足以相互促进,以支撑医药创新链的研发,因此影响并不显著。中部地区的政府投入资金比例对创新链研发起到负向作用,这可能是一些地方政府的干预导致资源分配不合理,政府可能更偏向于投资已有成果明显、市场前景确定的项目,而对风险较高、创新性较强的项目投资不足。这样一来,区域生物医药创新链的创新能力可能受到限制。

此外东部地区的医药集群对于创新链研发能力有显著正向作用,东部地区高度发展的集群环境可能通过更大体量、更成熟的市场消弭了部分企业的过度竞争,同时在医药技术积累方面管理更加完善,消弭了部分研发人员剧烈流动的影响。最后,东中部地区医药创新链的固定资产投入会对研发造成负面效果,而西部地区固定资产投入存量还达不到东中部的饱和水平,因此西部地区固定资产的继续投入对创新链研发的影响还未显现(见表 4 - 9)。

表 4-9 东中西部地区部分[①]地域回归(岭回归模型)

因变量	R&D_eco		
地区	东部地区	中部地区	西部地区
变量	回归系数	回归系数	回归系数
常数	0.000	0.000	0.000
MED_eco	0.120*** (4.387)	0.099*** (4.815)	0.069 (1.501)
Scale	0.250*** (15.095)	0.099*** (6.385)	0.035 (1.331)

---

① 东部地区包括北京、天津、河北、辽宁、上海、江苏、浙江、福建、山东、广东和海南等地。
　中部地区包括山西、吉林、黑龙江、安徽、江西、河南、湖北、湖南等地。
　西部地区包括四川、重庆、贵州、云南、西藏、陕西、甘肃、青海、宁夏、新疆、广西、内蒙古等地。

（续表）

Expense	0. 240*** (18. 219)	0. 226*** (16. 103)	0. 106*** (4. 437)
Gov	−0. 031 (−1. 250)	−0. 039** (−2. 004)	0. 004 (0. 100)
Strength	0. 213*** (8. 185)	0. 235*** (11. 963)	0. 233*** (5. 246)
R&D	0. 046* (1. 815)	0. 147*** (7. 815)	0. 058 (1. 388)
Engineer	0. 048* (1. 758)	0. 091*** (4. 692)	0. 115*** (2. 819)
Scientist	0. 088*** (3. 479)	0. 033* (1. 766)	0. 111*** (2. 798)
Patent	0. 205*** (9. 247)	0. 091*** (4. 432)	0. 062 (1. 492)
Staff	0. 238*** (13. 738)	0. 183*** (11. 070)	0. 132*** (4. 714)
Sale	−0. 134*** (−5. 573)	−0. 003 (−0. 13)	−0. 063 (−1. 534)
MED_cluster	0. 101*** (3. 943)	−0. 060*** (−2. 998)	−0. 034 (−0. 830)
Fixed	−0. 134*** (−5. 505)	−0. 056*** (−2. 918)	0. 057 (1. 295)
Age	0. 028 (1. 215)	−0. 072*** (−3. 422)	−0. 124*** (−3. 293)
State	−0. 102*** (−4. 088)	−0. 062*** (−3. 345)	−0. 099** (−2. 264)
Advanced	0. 091*** (4. 129)	0. 112*** (5. 127)	0. 255*** (6. 84)
Bachelor	−0. 133*** (−5. 375)	−0. 004 (0. 212)	−0. 046 (−1. 177)
PhD	0. 054** (2. 060)	0. 030 (1. 488)	0. 149*** (3. 820)

（续表）

	控制	控制	控制
时间趋势	控制	控制	控制
省份固定效应	控制	控制	控制
样本量	90	81	90
R^2	0.951	0.975	0.876

注：***、**、*分别代表1%、5%、10%的显著性水平。

第5章

中国生物医药创新链发展面临的
挑战与有利条件

5.1 生物医药创新链发展面临的挑战

5.1.1 专业人才挑战

人才是生物医药创新链上的最关键要素,其结构、质量和数量一定意义上决定了创新链发展的水平和潜力。从中国生物医药创新链上相关人才供需的走势看,无论是医疗健康行业,还是医药行业的 TSI 指数都在不断增加。这里的 TSI(Talent Shortage Index)是指人才紧缺指数。TSI>1,表示人才供不应求;TSI<1,表示人才供大于求。如果 TSI 呈上升趋势,表示人才越来越抢手,找工作相对容易。

从表 5-1 可以看出,2020 年 1 月中国医疗健康行业 TSI 指数为 1.28,2022 年 12 月该指数为 1.56。从表 5-2 看,2020 年 1 月中国医药行业的 TSI 指数为 1.39,2022 年 6 月该指数为 1.42。并且从 2020 年 1 月到 2022 年 12 月,TSI 指数大致在提升,表明中国医疗健康行业和生物医药行业的综合人才需求大于供给,即人才供给不足。

表 5-1 2020—2022 年中国医疗健康行业 TSI 走势

时间	2020-1	2020-2	2020-3	2020-4	2020-5	2020-6	2020-7	2020-8
TSI	1.28	0.99	0.89	0.95	1.08	1.11	1.26	1.37
时间	2020-9	2020-10	2020-11	2020-12	2021-1	2021-2	2021-3	2021-4
TSI	1.41	1.39	1.48	1.70	1.56	1.51	1.28	1.59

(续表)

时间	2021-5	2021-6	2021-7	2021-8	2021-9	2021-10	2021-11	2021-12
TSI	1.69	1.85	1.83	1.85	1.75	1.63	1.72	1.64
时间	2022-1	2022-2	2022-3	2022-4	2022-5	2022-6	2022-7	2022-8
TSI	1.59	1.21	1.30	1.57	1.50	1.37	1.31	1.18
时间	2022-9	2022-10	2022-11	2022-12				
TSI	1.15	1.14	1.45	1.56				

资料来源:https://www.linksinternational.com.cn/view/blogs/details/2163.

表5-2　2020—2022年上半年中国医药行业TSI走势

时间	2020-1	2020-2	2020-3	2020-4	2020-5	2020-6	2020-7	2020-8
TSI	1.39	1.10	1.01	1.07	1.21	1.22	1.37	1.50
时间	2020-9	2020-10	2020-11	2020-12	2021-1	2021-2	2021-3	2021-4
TSI	1.52	1.48	1.57	1.78	1.74	1.65	1.39	1.68
时间	2021-5	2021-6	2021-7	2021-8	2021-9	2021-10	2021-11	2021-12
TSI	1.77	1.95	1.94	2.00	1.89	1.77	1.88	1.80
时间	2022-1	2022-2	2022-3	2022-4	2022-5	2022-6		
TSI	1.76	1.34	1.44	1.76	1.61	1.42		

资料来源:https://xueqiu.com/2747048122/229884199.

由表5-3进一步分析发现,医药中高端人才不足情况更加严重。据统计,2022年上半年医药中高端人才紧缺程度排名前十的类型依次为临床数据分析人员、药理毒理研究人员、医药研发管理人员、药品注册人员、药物合成人员、制剂研究人员、临床项目管理人员、医药经理/专员、临床监查员、药品研发人员等。

表5-3　2022年上半年医药中高端人才TSI(TOP10)

类别	临床数据分析人员	药理毒理研究人员	医药研发管理人员	药品注册人员	药物合成人员
TSI	5.57	5.05	4.29	4.24	3.94
类别	制剂研究人员	临床项目管理人员	医药经理/专员	临床监查员	药品研发人员
TSI	3.79	3.69	3.46	3.42	3.40

资料来源:https://xueqiu.com/2747048122/229884199.

从生物医药企业新发职位看,人才紧缺程度由大到小的职位依次是:医药研发/生产人员、医疗市场/政府事务人员、临床试验人员、销售管理人员、销售人员、人力资源人员、质量管理人员、财务/审计/税务人员、生产管理/营运人员、市场营销人员等(见表 5-4)。

表 5-4　2022 年上半年药企新发职位 TSI 分布(Top10)

类别	医药研发/生产人员	医疗市场/政府事务人员	临床试验人员	销售管理人员	销售人员
TSI	21.54	15.04	6.44	4.64	4.00
类别	人力资源人员	质量管理人员	财务/审计/税务人员	生产管理/营运人员	市场营销人员
TSI	3.75	3.35	3.26	2.36	2.22

资料来源:https://xueqiu.com/2747048122/229884199.

从医疗健康企业新发职位看,人才紧缺程度由大到小的职位依次是:硬件人员、AI 人员、后端开发人员、电子/仪器/自动化人员、科研人员、医疗器械研发/生产人员、医药研发/生产人员、临床试验人员、医学事务管理人员、质量管理人员(见表 5-5)。这些细分门类、细分职位人才正是生物医药创新链中诸多不可或缺的部分。可见,这些结构性、专业性人才紧缺对创新链发展有制约作用。

表 5-5　2022 年医疗健康行业职位 TSI(Top10)

类别	硬件人员	AI 人员	后端开发人员	电子/仪器/自动化人员	科研人员
TSI	10.94	6.29	4.88	4.25	4.25
类别	医疗器械研发/生产人员	医药研发/生产人员	临床试验人员	医学事务管理人员	质量管理人员
TSI	3.70	3.59	3.48	2.93	2.26

资料来源:https://www.linksinternational.com.cn/view/blogs/details/2163.

另外,从科学门类看,生物医药创新链需要多类人才。具体而言,它需要 STEM(科学、技术、工程、数学)人才。根据美国加利福尼亚这个生物医药创新链发达州的调查,在所有生物医药产业人才中,60% 以上是获得硕士学位的人才,获得生物医药专业学位的人才在 20% 左右。近年来中国每年毕业的高校本科生在 1 000 万人左右、硕士生达近百万人,博士生有 10 多万人,但专业结构不合理和学科专业质量等方面的问题,导致结构性和层次性人才短缺,真正满足生物医药创新链发展需求的人才依然不足,并不能很好地满足创新链的发展需要。

总体而言,中国生物医药创新链面临更突出的问题是全球化顶尖人才的不足。如前文述及的在基因学、免疫学、药学、微生物学、分子生物学、神经学、心理学、生物化学等学科领域的全球优秀科学家,中国占比在 1%～2.5%,远低于美国的 39%～55%(见表 3－2),中国生物医药要发展具有全球领导力的创新链,就必须培育和吸聚更多这类全球顶尖科学家,从引领全球前沿的角度,形成生物医药创新链发展的源头动力。

5.1.2 公共资金研发投入和企业研发投入不足

公共资金研发投入可以解决巨大风险和外部性问题导致的基础研究不足问题,降低企业研发新药的风险和成本,是加强创新链头部基础研发,促进生物医药企业研发创新投入,强化生物医药创新链发展的重要原动力。2020 年中国基础研究投入占总研究投入的比重仅为 6%,远低于发达国家的 15%～20%,这自然会导致中国生物医药创新链上的研发投资不足。

2008—2020 年中央财政"重大新药创制"科技重大专项资金的累计投入为 233 亿元。[1] 而美国国立卫生研究院仅 2020 年统辖管理的经费就高达 417 亿美元,其中 90% 以上投入基础研究当中。[2] 2010—2016 年,美国 FDA 批准 FIC 84 个,美国国立卫生研究院支持的关于靶点发现等基础研究的资金超过 640 亿美元,相当于每一个新药可以获得美国国立卫生研究院 7.62 亿美元的基础研究支持[3]。由此可以看出,中国对生物医药研发的公共投资与美国差距很大。

再从创新链上的药企研发投入来看,2021 年中国规上医药制造企业研发内部支出为 942.44 亿元,大致相当于 134.63 亿美元[4]。根据 Wind 数据库统

---

[1] 国家统计局社会科技和文化产业统计司,科学技术部战略规划司. 中国科技统计年鉴 2022 [M]. 北京:中国统计出版社,2022.

[2] 见 https://www.phrma.org/。

[3] Cleary E G, Beierlein J M, Khanuja N S, et al. Contribution of NIH funding to new drugapprovals 2010－2016 [J]. Proceedings of the National Academy of Sciences of the United States of America, 2018,115(10):2329－2334.

[4] 国家统计局社会科技和文化产业统计司,科学技术部战略规划司. 中国科技统计年鉴 2022 [M]. 北京:中国统计出版社,2022.

计,367 家上市公司的研发费用为 919.49 亿元,相当于 131.36 亿美元(按 1 美元=7 元人民币计算)。而美国 2020 年 PhRMA 成员的研发投入为 911.3 亿美元,2021 年为 1 022.88 亿美元,2022 年为 1 008.45 亿美元,略有下降①。2022 年罗氏研发投入为 147 亿美元,强生为 146 亿美元②。中国 2021 年全部企业研发投入总额相当于美国 2020 年 PhRMA 成员研发投入的 1/7,不及 2022 年罗氏或强生一家企业的研发投入。

可见,中国生物医药创新链上的基础研发投入不足,企业研发投入能力有限,基础研发投入对企业研发投入的引致作用需要进一步加强。

5.1.3　研发成本不断上升

全球在研药物不断增多,从 2001 年的 5 995 个增加到了 2019 年的 16 181 个和 2024 年的 22 825 个(见表 3-25),总体呈现稳步快速增长的特征,这为全球创新药和生物医药创新链发展奠定了良好的基础。

生物医药产业属于资本技术密集型产业,美国生物医药的研发投入占到全球该类投入的 30%～50%,新药研发成本不断增加。DiMasi 等认为每个新药研发在临床 I～III 期的费用分别为 0.15 亿美元、0.24 亿美元和 0.86 亿美元,总计 1.25 亿美元③④。

根据 DiMasi 的另一项研究,从 1970 年代到 2010 年代,每个新药的研发费用从 1.79 亿美元增加到 25.58 亿美元,每 10 年左右的时间研发费用增加 1.4 倍左右。

若根据 Adnan Badran 的研究,以 2013 年不变价计算,1970 年代新药研发成本在 1.79 亿美元,1980 年代为 4.13 亿美元。1990 年代—2000 年代早期上升为 10 亿美元,2010 年代已经上升到了 26 亿美元⑤(见表 5-6)。

---

① 国家统计局社会科技和文化产业统计司,科学技术部战略规划司. 中国科技统计年鉴 2022 [M]. 北京:中国统计出版社,2022.

② 见 https://www.cn-healthcare.com/articlewm/20230507/content-1546705.html。

③ DiMasi J, Hansen R, Grabowski H. The price of innovation: new estimates of drug development costs [J]. Journal of Health Economics,2003,22:151-185.

④ DiMasi J, Hansen R, Grabowski H. R&D costs and returns by therapeutic category [J]. Drug Information Journal, 2004,38:211-223.

⑤ Badran A. Role of science, technology & innovations in pharmaceutical industry [EB/OL]. (2015-09-10)[2024-03-31]. https://www.uop.edu.jo/download/Research/members/3943558Prof.pdf.

表 5-6　新药研发费用的增长情况

年代	费用/亿美元
1970s	1.79
1980s	4.13
1990s—2000s 早期	10.00
2010s	26.00

资料来源:https://www.uop.edu.jo/download/Research/members/394_3558_Prof.pdf.

根据 EIU(Economist Intelligence Unit)计算,2003—2011 年新药研发费用上升了 88%,2011—2016 年上升了 70%,2016—2025 年将上升 100%,2025—2034 年将上升 100%,2034—2043 年也将上升 100%(见表 5-7)。

表 5-7　每个新药的平均研发费用增长率

年份	2003—2011	2011—2016	2016—2025	2025—2034	2034—2043
增长率	88%	70%	100%	100%	100%

资料来源:https://druginnovation.eiu.com/wp-content/uploads/2019/05/Parexel-Quantitative-report-part-2_Final-1.pdf.

根据 Drug Discovery Today 的一份调研,2001—2020 年期间,16 家头部制药公司在药物发现和开发方面的投资超过 1.5 万亿美元,到了 2020 年,这些公司的一款新药的研发成本上涨至 67 亿美元。最近的一项估算表明,美国 NIH 对一款新药的投资金额可达 30 亿美元。如果将此叠加,在美国,一款新药上市的总投资金额能达到近 100 亿美元。中国的数字会相对低一些,但研发投入增长趋势不变。在 2023 年上半年,百济神州、中国生物制药、恒瑞医药、石药集团、复星医药的研发投入已经超过 20 亿元,其中百济神州更是高达近 60 亿元,将自己收入的 80% 都投入了创新①。

虽然不同的研究者就新药研发成本的统计计算方式并不完全一致,但生物医药产业与遵循摩尔定律(既定价格下,每经过 18~24 个月,集成电路上可容纳的元器件的数目增加一倍,性能也将提升一倍)的 IT 产业不同,其医药研发

---

① Schuhmacher A, Hinder M, et al. Analysis of pharma R&D productivity-a new perspective needed [J]. Drug Discovery Today, 2023, 28(10):1-8.

成本不断上升是基本趋势,每个新药的研发成本遵循反摩尔定律①(每单位研发投资对应的 FDA 批准的新药数量每 9 年下降一半)。这主要是因为随着时代变迁,研发链条拉长,研发分工日趋精细,新药研发需要越来越长的时间,复杂性不断增加等。

总之,研发创新药物是支持生物医药创新链存在、发展的核心理由,而创新药研发和整个创新链的发展需要越来越多的资金支持。因此,生物医药创新链对资金的"无限需求"与资金供给的有限性矛盾成为生物医药创新链发展的主要障碍之一。

5.1.4　创新链的依附性

生物医药的创新链始于与生物医药相关的基础研究,这些基础研究涉及生命运动的基本规律、疾病的成因、靶点寻找、药物的发现等多个方面。基础研究越充分、基础研究的成果越丰富,就越容易进一步推动新药的创新,从而使得生物医药创新链稳步、快速、有力地发展起来。通常情况下基础研究的商业化收益很低,需要政府的公共研发投入和风险资本的有力介入。由于创新往往始于高端研究人员的灵感、缜密的思维、正确的认知、持久的兴趣、意想不到的发现,因此特别需要众多高端人才的支持。

首先,中国传统的中医药创新链基于中医药的传统模式,药物成分的辨识、纯化和创新链发展不足,与现代生物医药创新链发展分属不同的范式。当前发展现代生物医药创新链的基础来自西医药科学,中国的若干生物医药高端人才需要接受科学的西医药学习和培训,因此中国现代生物医药创新链发展一定程度上需要依附于快速发展的西医药及相关学科的研发创新。而现代西医药创新链的核心和链主主要原发于欧美,完全传递到中国生物医药创新链需要克服时间滞后和"水土不服"的客观难题。这种理论的依附性成为当前制约中国生物医药创新链发育的重要因素。

其次,中国现代生物医药创新链发展不平衡,主要表现为许多创新链环节及核心要素发育不足。如科学仪器、试剂、实验材料、生物药生产制造原料等大都依赖于进口,许多新药筛选模型、数据库需要海外支持,许多成药靶点、机制

---

① Hall J, Matos S, Gold S, et al. The paradox of sustainable innovation: the 'Eroom' effect (Moore's law backwards) [J]. Journal of Cleaner Production, 2018, 172: 3487 - 3497.

主要依赖于欧美的先行研究,现代生物医药高端人才也离不开欧美的培养与支持。创新链上的合同研究组织、合同开发组织、合同开发和生产组织最先来自欧美业务的需求支持,许多生物技术公司需要与欧美大型医药跨国公司通过 License in 和 License out 来开展业务。因此,这在一定意义上也增加了中国生物医药创新链的依附性。

最后,创新链的发育与创新药在市场上的表现息息相关。因此,市场规模、市场上患者的支付能力就显得特别重要。目前美国是全球最大的医药市场,全球重磅药物的销售收入的近一半来自美国市场。同时欧洲作为全球发达的地区,对医疗服务的支付能力也很强,是仅次于美国的大市场。中国创新链上的若干创新资产、创新药物也需要这两大市场的支持。换句话说,中国生物医药创新链的发育需要欧美医药市场的大力支持,中国生物医药资产的出售及研发创新合作主要来自欧美生物医药企业。因此,中国生物医药创新链发展对欧美市场具有明显的依附性。如百济神州、再鼎医药等公司的 License in 都是来自欧美市场,百利天恒、传奇生物、瀚森制药、恒瑞医药等公司的 License out 也来自欧美市场。

5.1.5 创新链国际化布局有待加强

生物医药创新链的巨大投入和风险决定了创新药市场需要尽可能扩大到极致以获取最大的资金回报,从而维持生物医药创新链的健康、可持续运行。因此,生物医药创新链不断国际化,谋求全球市场是布局方向。

美国生物医药创新链非常发达,得益于大量的巨型医药跨国公司,如辉瑞、强生、艾伯维、百时美施贵宝、安进、再生元、礼来、雅培、吉利德等凭借强劲的国际化研发投资,构建起的全球化创新网络。美国医药研发企业不断通过海外研发投资加强国际化,以动用海外研发资源、扩大研发创新网络、强化创新链发育,从而支持了美国生物医药在全球的主导地位。如 1984 年美国 PhRMA 成员对外研发投资为 5.96 亿美元,占当年生物医药全部研发投资的 16.66%,2022 年分别变为 255.98 亿美元和 25.38%(见图 5-1)[①]。美国已经将生物医

① Pharmaceutical Research and Manufacturers of America. 2023 PhRMA annual membership survey [EB/OL]. (2024 - 06 - 30) [2024 - 08 - 09]. https://phrma. org/-/media/Project/PhRMA/PhRMA-Org/PhRMA-Refresh/Report-PDFs/A-C/PhRMA _ membership-survey _ single-page_70523 es_digital. pdf.

药创新链上研发投资的 1/4 布局在了美国以外,辉瑞、默沙东、强生、再生元、礼
来等跨国药企在中国、欧洲等医药市场上表现亮眼,深刻揭示了生物医药创新
链国际化布局的重要价值。

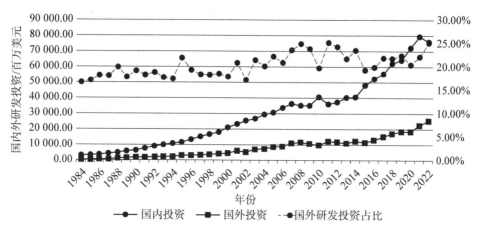

图 5-1　1984—2022 年美国 PhRMA 成员国内外研发投资及对外研发投资比例

又如,在 2002—2017 年美国 PhRMA 成员总研发投资中,海外投资比重不
断上升,尤其在加拿大、欧洲、澳大利亚、亚太等地区投资加大(见表 5-8),构
建起了全球研发创新网络和强大的创新链。这是美国长期保持生物医药创新
链蓬勃发展和创新药研发全球首位的根本原因之一。

表 5-8　2002 年、2008 年、2016 年、2017 年美国 PhRMA 成员企业研发投资地区分布

国家/地区	2002		2008		2016		2017	
	投资额/百万美元	占比/%	投资额/百万美元	占比/%	投资额/百万美元	占比/%	投资额/百万美元	占比/%
非洲	14.4	0.0	40.7	0.1	—	—	—	—
埃及	—	—	—	—	12.6	0.0	7.3	0.0
南非	—	—	—	—	30.3	0.0	43.0	0.1
其他非洲国家	—	—	—	—	23.6	0.0	22.5	0.0
美洲	—	—	—	—	—	—	—	—
美国	25 655.1	82.7	35 571.1	75.1	52 418.2	80.0	55 755.0	78.1

(续表)

国家/地区	2002		2008		2016		2017	
	投资额/百万美元	占比/%	投资额/百万美元	占比/%	投资额/百万美元	占比/%	投资额/百万美元	占比/%
加拿大	304.5	1.0	572.2	1.2	500.2	0.8	591.5	0.8
墨西哥	—	—	81.2	0.2	81.3	0.1	88.9	0.1
巴西	—	—	96.7	0.2	126.5	0.2	149.0	0.2
其他拉美和加勒比地区	—	—	210.4	0.4	—	—	—	—
阿根廷	—	—	—	—	90.0	0.1	118.2	0.2
委内瑞拉	—	—	—	—	6.0	0.0	1.1	0.0
哥伦比亚	—	—	—	—	41.9	0.1	48.4	0.1
智利	—	—	—	—	30.5	0.0	25.6	0.0
秘鲁	—	—	—	—	11.2	0.0	10.9	0.0
其他拉美国家	113.4	0.4	—	—	77.0	0.1	98.5	0.1
日本	706.4	2.3	925.3	2.0	1019.2	1.6	1115.6	1.6
中国	—	—	93.2	0.2	504.7	0.8	508.2	0.7
印度、巴基斯坦	3.3	0.0	94.4	0.2	32.9	0.1	40.7	0.1
韩国	—	—	—	—	93.0	0.1	83.9	0.1
除日本外的亚太其他国家	79.2	0.3	—	—	148.3	0.2	221.6	0.3
除日本、中国、印度外的亚太其他国家	—	—	318.1	0.7	—	—	—	—
澳大利亚及新西兰	80.0	0.3	190.3	0.4	323.0	0.4	293.3	0.4
法国	378.8	1.2	540.8	1.1	341.6	0.5	377.6	0.5
德国	401.2	1.3	781.2	1.6	822.7	1.3	759.6	1.1

（续表）

国家/地区	2002		2008		2016		2017	
	投资额/百万美元	占比/%	投资额/百万美元	占比/%	投资额/百万美元	占比/%	投资额/百万美元	占比/%
意大利	232.2	0.7	284.0	0.6	187.3	0.3	227.3	0.3
西班牙	125.3	0.4	301.6	0.6	246.7	0.4	283.0	0.4
英国	1 324.9	4.3	2 732.9	5.8	2 277.0	3.5	2 569.2	3.6
其他西欧国家	1 453.6	4.7	4 046.4	8.5	5 212.2	8.0	6 547.7	9.2
捷克	—	—	—	—	41.1	0.1	45.8	0.1
匈牙利	—	—	—	—	29.3	0.0	31.6	0.0
波兰	—	—	—	—	71.1	0.1	86.5	0.1
土耳其	—	—	40.6	0.1	48.3	0.1	56.6	0.1
俄罗斯	13.4	0.0	80.4	0.2	84.2	0.1	104.0	0.1
中东欧*	91.4	0.3	338.3	0.7	258.2	0.4	509.7	0.7
沙特	—	—	—	—	9.0	0.0	11.9	0.0
中东**	24.5	0.1	43.2	0.1	278.4	0.4	245.4	0.3
其他	10.8	0.0	—	—	79.1	0.1	248.2	0.3

注：＊中东欧主要包括塞浦路斯、爱沙尼亚、斯洛文尼亚、保加利亚、立陶宛、拉脱维亚、罗马尼亚、斯洛伐克、马耳他及其他中东欧国家。
　　＊＊中东主要包括也门、阿联酋、伊朗、伊拉克、科威特、以色列、约旦、叙利亚、阿富汗、卡塔尔等。
资料来源：PhRMA 历年报告，http://www.doc88.com/p-9733388997195.html。

近年来，中国生物医药创新链国际化发展很快。如 2021 年中国具有临床Ⅰ期、临床Ⅱ期和临床Ⅲ期的管线分别为 455 条、436 条和 123 条，申请上市的产品为 10 个。从临床试验的国际地域结构看，在临床Ⅰ期的多中心试验中，美国、大洋洲、亚洲、欧洲、其他地区分布分别占 14％、46％、13％、5％和 2％。在临床Ⅱ期的多中心试验中，美国、大洋洲、亚洲、欧洲、其他地区分布分别占 29％、53％、8％、9％和 2％。在临床Ⅲ期的多中心试验中，美国、大洋洲、亚洲、欧洲和其他地区分布分别占 48％、34％、1％、7％和 3％。申请上市的创新药中，在美国、大洋洲和其他地区的分布分别为 42％、31％和 27％。

从海外临床试验创新管线的技术路线看,管线主要分布在小分子、抗体、蛋白剂多肽、CGT及其他5个方向。其中在临床Ⅰ期,这5个方向的比例分别为56%、32%、3%、5%和4%;在临床Ⅱ期,这5个方向的比例分别为57%、30%、5%、3%和5%;在临床Ⅲ期,这5个方向的比例分别为45%、41%、6%、2%和6%。申请上市的产品来自这5个方向的比例分别为40%、50%、10%、0%和0%。可见,中国管线的国际化布局主要表现在小分子和抗体药上。

总体而言,中国生物医药创新链和创新药发展才刚刚起步,任重而道远。大力发展生物医药产业链的国际化符合生物医药创新链发展的特性,是未来中国及全球生物医药创新链发展的必然趋势。

5.1.6 收益水平有待加强,支付能力不足

创新链上的企业、组织从实践活动中获取收益是创新链进一步发展的基本要求。全球生物医药收益不断增加,如2001年全球生物医药总收益为3900亿美元,2023年扩大到1.607万亿美元(见表5-9)。

表5-9 2001—2023年全球生物医药市场收益变化 (单位:10亿美元)

年份	2001	2002	2003	2004	2005	2006
收益额	390	428	498	560	601	649
年份	2007	2008	2009	2010	2011	2012
收益额	726	799	831	888	963	964
年份	2013	2014	2015	2016	2017	2018
收益额	994	1 064	1 073	1 116	1 135	1 214
年份	2019	2020	2021	2022	2023	
收益额	1 276	1 312	1 450	1 482	1 607	

资料来源:https://www.statista.com/statistics/263102/pharmaceutical-market-worldwide-revenue-since-2001/.

2016年全球生物医药收益约为1.11万亿美元,2023年上升到约1.61万亿美元。2016年美国和中国的医药收益分别为4 495亿美元、602.8亿美元,2023年分别为7 982亿美元和1 659亿美元。2016年美国和中国占全球生物医药收益的比重分别为40.29%、5.40%,2023年分别占37.55%、7.31%。可见,中国生物医药收益与美国的差距较大(见表5-10)。

表 5-10 2016—2023 年各国医药收益情况 （单位：10 亿美元）

年份	2016	2017	2018	2019	2020	2021	2022	2023
美国	449.50	464.50	484.00	518.60	525.80	555.60	589.00	603.40
中国	60.28	64.73	72.39	75.62	81.45	93.36	117.70	117.40
日本	44.15	42.00	41.73	46.57	45.91	47.43	46.77	47.69
德国	30.43	31.26	34.51	32.56	32.95	38.78	35.87	37.20
英国	22.17	20.91	22.10	21.98	23.83	27.48	29.31	29.69
法国	23.62	23.63	24.52	23.33	22.36	26.87	26.26	26.48
加拿大	14.52	15.20	14.87	14.24	14.41	18.38	18.77	19.40
巴西	13.87	15.77	14.39	14.07	14.27	17.84	18.30	19.02
意大利	15.49	15.38	15.35	13.91	14.39	17.77	15.94	16.32
西班牙	9.49	9.65	12.30	11.43	12.50	15.00	14.83	14.71
韩国	11.73	12.50	13.22	12.56	12.69	15.71	12.87	13.15
印度	7.57	8.44	8.52	8.90	9.21	12.11	11.18	11.66
澳大利亚	8.76	8.92	8.66	8.05	8.09	9.99	93.20	9.78
13 国合计	711.58	732.89	766.56	801.82	817.86	896.32	1 030.00	965.90
全球合计	1 115.70	1 135.10	1 214.80	1 278.00	1 312.00	1 450.00	1 482.00	1 607.00
13 国合计占全球比重/%	63.78	64.57	63.63	62.74	62.34	61.82	69.50	60.11
美国占全球比重/%	40.29	40.92	40.17	40.58	40.08	38.32	39.74	37.55
中国占全球比重/%	5.40	5.70	6.01	5.92	6.21	6.44	7.94	7.31

资料来源：1. https://www.statista.com/outlook/hmo/pharmaceuticals/worldwide#global-comparison.
2. https://phrma.org/-/media/Project/PhRMA/PhRMA-Org/PhRMA-Refresh/Report-PDFs/A-C/PhRMA_membership-survey_single-page_70523_es_digital.pdf.

支付能力是影响生物医药创新链发展的又一重要因素。良好的支付能力可以支持价格高昂的创新药的可及性，促使生物医药创新链上巨大的创新药研发投入获取丰厚的回报，从而支持下一轮创新药的研发投入。目前，中国医保总资金额还不够大,对于国内外少量的创新药,只能通过医保谈判大大压低价格后方可进行医保资金的支付,而大部分的价格高昂又无法降价的创新药就不能获得医保资金的支持。对于一个国家而言,医保资金是居民获得医疗服务的最大且最基础的支付能力来源,医保资金越多,越有利于居民使用更先进的、更高疗效的新药,从而获得更好的健康福利,同时医保资金也贡献了创新链上的创新药的研发回报,支持了新的创新药和整体创新链的研发。

从以支付角度衡量的全球药品销售情况看,2018—2022 年间中国和美国在全球医药市场上的支付总额占比分别从 16.0% 和 40.1% 变为 15.3% 和 40.7%,其间的年增长率分别从 7.9% 和 6% 变为 2.1% 和 4.6%(见表 5-11)。可见,从药品支付角度看,中国药品的支付额度远远小于美国。

表 5-11 2018—2022 年全球药品销售规模与结构

年份	2018	2019	2020	2021	2022
全球药品支出/万亿美元	1.366	1.431	1.437	1.571	1.626
美国在全球药品市场中的占比/%	40.1	40.1	40.1	40.3	40.7
中国在全球药品市场中的占比/%	16.0	16.9	15.4	15.5	15.3
其他国家地区在全球药品市场中的占比/%	44.0	43.0	44.5	44.2	44.0
全球药品支出年增长率/%	—	4.7	0.04	9.3	3.6
美国药品支出年增长率/%	6.0	4.7	0.6	9.7	4.6
中国药品支出年增长率/%	7.9	9.8	−9.0	10.7	2.1
其他国家地区药品支出年增长率/%	10.1	2.4	3.9	8.4	3.1

资料来源:http://www.phirda.com/artilce_33209.html.

若从 2018—2022 年中国百张床位以上医院患者用药的情况看,仅有 30% 左右是创新药,肿瘤领域使用的创新药也只占使用药物总量的 60% 左右(见表 5-12),这远远低于发达国家的 80% 和 90% 以上的水平。

表 5-12　中国百张床位以上医院不同类型药物市场销售表现及占比

类别	全部领域					肿瘤领域				
年份	2018	2019	2020	2021	2022	2018	2019	2020	2021	2022
总量/亿元	7 717	8 451	7 523	8 235	8 016	579	756	810	924	898
创新药占比/%	28	29	31	31	31	51	58	61	60	62
改良型新药占比/%	7	7	7	6	6	5	5	3	1	1
生物类似药占比/%	3	3	4	5	5	—	—	2	6	7
仿制药占比/%	62	60	58	57	57	44	55	35	33	30

资料来源:医药魔方。

从 2019—2022 年中国医保基金总量看,该基金从 2019 年的 2 180.6 亿美元增长到 2022 年的 3 130.8 亿美元,分别相当于同年美国医保基金总额的 6.06% 和 7.01%。从中国个人医保支付金额看,2019 年为 234 美元/人,2022 年增加到 294.4 美元/人,分别相当于美国医保个人支付金额的 2.24% 和 2.34%(见表 5-13)。

表 5-13　中美医疗费用支出比较

年份	2018	2019	2020	2021	2022
美国医疗费用支出总额/亿美元	36 012	37 564	41 563	42 891	44 646
中国医疗费用支出总额/亿美元	2 180.6	2 332.9	2 666.8	2 667.4	3 130.8
中国医疗费用支出总额占美国比重/%	6.06	6.21	6.42	6.22	7.01
美国人均医疗费用支出/美元	10 447	10 853	11 916	12 197	12 555
中国人均医疗费用支出/美元	234.0	264.2	256.0	293.0	294.4
中国人均医疗费用支出占美国比重/%	2.24	2.43	2.15	2.40	2.34

资料来源:医药魔方。

中国医保基金规模不大，其对创新药支持有限。如 2022 年，医保对创新药的支出为 481.89 亿元（2019 年为 59.49 亿元），仅占当年医保支出的 1.96％。而据美国国家卫生健康费用（NHE）数据，2022 年美国药品费用支出约为 5 800 亿美元，占医疗总支出的 13％，其中 80％的医药费用支出均用于创新药。

由于医保基金支持不足，创新药的价格难以形成一个较高的水平以激发巨额投入的创新药发展，也不利于医药创新链的发展。如从全球前 25 位畅销药的平均相对价格来看，中国药品价格仅为美国的 1/10 左右。2023 年 10 月 27日在美获批的中国本土创新药特瑞普利单抗，在美售价为每瓶 8 892.03 美元，是该药物（同规格）在中国的 33 倍。和黄医药的抗肿瘤新药呋喹替尼，其在美国的价格也达到了中国价格的 24 倍。

与此同时，许多新型创新药需要特异性、个性化、高成本的生产，价格异常昂贵。如许多近年来上市的 CGT 药物/疗法年费用或每剂费用从 84 万美元到350 万美元不等（见表 5 - 14），致使这类新药的可及性很差，有几款 CGT 创新药因为价格昂贵、患者的可及性差，已经基本处于退市状态。如果投入巨资研发上市的创新药无法实现惠及患者，从而获取市场回报以支持下一轮新药研发，那么这自然阻碍了生物医药创新链的发展。

表 5 - 14　2023 年部分全球高价药物价格①

药物	所属公司	治疗疾病	价格/百万美元	备注	药物种类
Hemgenix	杰特贝林，优瑞基因	B 型血友病	3.50	费用/剂	基因疗法
Skysona	蓝鸟生物	脑型肾上腺脑白质营养不良	3.00	费用/剂	CGT
Zynteglo	蓝鸟生物	地中海贫血	2.80	费用/剂	CGT
Zolgensma	诺华	脊髓型肌萎缩症	2.25	费用/剂	CGT
Myalept	凯西制药公司	先天性瘦素缺陷症	1.26	费用/年	CGT
Zokinvy	艾格尔生物制药公司	早衰综合征和早衰样核纤层蛋白病、核纤层蛋白病	1.07	费用/年	CGT

① Kansteiner F, Becker Z, Liu A, et al. Most expensive drugs in the US in 2023 [EB/OL]. (2023 -05 - 22)[2023 - 10 - 03]. https://www.fiercepharma.com/special-reports/priciest-drugs-2023.

（续表）

药物	所属公司	治疗疾病	价格/ 百万美元	备注	药物 种类
Danyelza	Y-mAbs Therapeutics	难治性或复发性高 风险神经母细胞瘤	1.01	费用/年	CGT
Kimmtrak	伊米诺克尔有 限公司	葡萄膜黑色素瘤 Uveal melanoma	0.98	费用/年	CGT
Luxturna	Spark Therapeutics	遗传性视网膜营养 不良	0.85	费用/年	CGT
Folotyn	艾科特生物制 药公司	复发性或难治性外 周 T 细胞淋巴瘤	0.84	费用/年	CGT

注：这里的药价是指美国市场上的价格。
资料来源：https://www.fiercepharma.com/special-reports/priciest-drugs-2023.

5.1.7　研发管线布局的适宜性及靶点结构有待改善

研发管线的操作环境与条件直接影响到研发效率，进一步影响创新药的效率，从而影响生物医药创新链发育。因此，在临床医生配备情况基本一致的基础上，临床试验应当选择病人可得性强、临床设施完善、操作设施良好的医疗机构。根据 Iqvia（2024）研究报告，在全球 48 个国家和地区中，中国临床试验环境影响因素中的最大优势指标是病人的可得性，位列 48 个评价国家和地区的首位。但临床设施这一指标的排名仅为 44 位，操作设施的排名位居 34 位（见表 5 - 15）。可见，在临床医生一定的情况下，中国临床试验实施的短板主要是临床设施和操作设施。这两个短板是阻碍临床效率提高的关键因素，也是影响中国生物医药创新链发展的重要制约因素。当然，我们也需要看到，中国人口多、患者多，大多具有临床研究能力的三甲医院的医生将最多的精力投入门诊和患者诊疗、医治中，能够投入临床研究的精力和相关配套资源较少，这也是制约中国临床试验高效发展的主要原因之一，限制了生物医药创新链的发展。

表 5 - 15　临床试验适宜性评价

排名	病人可得性	临床设施	操作设施	综合
1	中国	捷克	瑞士	美国
2	美国	斯洛伐克	丹麦	德国

(续表)

排名	病人可得性	临床设施	操作设施	综合
3	印度	瑞士	荷兰	日本
4	巴西	西班牙	瑞典	法国
5	德国	丹麦	挪威	中国
6	日本	保加利亚	新西兰	西班牙
7	意大利	奥地利	芬兰	英国
8	法国	澳大利亚	德国	意大利
9	墨西哥	瑞典	加拿大	韩国
10	西班牙	日本	奥地利	加拿大
11	英国	葡萄牙	葡萄牙	澳大利亚
12	韩国	德国	新加坡	波兰
13	阿根廷	比利时	比利时	瑞典
14	印度尼西亚	芬兰	英国	瑞士
15	波兰	美国	南非	荷兰
16	加拿大	法国	日本	巴西
17	澳大利亚	挪威	爱尔兰	比利时
18	哥伦比亚	英国	法国	葡萄牙
19	越南	智利	捷克	印度
20	荷兰	荷兰	西班牙	希腊
21	瑞典	波兰	澳大利亚	瑞士
22	泰国	匈牙利	美国	阿根廷
23	希腊	加拿大	希腊	智利
24	马来西亚	新加坡	意大利	奥地利
25	比利时	罗马尼亚	匈牙利	罗马尼亚
26	葡萄牙	塞尔维亚	斯洛伐克	捷克
27	智利	爱尔兰	阿联酋	墨西哥
28	罗马尼亚	韩国	波兰	匈牙利
29	匈牙利	意大利	智利	马来西亚

（续表）

排名	病人可得性	临床设施	操作设施	综合
30	奥地利	新西兰	罗马尼亚	哥伦比亚
31	秘鲁	阿联酋	保加利亚	印度尼西亚
32	瑞士	希腊	哥斯达黎加	挪威
33	捷克	哥斯达黎加	马来西亚	泰国
34	南非	秘鲁	中国	越南
35	挪威	马来西亚	越南	芬兰
36	约旦	哥伦比亚	印度尼西亚	秘鲁
37	芬兰	约旦	约旦	丹麦
38	丹麦	阿根廷	多米尼加	约旦
39	保加利亚	多米尼加	阿根廷	保加利亚
40	爱尔兰	巴西	泰国	爱尔兰
41	塞尔维亚	泰国	巴西	南非
42	阿联酋	危地马拉	南非	新西兰
43	新西兰	墨西哥	塞尔维亚	阿联酋
44	斯洛伐克	中国	墨西哥	斯洛伐克
45	新加坡	南非	秘鲁	塞尔维亚
46	危地马拉	印度	印度	新加坡
47	哥斯达黎加	越南	哥伦比亚	哥斯达黎加
48	多米尼加	印度尼西亚	危地马拉	多米尼加

资料来源：IQVIA. Rethinking clinical trial country prioritization：enabling agility through global diversification［EB/OL］.（2024 - 07 - 10）［2024 - 07 - 31］. https://www. iqvia. com/ Insights/the-iqvia-institute/reports-and-publications/reports/rethinking-clinical-trial-country-prioritization.

中国创新药靶点结构不合理。如根据 NextPharma 数据库 2023 年 8 月 31 日的数据，中国在研产品中 FIC 和潜在 FIC 分别占 1％和 14％，低于全球平均水平的 2％和 21％，也低于美国的 3％和 28％，日本的 7％和 20％，欧洲的 5％和 25％。这些在研产品中成熟靶点占 49％，明显高于美国的 32％和全球平均水平的 30％；而新靶点占 51％，低于美国的 68％和全球平均水平的 70％。并且,全球新兴靶点中 70% 在国内尚没有进入临床研究阶段。中国在研药物中分布在 Top20 的靶点药物为 1 236 个,大于国外的 1 121 个。在研产品的靶点非常集中,同质化严重,竞争激烈。如 2023 年 8 月,中国在研药物中 Top20 的靶点药物占全部在研药物的 10.92%,大大高于国外的 4.03%(见表 5－16)。

表 5－16 国内外在研管线 Top20 分布

国外靶点 Top20 名称	国外靶点 Top20 数量/个	国内靶点 Top20 名称	国内靶点 Top20 数量/个
CD19	128	CD19	183
HER2	97	PD1	105
EGFR	88	EGFR	96
PSMA	77	HER2	93
VEGF/VEGFR	66	PDL1	87
PDL1	65	VEGF/VEGFR	83
PD1	61	BCMA	74
IL－2/IL－2R	57	CLDN18.2	61
IL－15/IL－15R	57	GLP－1/GLP－1R	54
BCMA	48	JAK	45
JAK	44	CD22	44
4－1BB/4－1BBL	43	CD20	43
IL－12/IL－12R	40	CD47/SIPα	40
GLP－1/GLP－1R	40	FGFR	37
HDAC	39	CTLA4	35
P13k	37	MSLN	33
CD20	34	PSMA	32
CD47/SIPα	34	P13K	31
αβ	33	c－Met	30
Gp120	33	BTK	30
合计	1 121	合计	1 236
占全部在研药物比/%	4.03	占全部在研药物比/%	10.92

资料来源:NextPharma 数据库,本数据截至 2023 年 8 月。

5.1.8 研发回报率降低、头部企业弱

1. 研发回报率低

创新药回报率是主导创新链活跃水平的关键因素。若创新药回报率高,则会激励创新药企业,尤其是潜力型创新药企业增加创新药管线投入,以谋取更大的回报。在此情况下,生物医药创新链快速扩张,反之亦反。近年来,全球范围内创新药晚期管线回报率一直在降低。如 2013 年管线晚期总回报率为 6.5%,2022 年下降为 1.2%。如果去除新冠疫情的影响,2022 年总回报率降为 0.6%(见表 5-17)。如此低下的创新药管线晚期回报率不利于生物医药创新链发展。

表 5-17　管线晚期回报率

年份	2013	2014	2015	2016	2017
总回报率/%	6.5	7.2	6.1	5.5	5.4
去除新冠的回报率/%	6.5	7.2	6.1	5.5	5.4
年份	2018	2019	2020	2021	2022
总回报率/%	3.6	1.5	2.3	6.8	1.2
去除新冠的回报率/%	3.6	1.5	2.3	2.9	0.6

资料来源:https://www.sohu.com/a/716611225_121124543.

2. 头部企业规模小、数量少

从企业规模看,中国头部医药企业的规模较小,企业销售收入在全球市场上的份额较低,不利于企业在全球内动用研发创新资源,影响创新链的发展。如 2021 年和 2022 年全球销售收入 Top10 的医药企业的销售总和占全球医药总销售收入的 50%,其中没有中国药企(见表 5-18 和表 5-19)。中国生物技术公司龙头百济神州在全球五大洲拥有 40 个办公室及 9000 多名员工,海外临床和商业化能力在国内首屈一指,但由于整体规模有限而对中国生物医药创新链的影响仍然较小,对世界生物医药创新链的影响更小。

按照研发管线排名的 Top25 的医药公司中,2022 年中国只有 1 家,即恒瑞医药,排名 16 位(见表 5-20)。可见在全球头部医药研发企业中中国企业的数量很少。

表5-18　2021年全球主要企业的市场份额①

公司	辉瑞	罗氏	诺华	默克	强生	艾伯维
市场份额/%	9	6	5	5	6	6
公司	百时美施贵宝	赛诺菲	礼来	阿斯利康	其他	
市场份额/%	4	4	3	2	50	

表5-19　2022年全球主要企业的市场份额②

公司	辉瑞	罗氏	诺华	默克	强生	艾伯维
市场份额/%	8	7	5	5	5	5
公司	百时美施贵宝	赛诺菲	礼来	阿斯利康	其他	
市场份额/%	4	4	3	4	50	

表5-20　按照研发管线排名的 Top25 医药公司

2022年 (2021年)排名	公司	2022年(2021年) 光纤药物数量/个	2022年研发 新药数量/个	趋势
1(1)	诺华	213(232)	129	下降
2(2)	罗氏	200(227)	120	下降
3(3)	武田	184(199)	68	下降
4(4)	百时美施贵宝	168(177)	101	持平
5(6)	辉瑞	168(170)	101	持平
6(9)	阿斯利康	161(157)	86	持平
7(5)	默克	158(176)	77	下降
8(7)	强生	157(162)	86	持平
9(10)	赛诺菲	151(141)	87	持平
10(11)	礼来	142(126)	76	上升
11(12)	葛兰素史克	131(113)	67	上升
12(8)	艾伯维	121(160)	44	下降

---

① https://www.statista.com/outlook/hmo/pharmaceuticals/worldwide♯key-players.

② https://www.statista.com/outlook/hmo/pharmaceuticals/worldwide♯key-players.

（续表）

2022 年 (2021 年)排名	公司	2022 年(2021 年) 光纤药物数量/个	2022 年研发 新药数量/个	趋势
13(14)	勃林格殷格翰	108(97)	79	持平
14(13)	拜耳	105(108)	76	持平
15(15)	大冢制药株式会社	93(95)	46	持平
16(37)	恒瑞医药	89(52)	80	显著上升
17(21)	安进	83(77)	64	持平
18(17)	卫材	80(85)	41	持平
19(22)	安斯泰来	75(76)	43	持平
20(20)	第一三共株式会社	75(78)	40	持平
21(16)	吉利德	72(95)	45	下降
22(24)	再生元	68(64)	41	持平
23(66)	复星	68(30)	48	持平
24(26)	渤健	66(64)	19	显著上升
25(27)	住友制药株式会社	66(61)	47	持平

资料来源：药智网/时夏.2022 年医药研发趋势年度分析[EB/OL].(2022 - 05 - 24)[2023 - 07 - 27].
https://www.sohu.com/a/550236775_749427.

3. FIC 药物少

根据医药魔方统计数据,中国 Top10 医药公司研发的 FIC 及潜在的 FIC 远远低于世界 Top10 医药公司。如 2022 年全球 Top10 医药企业为辉瑞、诺华、罗氏、赛诺菲、葛兰素史克、默沙东、强生、百时美施贵宝、阿斯利康、武田。中国 Top10 医药公司为百济神州、复星医药、基石药业、先声药业、三生制药、恒瑞医药、华东医药、豪森药业、再鼎医药、联拓生物。2022 年全球 Top10 药企的 FIC 管线总数为 513 条,中国 Top10 药企的研发管线数仅为 6 条(见表 5 - 21),差距很大。

表 5 - 21　2022 年(2021 年)全球 Top10 药企和中国 Top10 药企开发的 FIC 管线数对比

全球 Top10 公司	辉瑞	诺华	罗氏	赛诺菲	葛兰素 史克	默沙东	强生	百时美 施贵宝	阿斯 利康	武田
在研管线	80(42)	64(35)	57(31)	56(34)	53(21)	52(24)	42(26)	39(23)	35(29)	35(29)

（续表）

中国 Top10 公司	百济 神州	复星 医药	基石 药业	先声 药业	三生 制药	恒瑞 医药	华东 医药	豪森 药业	再鼎 医药	联拓 生物
在研管线	(4)	(4)	(3)	3(2)	3(2)	(2)	(2)	(2)	(2)	(2)

注：（ ）内为2021年数据。
资料来源：医药魔方。

从2022年全球及中国潜在FIC管线开发的Top10药企对比，可以发现全球Top10药企的潜在FIC管线总额为766条，而中国Top10药企的潜在FIC管线总数仅为238条，仅为全球Top10药企的31%左右（见表5-22）。

表5-22 2022年全球及中国潜在FIC管线开发的Top10药企对比

全球 Top10 公司	NIH	辉瑞	阿斯 利康	诺华	罗氏	葛兰素 史克	礼来	赛诺菲	强生	百时美 施贵宝
在研管线	99	96	96	88	86	73	69	67	61	61
中国 Top10 公司	上海药 物研 究所	中国药 科大学	昭泰医 疗集团	深圳免 疫基因	四川 大学	先声 药业	医科院	复星 药业	百济 神州	信达 生物
在研管线	42	29	27	26	25	19	18	18	17	17

资料来源：医药魔方、药融云全国医院销售数据库。

再从2022年中国医院市场销售额Top10的企业看，在中国医院获取最大销售额的企业是阿斯利康，其次是辉瑞。中国医院市场销售额Top10企业中仅有恒瑞、齐鲁制药、扬子江药业和正大天晴4家本土企业，其余6家都是海外跨国公司（见表5-23）。

表5-23 2022年中国医院市场销售额Top10的企业

企业	阿斯利康	辉瑞	恒瑞	罗氏	齐鲁制药
销售额/亿元	264.56	211.79	165.28	154.36	142.25
企业	扬子江药业	诺华	拜耳	正大天晴	诺和诺德
销售额/亿元	137.56	131.53	129.55	108.82	108.19

资料来源：药融云全国医院销售数据库。

4. 国际多中心临床比重低

若从国际多中心临床的比重来看,越是拥有巨型创新药跨国公司的国家,其创新链龙头越强,多中心临床试验数量占全部多中心临床试验数量的比重越高。反过来,如果一个国家的多中心临床数量占全部临床试验的比重越高,说明其企业的平均规模越大,头部企业强势。2018 年美国国际多中心临床占比为 77.5%,英国占比为 43%,德国占比为 42.6%,法国占比为 39%,日本占比为 19.7%,而中国占比仅仅为 9.4%。中国在 2020 年登记的新药临床试验为 2 235 项,其中国际多中心临床试验为 208 项,占 14.1%,国内试验为 1 265 项,占 85.9%[①]。2022年登记的新药临床试验为 3 305 项,国内临床试验为 3 318 项,占 91%,国际多中心临床试验为 285 项,占 9%[②],比 2018 年低了 0.4 个百分点。较低的多中心临床试验占比也反映了中国生物医药创新链上的企业规模较小,头部企业较为弱势。

5.1.9　资本寒冬的挑战

近三年来,中国生物医药领域的融资难度加大,正面临资本寒冬的冲击。如 2012 年至 2023 年中国生物医药融资大致经历了一个快速增长然后迅速下降的轨迹。若从融资事件看,2012 年中国融资事件总量为 129 件,2021 年增长到 1 362 件,2023 年下降到 1 300 件。从融资额看,2012 年融资额为 6 亿元,2021 年上升到前所未有的 340 亿美元,2023 年下降到 109 亿美元,不及 2021年的 1/3(见表 5-24)。

表 5-24　中国 2012—2023 年生物医药领域投融资变化

年份	2012	2013	2014	2015	2016	2017
融资事件数/件	129	153	430	858	1 035	882
融资额/亿美元	6	8	26	57	70	94
创新药融资事件/件	—	—	—	188	243	267
创新药融资额/亿美元	—	—	—	84.66	107.77	53.04
创新药行业平均融资额/亿美元	—	—	—	0.45	0.44	0.20

① 见 http://gmaxbiopharmchem.webd.testwebsite.cn/newhanye_detail_zh/id/112.html。

② 戊戌数据库. 2022 年国内药物临床试验年度报告[EB/OL]. (2023-01-17)[2023-07-28]. https://m.baidu.com/bh/m/detail/ar_9859750348997946565.

（续表）

年份	2018	2019	2020	2021	2022	2023
融资事件数/件	1 299	818	743	1 362	1 218	1 300
融资额/亿美元	194	158	229	340	156	109
创新药融资事件/件	392	410	591	883	639	519
创新药融资额/亿美元	109.30	184.87	354.48	319.27	166.22	98.35
创新药行业平均融资额/亿美元	0.28	0.45	0.60	0.36	0.26	0.19

资料来源：医药魔方、广开首席产业研究院。

从 2019—2023 年企业上市前各阶段融资次数来看，2021 年融资数量为近五年的最高峰，高达 2 612 次。之后由于科创板第五套上市标准收紧，一级市场对生物医药的投资开始减少。到 2023 年年底，融资次数甚至低于 2019 年水平。2021 年和 2022 年在企业创建期发生的种子轮和天使轮次数高达 500 多起，"各路人马"纷纷进入医药领域这一赛道。2023 年随着生物热的降温，种子轮和天使轮次数共减少了 100 多起；E～Pre‐IPO 的融资次数更是降到了2021 年的 1/3 左右（见表 5‐25）。

表 5‐25 2019—2023 年生物医药企业融资次数及结构

年份	2019	2020	2021	2022	2023
上市前融资总次数	1 797	1 944	2 612	2 215	1 723
种子轮和天使轮融资总次数	384	306	514	537	419
E～Pre‐IPO 融资总次数	63	65	65	35	21

资料来源：药融云、诗迈数智研究院分析。

从 IPO 融资看，医药魔方数据显示，2020 年、2021 年中国创新药 IPO 融资分别为 781.5 亿元、542 亿元，2023 年骤降到 111.2 亿元。2021 年中国创新药一级市场融资高达 877 亿元，2023 年降为 309 亿元，下降了 65%。2023 年 A股市场仅有 211 家药企上市，IPO 终止上市的药企多达 39 家。

总体而言，在资本寒冬下，创新药企业融资骤降，市场在后期的风险投资态度趋于保守,这严重限制了生物医药创新链的发展。

5.2　生物医药创新链发展的有利条件

5.2.1　生物医药成为新质生产力发展的重要阵地

新质生产力是 2023 年 9 月习近平总书记在黑龙江考察调研期间首次提出的新概念,强调整合科技创新资源,引领发展战略性新兴产业和未来产业,加快形成新质生产力。

2023 年 12 月,中央经济工作会议提出,要以科技创新推动产业创新,以颠覆性技术和前沿技术催生新产业、新模式、新动能,发展新质生产力,还提出要打造生物制造、商业航天、低空经济等若干战略性新兴产业,开辟量子、生命科学等未来产业新赛道。2024 年 7 月 18 日,中国共产党第二十届中央委员会第三次全体会议提出,健全因地制宜发展新质生产力体制机制……完善推动新一代信息技术、人工智能……生物医药、量子科技等战略性产业发展政策和治理体系,引导新兴产业健康有序发展。

可见,国家已经将创新药、生物制造和生命科学纳入新质生产力发展的重点领域。

新质生产力应以全要素生产率大幅提升为核心标志,这需要提高劳动者素质,采用更高技术含量的劳动工具和劳动资料,以新供给与新需求高水平动态平衡为落脚点,形成高质量的生产力。这不仅意味着以科技创新推动产业创新,更体现了以产业升级构筑新竞争优势、赢得发展的主动权。发展新质生产力是新时代党中央的重要着力点,以新质生产力赋能生物医药产业发展是必然选择。这无疑为生物医药创新链发展奠定了良好的基础与条件。

从部分发达国家和地区看,1980 年代以来大部分国家医疗健康支出占GDP 的比重不断上升。2020 年部分国家的医疗健康支出占 GDP 的比重在8% 以上(见表 5 - 26)。而中国 2022 年的医疗健康支出占 GDP 的比重为 7%,未来会有很大的提升空间。世界医药市场的总收益也在不断上涨,2001 年全球医药市场的总销售额为 3 900 亿美元,2023 年提升到了 16 070 亿美元(见表5 - 9)。如此快速增长的国际医药市场对正在加速推动生物医药国际化的中国而言,具有很大的深耕潜力,以新质生产力发展推动生物医药创新链发展和升级的时代已经来临。

表 5 - 26 部分国家医疗健康支出占 GDP 的比重 （单位：%）

年份	1980	1990	2000	2010	2020	2022
澳大利亚	7.0	7.7	9.2	10.2	11.4	11.4
比利时	6.2	7.1	8.0	10.2	11.2	10.9
捷克	—	3.7	5.7	7.6	9.2	9.1
丹麦	8.4	8.0	8.1	10.6	10.6	9.5
爱沙尼亚	—	—	5.2	6.6	7.6	6.9
芬兰	5.9	7.3	7.1	9.1	9.6	10.0
法国	6.8	8.0	9.6	11.2	12.1	12.1
德国	8.1	8.0	9.9	11.1	12.7	12.7
希腊	—	6.1	7.2	9.6	9.5	8.6
匈牙利	—	—	6.8	7.4	7.3	6.7
冰岛	5.9	7.4	8.9	8.4	9.6	8.6
爱尔兰	7.5	5.6	5.9	10.5	7.1	6.1
意大利	—	7.0	7.6	6.1	7.2	8.8
拉脱维亚	—	—	5.4	6.8	7.5	7.5
立陶宛	—	—	6.2	6.8	7.5	7.5
卢森堡	4.8	5.3	5.9	6.7	5.7	5.5
荷兰	6.5	7.0	7.7	10.2	11.2	10.2
挪威	5.4	7.1	7.7	8.9	11.2	7.9
波兰	—	4.3	5.3	6.5	6.5	6.7
葡萄牙	4.8	5.5	8.6	10.0	10.5	10.6
斯洛伐克	—	—	5.3	7.7	7.1	7.8
斯洛文尼亚	—	—	7.8	8.6	9.4	8.8
西班牙	5.0	6.1	6.8	9.1	10.7	10.4
瑞典	7.7	7.2	7.3	8.3	11.3	10.7
瑞士	6.4	7.6	9.1	9.9	11.7	10.4
土耳其	2.4	2.4	4.6	5.0	4.6	4.3

（续表）

年份	1980	1990	2000	2010	2020	2022
英国	5.1	5.1	7.1	9.7	12.2	11.3
欧洲	6.1	6.4	7.2	8.7	9.4	9.0
美国	8.2	11.2	12.5	16.2	18.8	16.6
日本	6.1	5.7	7.0	9.1	11.0	11.5
中国	3.0	3.8	4.5	4.9	7.1	7.0

资料来源：1. OECD Health Statistics 2023.
　　　　　2. EFPIA, The Pharmaceutical Industry in Figures(2024).

　　改革开放以来，中国经济快速发展，研发投入不断增加。如 2000 年中国研发投入占 GDP 的比重为 1%，2023 年提高到了 2.5%（见表 5-27）。不断增长的研发投入必然有力催生新质生产力，推动生物医药在内的高技术产业部门的创新链研发投入的增加和整体创新链的发展。

表 5-27　中国研发投入及占 GDP 的比重

年份	2000	2001	2002	2003	2004	2005	2006	2007
金额/亿美元	896	1 042	1 288	1 540	1 966	2 450	3 003	3 710
比重/%	1.0	1.0	1.1	1.1	1.2	1.3	1.4	1.4
年份	2008	2009	2010	2011	2012	2013	2014	2015
金额/亿美元	4 616	5 792	7 063	8 687	10 298	11 847	13 016	14 170
比重/%	1.5	1.7	1.8	1.8	2.0	2.1	2.0	2.1
年份	2016	2017	2018	2019	2020	2021	2022	2023
金额/亿美元	15 677	17 606	19 678	22 144	24 393	27 864	27 956	30 783
比重/%	2.1	2.2	2.1	2.2	2.4	2.4	2.4	2.5

资料来源：《中国统计年鉴》（历年）。

　　从患者群年龄及医疗支出来看，患者支付能力是决定新药可及性并形成消费能力的关键，是拉动医药研发创新及创新链发展的重要保障。患者年龄越高的组别，人均医疗支出越高。如 0～18 岁年龄组的人均年医疗支出仅为平均水平的 46.96%，19～44 岁年龄组的人均年医疗支出为平均水平的 58.94%，而

45～64 岁年龄组、65～84 岁年龄组和 85＋岁年龄组的人均年医疗支出分别约为平均水平的 1.26 倍、2.23 倍和 4.28 倍(见表 5-28)。老龄人口需要更多的医疗支出,而如何提高和保障他们对医疗的支付能力十分重要。美国通过各种医疗保障项目和商业保险等不断提高老年人口的医疗支付能力,客观上拉动了医药研发创新链的发展。2023 年,中国 60 岁以上老龄人口达 2.97 亿人,随着中国 20 世纪 60 年代中期的"婴儿潮"一代逐步进入 60 岁年龄段,中国老龄人口将会迅速增加,预计到 2028 年超过 3.57 亿人(见表 5-29)。如此庞大的老龄人口规模,必然会导致对生物医药的需求快速增长。如 2023 年中国药品市场规模约为 1.87 万亿元,预计到 2028 年会达到 2.37 万亿元左右(见表 5-30)。老龄人口增长拉动药品市场需求的快速增长也是刺激新质生产力发展的重要力量,从而强力推动生物医药创新链发展。

表 5-28 美国不同年龄组的人均年医疗支出

年龄组	人均年医疗支出/美元	不同年龄组与全部人口人均年医疗支出比/%
0～18	3 552	46.96
19～44	4 458	58.94
45～64	9 513	125.77
65～84	16 872	223.06
85＋	32 411	428.49
全部年龄人口	7 564	100.00

资料来源:https://www.justfacts.com/healthcare.

表 5-29 60 岁以上中国老龄人口规模和增长速度

年份	2019	2020	2021	2022	2023
人口规模/万人	25 338.0	26 402.0	26 736.0	28 004.0	29 697.0
增长速度/%	—	—	—	—	—
年份	2024*	2025*	2026*	2027*	2028*
人口规模/万人	31 392.8	32 453.0	33 399.3	34 457.5	35 736.8
增长速度/%	0.83	0.80	0.62	0.59	0.85

注:* 代表该年份的值为预测值。
资料来源:《中国药品市场格局及前瞻》,2024 年。

表 5 - 30　中国药品市场预测

年份	2019	2020	2021	2022	2023
市场规模/亿元	16 940.1	15 393.0	17 032.4	17 375.0	18 741.0
增长速度/%	9.8	−9.1	10.6	2.0	7.9
年份	2024*	2025*	2026*	2027*	2028*
市场规模/亿元	19 730.0	20 601.3	21 518.0	22 581.4	23 697.7
增长速度/%	5.3	4.4	4.4	4.9	4.9

注：*为预测值。

资料来源：《中国药品市场格局及前瞻》，2024 年。

　　总之，面向未来，中国在医疗健康支出、国际医药市场开拓和生物医药研发投入方面都有很大的潜力，这自然会促进中国生物医药领域新质生产力的发展。

5.2.2　创新药出海加快了生物医药创新链的全球化步伐

　　生物医药拓展海外市场，寻求更大的发展空间是产业发展的基本规律，也是发展阶段的需求。如 1980—1990 年代中国生物医药中的原料药出海，带动了生物医药创新链中原料药的研发创新。2000—2010 年代，中国仿制药出口大幅度增加，促进了生物医药创新链上 Fast-follow（快速追踪新药）的快速发展。2020 年代以来，中国进入全球新药物的研发阶段，正在带来整个生物医药创新链的全链条重塑。以原发创新为起点的生物医药创新链需要更多的资源投入，需要更多的研发资产的优化配置和风险分担。如 2020 年以来尽管资本寒冬呈现加重趋势，但生物医药创新权益的跨境交易量依然很大。2017 年中国生物医药领域的跨境 License out、跨境 License in 分别为 14 次和 60 次，2019 年分别增加到了 32 次和 96 次。进入 2020 年代，这两项跨国交易明显增加。如 2020 年、2021 年和 2022 年的跨境 License out 分别为 74 次、55 次和 66次，跨境 License in 分别为 154 次、149 次和 76 次（见表 5 - 31）。

表 5 - 31　2017—2022 年中国医药创新资产交易量

年份	2017	2018	2019	2020	2021	2022
跨境 License out/次	14	24	32	74	55	66

（续表）

年份	2017	2018	2019	2020	2021	2022
境内交易/次	25	41	51	116	160	91
跨境 License in/次	60	104	96	154	149	76
合计	99	169	179	344	364	233

资料来源：ByDrug 医药资源云。

就中国药企向海外 License out 看，最早的 License out 应该就是 2006 年深圳微芯自主研发的西达本胺以 2 800 万美元将全球除中国外的专利转让给了沪亚，这是中国第一个创新药对外授权许可交易，且当时西达本胺还处于临床早期阶段，所以价格比较低。时至今日，中国药企对海外的权益许可也更多样化，包括了对临床后期或已上市产品的商业化推广、技术平台和早期临床产品的开发及商业化等。

从国际化布局看，2008—2022 年间，中国 License out 的项目中，有 63 个去了美国，30 个去了欧盟，30 个去了亚洲，其余 11 个去了其他地区。并且，去美国的 50%～60% 是临床 Ⅰ 期或临床前，其余 40% 左右是临床 Ⅲ 期，因此，美国对中国 License in 的项目主要偏好早期的新药研发项目，或者晚期的临床研发项目。

从临床研究的合作情况看，中国临床研究的跨国合作多于国内合作（见表 5 - 32）。这主要是由于海外大型医药企业拥有更雄厚的资金、更先进的技术，因此跨国合作的收益更多。

表 5 - 32　临床试验申办单位

阶段	临床 Ⅰ 期	临床 Ⅱ 期	临床 Ⅲ 期
中国原研公司	265	167	49
国内合作单位	8	13	1
海外合作单位	66	89	33
合计	339	269	83

资料来源：Ge Q W, Zhang X, Kaitin K I, et al. Development of Chinese innovative drugs in the USA [J]. Nature Reviews Drug Discovery, 2024, 23:412 - 413.

以全球化拓展生物医药创新链具有多种模式，除了部分权益合作外，还可以在海外独立发起临床研究。如 2007—2023 年中国在美国发起的临床研究从无到有，2023 年已经达到 124 个，其中临床 Ⅰ 期有 58 个，临床 Ⅱ 期有 52 个，临床Ⅲ期有 14 个(见表 5－33)。这些在美国的临床研究主要分布在费城、西雅图、圣地亚哥、洛杉矶等全球生物医药城内,已经成为中国生物医药创新链上十分重要的关键支点,对中国生物医药创新链国际化发展起到不可或缺的作用。

表 5－33　中国在美国每年发起的临床试验数量　　　　(单位:项)

年份	临床Ⅰ期	临床Ⅱ期	临床Ⅲ期
2007	0	2	0
2008	0	0	0
2009	0	0	0
2010	0	0	0
2011	2	1	0
2012	1	2	1
2013	1	0	2
2014	3	3	0
2015	10	4	0
2016	9	7	1
2017	15	7	4
2018	22	18	7
2019	40	21	8
2020	47	39	12
2021	66	64	22
2022	65	49	12
2023	58	52	14
合计	339	269	83

资料来源:Ge Q W, Zhang X, Kaitin K I, et al. Development of Chinese innovative drugs in the USA [J]. Nature Reviews Drug Discovery, 2024,23:412－413.

5.2.3　若干前沿领域发展很快

近年来,中国在 ADC、多肽、双抗、基因疗法、自免疫、炎症、代谢和神经学等方面的创新药及创新链发展也很快。这里仅从 CGT 疗法、ADC 和 PROTAC 等方面分析生物医药创新链的进展。

1. CGT 疗法

CGT(Cell & Gene Therapy,细胞基因疗法)包括细胞疗法、基因疗法、组织疗法和其他疗法。细胞疗法是指利用患者自体或异体的成体细胞或干细胞,对组织、器官进行修复的治疗方法。包括免疫细胞(T 细胞、NK 细胞、树突状细胞、巨噬细胞等)疗法、干细胞(造血干细胞、间充质干细胞、神经干细胞等)疗法和其他细胞(红细胞、血小板、心肌细胞等)疗法。

基因疗法是指通过修饰或操纵基因的表达来改变活细胞的生物学特性以达到治疗用途的一种新兴治疗方式。包括基因修饰细胞(CAR‐T 细胞、TCR‐T 细胞、CAR‐NK 细胞、CAR‐M 细胞、基因编辑造血干细胞等)疗法、基因疗法(以病毒或非病毒载体递送遗传物质)、基因编辑疗法(对人体基因组特定位点进行插入、删除、编辑)。

组织疗法是指利用植入人体的组织块或组织液来刺激机体以提高机体抵抗力的一种治疗方法,如利用组织工程皮肤、组织工程软骨、组织工程角膜等。

其他 CGT 疗法是指其他新兴生物医学疗法,如溶瘤病毒、溶瘤细菌和外泌体等疗法。

CGT 概念从首次提出到现在已逾半个世纪。它作为新兴的精准医疗手段,已经展现出巨大的潜力和市场前景。但目前相较于化学药物和生物靶向药,其发展仍处于相对早期阶段。中国近年来在 CGT 细分领域的发展很快,除了与欧美生物医药强国大致在相同的起跑线外,中国临床研究注册制较为成熟,相比临床试验审批申报,临床研究注册大大减少了审批时间,加快了研发进度,提高了创新链发育水平。如 2022 年中国 CGT 治疗市场规模同比增长了10 倍以上,预计到 2025 年中国 CGT 市场有望达到 178.9 亿元人民币。[①] 从2023 年中外 CGT 研发阶段看,截至 2023 年底,中国的 CGT 研发管线达到 278条,全球 CGT 研发管线总计 1 343 条。中国的 CGT 研发管线多数处于研发的早期阶段。2023 年中国拥有 CGT 临床前研发管线 184 条,约占全国 CGT 研发管线的 66.19%,约占全球临床前研发管线的 18.2%,但中国申请上市和批准上市的研发管线总计仅有 3 条(见表 5‐34)。若按照 CGT 研发管线的地区分布来看,2023 年全球 CGT 研发管线所在的地区中,美国占 39%,中国占34%,欧洲占 14%,日本占 3%(见表 5‐35)。

---

① 见 http://news.sohu.com/a/662832379_121484387。

表 5-34 2023 年中外细胞基因疗法研发创新比较 (单位:条)

阶段	海外	中国	全球合计
临床前	827	184	1 011
申报临床	3	1	4
临床Ⅰ期	51	47	98
临床Ⅰ/Ⅱ期	117	27	144
临床Ⅱ期	32	6	38
临床Ⅱ/Ⅲ期	6	2	8
临床Ⅲ期	16	8	24
申请上市	1	1	2
批准上市	12	2	14
合计	1 065	278	1 343

资料来源:医药魔方数据库。

表 5-35 2023 年 CGT 疗法研发管线的地区分布

国别	美国	中国	欧洲	日本	其他
占比/%	39	34	14	3	11

资料来源:https://www.163.com/dy/article/I7MON8KK0534Q32Z.html.

从融资情况看,2014—2021 年中国 CGT 企业融资额和融资事件数占全部融资额和融资事件总量的比重都在上升。如 2014 年中国 CGT 企业融资事件仅有 13 件,占全部融资事件数的 10%。2021 年中国 CGT 融资事件数为 206 件,占全部融资事件数的 24%。2023 年中国 CGT 融资事件数为 93 件,占全部融资事件数的 24%。2022—2023 年这两个指标因受到资本寒冬等因素的影响而呈现负增长,但仍然具有较大的数额和较高的比例(见表 5-36)。快速的融资对中国 CGT 创新链的发展依然十分重要。

表 5-36 2014—2023 年国内外 CGT 融资统计

年份	2014	2015	2016	2017	2018
国内 CGT 融资额/亿美元	0	3	2	1	6

（续表）

年份	2014	2015	2016	2017	2018
国外 CGT 融资额/亿美元	18	28	18	25	51
国内 CGTIPO 数/件	1	1	0	0	0
国外 CGTIPO 数/件	15	15	16	8	16
中国 CGT 企业融资事件数/件	13	25	43	37	81
中国 CGT 企业融资事件占全部融资事件数的比重/%	10	13	17	13	21
国外 CGT 企业融资事件数/件	60	75	81	114	119
国外 CGT 企业融资事件占全部融资事件数的比重/%	12	14	15	19	17
年份	2019	2020	2021	2022	2023-10
国内 CGT 融资额/亿美元	5	29	48	19	12
国外 CGT 融资额/亿美元	81	158	204	108	62
国内 CGTIPO 数/件	0	3	3	0	0
国外 CGTIPO 数/件	11	17	33	9	6
中国 CGT 企业融资事件数/件	89	106	206	175	93
中国 CGT 企业融资事件占全部融资事件数的比重/%	22	17	24	28	24
国外 CGT 企业融资事件数/件	145	182	248	128	126
国外 CGT 企业融资事件占全部融资事件数的比重/%	19	16	21	17	18

资料来源：医药魔方。

中国在 CAR-T 产品的研制中占有重要地位。如截至 2024 年 8 月，全球批准的 CAR-T 产品共计 12 个，其中中国企业独立或参与研发了 6 款（见表 5-37）。从 CGT 产品销售看，自从第一个产品问世后，尽管受到成本高、价格高、可及性较低的影响，但其市场销售收入迅速增加（见表 5-38）。

表 5-37　截至 2024 年 8 月已经上市的 CAR-T 产品

药物名称	研发公司	备　注
Yescarta（阿基仑赛）	吉利德、复星凯特	2022 年 4 月获批用于治疗二线大 B 细胞淋巴瘤，销售额大幅增长，是首个销售额超 10 亿美元的 CAR-T 产品
Tecartus	吉利德	首个获批 MCL 的 CAR-T 产品，2023 年销售额达 3.70 亿美元
Kymriah	诺华	由于价格较高，且受到同类产品竞争，近 2 年销售额持续下降
Abecma	百时美施贵宝	首款获批的 BCMA CAR-T 产品
Breyanzi	百时美施贵宝	FDA 批准的第四款 CD19 CAR-T 产品，竞争较为激烈
MN-003A	Hospital Clinic of Barcelona	2021 年 2 月在欧洲获批，用于治疗急性淋巴细胞白血病
倍诺达	药明巨诺	2023 年销售额约为 0.247 亿美元
Carvykti	传奇生物、强生	在 2022 年 2 月获批，是 FDA 批准的第二款靶向 BCMA 的 CAR-T 产品，2023 年销售额约为 5.0 亿美元
福可苏	驯鹿生物、信达生物、Sana Biotechnology	2023 年 6 月 30 日获批，是国内批准的首款 BCMA CAR-T 产品
NexCAR19	ImmunoACT	是首款在印度获批上市的 CAR-T 产品
源瑞达	合源生物、CASI	是首款在国内获批上市的治疗白血病的 CAR-T 产品
赛恺泽	科济药业、华东医药、inno.N	2024 年 2 月在中国获批上市，是国内第二款靶向 BCMA 的 CAR-T 产品

资料来源：根据公开资料整理。

表 5-38　2023 年部分 CGT 疗法销售额情况

分类	药品名称	2023 年营收/亿美元	适应证	研发企业
细胞疗法	Tecartus	14.98	急性淋巴细胞白血病、套细胞淋巴瘤	吉利德
	Kymriah	5.08	复发/难治性急性淋巴细胞白血病和弥漫性大 B 细胞淋巴瘤	诺华

（续表）

分类	药品名称	2023年营收/亿美元	适应证	研发企业
	Carvykti	5.00	复发/难治性多发性骨髓瘤	传奇/强生
	Abecma	4.72	复发/难治性多发性骨髓瘤	BMS/Bluebird
	Yescarta	3.70	复发/难治性大B细胞骨髓瘤	Gilead
基因疗法	Zolgensma	12.14	脊髓性肌萎缩症	诺华
	Leqvio	3.55	成人原发性高胆固醇血症或混合型血脂异常	诺华
小核酸药物	Spinraza	17.00	脊髓性肌萎缩症	Ionis
	Amvuttra	5.58	成人遗传性转甲状腺素蛋白淀粉样变性伴多发性神经病	Alnylam
	Eteplirsen	5.40	杜氏肌营养不良症	Sarepta Therapeutics

资料来源：https://baijiahao.baidu.com/s?id=18022810856661673489&wfr=spider&for=pc。

2. ADC

ADC（Antibody-Drug Conjugate，抗体偶联药物）是一种新型的癌症治疗药物，它结合了抗体的特异性识别和药物的治疗效果。相对于传统的化疗药物，它具有更小的副作用。它直接作用于癌变细胞，其疗效比传统的癌症治疗药物更好。ADC作为一种新型的癌症治疗手段，显示了良好的药理和潜在疗效，为许多药企所青睐，已成为全球生物医药创新发展的新热点和新的竞争焦点。当前已经有很多ADC药物管线进入临床，有望为未来有效治疗若干癌症带来新的希望。

ADC发展历程具有显著的阶段性。2000年之前为ADC发展的早期探索阶段，表现为全球ADC技术公司成立并进行了早期的试验和临床探索。

2000—2020年处于ADC缓慢发展的阶段，表现为有关ADC的知识和经验不断积累，ADC产品在曲折中艰难开发。

2020年左右及之后，ADC进入快速发展阶段，表现为新技术在临床上的应用得到证实，产品审批上市集中。

在ADC这个生物医药细分领域，中国药企表现十分突出，受到国际医药跨国公司的广泛认可。如自2018年以来，中国在ADC领域的交易十分活跃，其中 License out 事件数逐步增加，并在 2022 年超过了 License in 交易事件数，交易额和首付款方面 License out 也超出了 License in（见表 5 - 39）。从 2023 年 License out 交易金额排前 15 位的公司看，它们的交易总金额都超过 10 亿美元（见表 5 - 40）。其中，百利天恒 HER3/EGFR 双抗 ADC 授权出海，首付款为 8 亿美元，总金额为 84 亿美元。翰森制药两款 ADC（B7 - H4 ADC 产品 HS - 20089 和 B7 - H3 ADC 产品 HS - 20093）授权给默克和 GSK，总金额达 30.8 亿美元。百力司康就 HER2 ADC 与卫材达成 20 亿美元合作条件。映恩生物将两款 ADC 授权给 BioNTech，总金额为 15.7 亿美元[1]。

表 5 - 39　ADC License in 和 License out 交易情况

类别	项目	2018	2019	2020	2021	2022	2023	2024
License in	交易量/件	2	6	4	9	6	2	0
	首付款/百万美元	60	65	50	49	48	0	0
	总金额/百万美元	1 152	960	669	835	1 012	0	0
License out	交易量/件	0	1	0	3	10	22	6
	首付款/百万美元	0	0	0	211	589	1 680	75
	总金额/百万美元	0	0	0	2 600	14 471	21 494	3 491

资料来源：药渡和药融云数据库。

表 5 - 40　2023 年部分 ADC License out 交易金额

交易项目	交易时间	转让费	受让方	临床阶段	靶点	首付款/百万美元	总金额/百万美元
ADC	2022 - 12 - 22	科伦博泰	默克	临床前	—	175	9 475
伦康依隆妥单抗	2023 - 12 - 11	百利天恒	百时美施贵宝	获批上市	HER3/EGFR	800	8 400
维迪西妥单抗	2021 - 09 - 09	荣昌生物	卫材	临床Ⅲ期	HER2	200	2 600

---

[1] 森林. 2023 年国产创新药跨境 License out 交易 TOP10[EB/OL]. (2023 - 12 - 26)[2024 - 01 - 02]. https://mp. weixin. qq. com/s? __biz=MzA3ODgzODc5NA==&mid=2651811626&idx =1&sn=5ef506b64b1f5b3ca02a1006cea018ab&chksm=852f09dbbb7df148e41cdc70e63660b2b b179567553ff86a5e5c89f6e367bc218a2f5687d2f0&scene=27.

（续表）

交易项目	交易时间	转让费	受让方	临床阶段	靶点	首付款/百万美元	总金额/百万美元
BB-1701	2023-05-07	百力司康	BioNTech	临床Ⅰ/Ⅱ期	HER2	—	1 825
TMALIN@平台	2023-12-30	宜联生物	葛兰素史克	—	—	25	1 710
HS-20093	2023-05-23	翰森制药	默克	临床Ⅱ期	B7-H3	185	1 670
DB-1303、DB-1311	2023-04-23	映恩生物	BioNTech	临床Ⅰ/Ⅱ期临床前	HER2 B7-H3	170	1 570
HS-20089	2023-10-20	翰森制药	葛兰素史克	临床Ⅱ期	B7-H4	85	1 410
SKB264	2022-05-16	科伦博泰	默克	临床Ⅰ期	TROP2	47	1 195
SYSA1801	2022-07-28	石药集团	Elevation Oncology	临床Ⅰ期	CLDN18.2	27	1 188
CMG901	2023-02-23	康诺亚/乐普生物	阿斯利康	申报临床	CLDN18.2	63	1 103
HBM9033	2023-12-15	和铂生物	Seagen	临床前	MSLN	53	1 050
YL211	2024-01-02	宜联生物	罗氏	临床前	c-Met	50	1 020
GQ1010	2023-04-13	启德医药	Pyramid Bioscience	临床前	TROP2	20	1 000
LM-302	2022-05-05	礼新医药	Turning Point	临床Ⅰ/Ⅱ期	CLDN18.2	25	1 000
HER3 ADC	2023-10-12	宜联生物	BioNTech	临床Ⅰ期	HER2	70	1 000

资料来源：据公开披露数据整理，数据截至 2024 年 6 月 15 日。

中国在 ADC 药物方面研究进展较快，与美国、欧洲等国家地区的差距相对较小，中国的许多关于 ADC 药物开发的成果得到辉瑞、阿斯利康、礼来、诺华等全球生物医药创新链上的头部企业认可。近年来中国 License out 的许多创新药物权益中有很多来自 ADC 领域。

从已经上市的 ADC 创新药看,迄今上市的 ADC 药物有 14 种。其中,只有维迪西妥单抗是中国企业研发的,其他创新药主要来自欧美和日本。中国的ADC 创新链处于发育早期,主要研发管线分布在临床前、临床Ⅰ期和临床Ⅱ期(见表 5 - 41)。

表 5 - 41　截至 2024 年 6 月上市的 ADC 药物

序号	药物名	公司	靶点	细胞毒药物	连接子	获批日期
1	Mylotarg	辉瑞	CD33	卡奇霉素	酸解腙键、二硫键	2017 - 09
2	Adcetris	Seattle	CD30	MMAE	MC - VC - PABC	2011 - 08
3	Kadcyla	罗氏	HER2	DM1	不可切割硫醚(MCC)	2013 - 02
4	Beesponsa	辉瑞	CD22	卡奇霉素	酸解腙键、二硫键	2017 - 08
5	Lumoxiti	阿斯利康	CD22	假单胞菌外毒素 A	MC - VC - PABC	2018 - 09
6	Polivy	罗氏	CD79β	MMAE	MC - VC - PABC	2019 - 06
7	Padcev	Seattle	Nectin - 4	MMAE	MC - VC - PABC	2019 - 12
8	Enhertu	第一三共株式会社	HER2	Dxd	MC - GGFG	2019 - 02
9	Trodelvy	Immunomdecis	TROP - 2	SN38	酸裂解碳酸脂键	2020 - 04
10	Blenrep	葛兰素史克	BCMA	MMAF	不可切割 MC	2020 - 08
11	Akalux	Rakuten Medical	EGFR	IRDye700DX	N/A	2020 - 09
12	Zynlonta	ADC Therapeutics	CD19	PBD	PEG8 - VA - PABC	2021 - 04
13	维迪西妥单抗	荣昌生物	HER2	MMAE	MC - VC - PABC	2021 - 06
14	Tivdak	genmab/Seagen	TF	MMAE	MC - VC - PABC	2021 - 09

3. PROTAC

PROTAC 的全称为 Proteolysis-Targeting Chimeras,即蛋白水解靶向嵌合体。它由靶蛋白 Binder、Linker 以及 E3 泛素连接酶 Binder 三部分组成。它

主要通过将目标靶蛋白和细胞内的 E3 泛素连接酶拉近,利用泛素-蛋白酶体途径特异性地降解靶蛋白。因此,该技术针对不可成药的靶点更具有独特的作用机制和突破性优势,是突破当前小分子药物研发瓶颈的最有希望的新技术之一。近年来,大量的国内外医药企业非常热衷于将 PROTAC 作为新药研发。

PROTAC 的发展经历了一个很长的过程。2001 年,耶鲁大学 Craig Crews 教授团队和加州理工大学的 Raymond J. Deshaies 教授在 PNAS 上发表了一篇突破性文章,该文中首次提出 PROTAC 这一概念。Sakamoto 等人[①]于 2001 年发表的关键性论文首次对 PROTAC 进行了体外概念验证。经过更多研究者的努力,科学家们终于找到了首个 PROTAC 分子 Protac - 1。之后,Craig Crews 于 2013 年成立全球第一个专注于 PROTAC 的制药企业 Arvinas。其他聚焦于 PROTAC 的制药企业,如 C4 Therapeutics、Kymera Therapeutics、Vividion、Nurix、Oncopia Therapeutics 等也陆续成立。2019 年两款 PROTAC 分子进入临床试验,此后越来越多不同靶向的 PROTAC 分子被人们研究(见表 5 - 42)。

表 5 - 42　PROTAC 技术发展历程

年份	关 键 进 展
2001	首个基于多肽的 PROTAC 分子被发现
2004	首次发现了基于 VHL 并作用于 AR 的多肽 PROTAC 分子
2008	首次合成 CDM2 的小分子 PROTAC
2010	发现沙利度胺能结合 E3 连接 CRBN,连接酶 clAP1 被用于 PROTAC 设计
2013	Craig Crews 成立首个专注于 PROTAC 的制药企业 Arvinas
2015	发现了基于 VHL、CRBN,具有纳摩尔级别降解活性的 PROTAC
2017	PROTAC 与 E3 泛素连接酶和靶蛋白形成的稳定三元复合物共晶结构
2019	首个 PROTAC AR 降解剂 ARV - 110 进入临床 Ⅰ 期,第二个 PROTAC ER 降解剂 ARV - 471 进入临床 Ⅰ 期

---

① Sakamoto K M, Kim K B, Kumagai A, et al. Protacs: Chimeric molecules that target proteins to the Skp1-Cullin-F box complex for ubiquitination and degradation [J]. PNAS, 2001,98(15): 8554 - 8559.

年份	关 键 进 展
2020	ARV－110 和 ARV－471 有效性在临床试验中完成概念验证，ARV－110 进入临床Ⅱ期
2021	Arvinas 与辉瑞合作开发 ARV－471，Nurix 开发的 BTK 降解剂初步临床数据积极，Kymera 开发的 IRAK4 降解剂初步临床数据积极

资料来源：肖开芳. 蛋白靶向降解(PROTAC)技术全球格局[R]. 医药魔方，2022－05－15.

　　PROTAC 是生物医药领域相对新兴的细分部门，至今发展已超过 20 年。中国在该部门中的研发进展也比较快。海思科是中国首家布局 PROTAC 临床研究的创新药企业。迄今为止，中国的海创药业、珂诺生物、开拓药业、百济神州等都有 PROTAC 研发管线(见表 5－43)。此外，凌科药业、分迪科技、美志医药、成都先导、海创药业、海和药物、领泰生物、和径医药、标新生物、诺诚健华、五元生物、美志医药、亚盛医药、科伦药业、石药集团、嘉兴优博、上海睿因、苏州德亘生物、多域生物、鲁南制药等企业也布局了 PROTAC 临床研究。

表 5－43　全球 PROTAC 药物在研情况

地区	药品名称	靶点	研发机构	适应证	E3 连接酶	研发阶段
国外	ARV－110	AR	Arvinas	去势抵抗前列腺癌	CRBN	临床Ⅰ/Ⅱ期
	ARV－471	ARV－471	Pfizer、Arvinas	乳腺癌	CRBN	临床Ⅰ/Ⅱ期
	CFT7455	IKZF1/3	C4 Therapeutics	非霍奇金淋巴瘤、多发性骨髓瘤	CRBN	临床Ⅰ/Ⅱ期
	AC0682	ERα	AccutarBiotechnology	HR 阳性乳腺癌	CRBN	临床Ⅰ期
	ARV－766	AR	Arvinas	去势抵抗前列腺癌	未披露	临床Ⅰ期
	BGB－16673	BTK	百济神州	华氏巨球蛋白血症、滤泡性淋巴瘤、边缘区淋巴瘤、B细胞血癌	未披露	临床Ⅰ期

(续表)

地区	药品名称	靶点	研发机构	适应证	E3连接酶	研发阶段
	DT2216	BCL-XL	DialecticTherapeutics, University of Florida	实体瘤、血癌	VHL	临床 I 期
	CC-94676	未披露	BMS	转移性去势抵抗性前列腺癌	CRBN	临床 I 期
	FHD-609	BRD9	Foghorn Therapeutics	滑膜肉瘤	未披露	临床 I 期
	HP518	AR	海创药业	去势抵抗前列腺癌	未披露	临床 I 期
	KT-333	STAT3	Kymera Therapeutics	非霍奇金淋巴瘤、实体瘤、皮肤 T 细胞淋巴瘤、外周 T 细胞淋巴瘤、T 细胞大颗粒淋巴细胞白血病	未披露	临床 I 期
	KT-474	IRAK4	Kymera Therapeutics、Sanofi	化脓性汗腺炎、类风湿性关节炎、特应性皮炎	未披露	临床 I 期
	NX-2127	BT	Nurix Therapeutics	B 细胞血癌	CRBN	临床 I 期
	NX-5948	BTK	Nurix Therapeutics	原发性中枢神经系统淋巴瘤、华氏巨球蛋白血症、套细胞淋巴瘤、移植物抗宿主病、滤泡性淋巴瘤、小淋巴细胞性淋巴瘤、边缘区淋巴瘤、慢性淋巴细胞白血病、弥漫性大 B 细胞淋巴瘤	CRBN	临床 I 期
	AC0176	AR	Accutar Biotechnology	前列腺癌	未披露	申报临床

(续表)

地区	药品名称	靶点	研发机构	适应证	E3 连接酶	研发阶段
	BRD4 - CHAMP	BRD4	珅诺生物	淋巴瘤、实体瘤	未披露	申报临床
	KT - 413	IRAK4	Kymera Therapeutics	弥漫性大 B 细胞淋巴瘤	CRNB	申报临床
国内	GT20029	AR	开拓药业	雄激素性脱发、痤疮	未披露	申报临床
	HSK29116	BTK	海思科	B 细胞血癌	未披露	申报临床
	AC0682	ERα	Accutar Biotechnology	HR 阳性乳腺癌	未披露	申报临床
	BGB - 16673	BTK	百济神州	华氏巨球蛋白血症、滤泡性淋巴瘤、边缘区淋巴瘤、B 细胞血癌	未披露	申报临床

资料来源:肖开芳.蛋白靶向降解(PROTAC)技术全球格局[R].医药魔方,2022-05-15.

PROTAC 作为一种关键的治疗方式,其可以布局的靶点广阔,市场巨大。随着技术进一步成熟,PROTAC 有望成为像小分子抑制剂、单抗和免疫治疗等一样成功的疗法。

除此之外,中国在合成生物学、小核酸药物、多肽等全球冉冉升起的生物医药热门细分领域的发展也很快。因此,ADC、PROTAC、细胞疗法、基因疗法、合成生物学、小核酸、多肽等新兴的创新药细分部门,不但正在各自迅速培育创新链,也从总体上助推了中国生物医药创新链的发展。

5.2.4　国内政策环境正在优化

2015 年,中国针对生物医药管理制度开启了一次前所未有的改革,陆续出台了一系列的创新药发展新政,大大推进了创新药的发展,自然促进了创新链的发育。这些政策可以归结为 4 个大类:

(1) 加快了创新药审评审批。这主要表现在自 2017 年以来中国大幅度简化了流程,明确了审批时间限制,建立了突破性疗法、附条件批准、优先审评、特殊审批等四大流程组成的加速机制,使得中国的新药审评审批时间与欧美一些医药强国的高效审评审批时间大体趋向一致。

(2) 大幅度提高了研发质量。如 2015 年中国启动了仿制药一致性评价制度,2016 年出台了仿制药带量集采制度,2017 年加入了 ICH(国际人用药品注册技术协调会),2021 年临床开发原则转为"以临床价值为导向,以患者为中心"。以上这些使得中国生物医药创新链的质量要求和评价标准提高了很多,逐步和国际标准接轨。

(3) 支付制度改革。一方面是改革医保目录调整制度,加强了医保谈判制度建设。2019 年开始中国实施医保目录动态调整常态化。2024 年出台化学药品首发价格新规,这为生物医药创新链的创新性发展提供了莫大助力。另一方面是商保改革,2015 年深圳最早试点推出城市定制型商业医疗保险,目前累计推出了近 300 款产品,虽然机制不完善,可持续性存疑,但相关监管和落地文件出台为这一制度的发展提供了很好的助力。

(4) 资本市场改革。2018 年开始对公募制度进行改革,上交所、港交所科创板和北交所新规出台,为生物医药创新融资、募资提供了更好的环境条件和更高效的工具与机制。另外,政府启动各种模式的专项资金支持,如"拨投结合""揭榜挂帅""先投后股"等新模式。

(5) 其他。如药品上市许可持有人(MAH)制度,允许研发机构委托外部企业生产并持有许可证,降低了创新转化及商业化成本,推动了创新链分工-合作与高效竞争①。2024 年 7 月 5 日国务院常务会议批准了《全链条支持创新药发展实施方案》。随后,上海发布《关于支持生物医药产业全链条创新发展的若干意见》(简称《若干意见》)。此前,北京、广州、珠海等地已出台全链条支持医药高质量发展的措施。国家批准该《若干意见》后,上海制定的落实该文件的37 条措施可谓该领域的"天花板",北京等其他省区市也出台相关落实措施。以上这些都将为生物医药创新链发展提供更坚实的政策基础。

---

① E 药产业研究院. 新阶段下中国创新药的回顾与展望[EB/OL]. (2024 - 05 - 08)[2024 - 06 - 10]. https://mp. weixin. qq. com/s? __biz=MzA4ODY4MDE0NA==&mid=2247612043&idx=1&sn=0d5a4c3bf6d798543e3f5e8455446dae&chksm=919be5d46bd1d22515f0991bf44bcd58f8d218361688205ba95e75eced94f269034110e0a7c1&scene=27.

5.2.5　医药及医疗产品制造方面的优势

对于生物医药创新链发展而言,医药及医疗产品的制造基础和能力也非常重要。这一基础和能力可以促进生物医药技术专利的转化,提升商业化能力,促使创新药研发投资获得回报,支持再研发、再投入的循环。目前中国在药物、医药化学和植物产品与医疗、牙科器具和辅助品方面的增加值占全球相应增加值总量的比重不断提高。如 2002 年中国这两个部门的增加值占全球的比重分别为 5.36% 和 5.50%,明显低于欧盟和美国。2022 年这两个比重分别增加为 23.74% 和 16.54%,与欧盟及美国的差距大大缩小(见表 5 - 44),有力地支持了中国生物医药创新链的发展。

表 5 - 44　药物、医药化学和植物产品与医疗、牙科器具和辅助品的
增加值占世界总增加值的比重　　　　　(单位:%)

部门	国家/地区	2002	2003	2004	2005	2006	2007	2008
药物、医药化学和植物产品	加拿大	1.09	1.20	1.09	1.10	1.35	1.10	0.97
	中国	5.36	5.38	4.98	5.80	6.04	6.95	8.73
	欧盟	25.71	27.69	27.54	28.01	26.61	27.65	28.09
	法国	4.01	4.59	4.52	4.54	4.64	4.46	4.23
	德国	4.64	5.59	6.06	6.52	6.38	6.69	7.29
	印度	1.13	1.15	1.33	1.50	1.52	1.83	1.88
	意大利	2.92	3.19	3.16	2.87	2.64	2.66	2.81
	日本	12.85	12.93	12.60	11.97	10.23	8.99	8.83
	韩国	0.98	0.95	1.03	1.24	1.27	1.29	1.07
	英国	5.54	5.37	5.81	5.82	6.22	5.95	5.93
	美国	36.13	33.51	32.63	30.68	31.92	30.52	28.91
医疗、牙科器具和辅助品	加拿大	1.12	1.23	1.30	1.31	1.35	1.18	1.11
	中国	5.50	4.58	4.30	4.94	5.23	6.03	7.39
	欧盟	35.05	38.00	39.63	38.66	38.71	39.21	40.03
	法国	3.66	3.95	4.10	3.86	3.65	3.72	3.54
	德国	9.96	11.29	11.57	11.41	11.71	11.72	10.73
	印度	0.27	0.29	0.38	0.39	0.39	0.46	0.44

（续表）

部门	国家/地区	2002	2003	2004	2005	2006	2007	2008
	意大利	4.06	4.01	4.17	3.80	4.03	3.89	3.78
	日本	4.98	4.48	4.01	3.66	2.85	2.73	3.00
	韩国	1.12	1.08	1.03	1.12	1.15	1.20	1.00
	英国	4.22	4.50	4.36	4.24	4.25	4.35	3.88
	美国	44.30	41.27	40.84	41.18	41.37	39.20	38.00

部门	国家/地区	2009	2010	2011	2012	2013	2014	2015
药物、医药化学和植物产品	加拿大	0.91	0.99	0.87	0.97	0.77	0.87	0.74
	中国	9.15	10.32	11.95	15.07	16.99	18.52	19.38
	欧盟	26.39	25.35	24.86	23.51	23.99	23.69	24.66
	法国	3.67	3.40	3.40	3.11	3.21	2.98	2.54
	德国	6.32	5.94	6.03	5.84	5.96	6.10	4.66
	印度	1.75	2.08	2.80	2.36	2.49	2.59	2.63
	意大利	2.47	2.41	2.43	2.24	2.31	2.11	1.82
	日本	9.82	11.00	10.95	11.02	8.45	7.01	6.72
	韩国	0.94	0.90	0.95	0.92	0.97	1.06	1.09
	英国	4.84	4.72	4.45	4.04	3.64	3.61	3.28
	美国	31.84	28.62	26.60	25.51	26.84	27.25	27.20
医疗、牙科器具和辅助品	加拿大	1.13	1.28	1.38	1.24	1.11	0.94	0.84
	中国	7.85	8.66	9.69	9.65	12.43	13.00	13.43
	欧盟	36.16	34.71	35.85	33.30	32.55	32.25	32.28
	法国	3.42	3.24	3.23	2.95	3.22	3.16	2.53
	德国	9.33	10.24	11.93	10.81	10.60	10.87	8.95
	印度	0.54	0.61	0.74	0.64	0.71	0.87	0.77
	意大利	3.20	3.41	3.48	2.75	2.74	2.81	2.46
	日本	2.98	2.65	3.01	2.61	2.44	2.29	2.27
	韩国	0.95	0.95	1.16	1.21	1.28	1.28	1.05
	英国	3.17	2.97	2.88	2.95	2.53	2.36	2.35

（续表）

部门	国家/地区	2009	2010	2011	2012	2013	2014	2015
	美国	43.55	43.45	38.31	39.75	37.14	36.41	35.80

部门	国家/地区	2016	2017	2018	2019	2020	2021	2022
药物、医药化学和植物产品	加拿大	0.71	0.67	0.64	0.63	0.67	0.70	0.73
	中国	19.20	20.99	22.30	21.57	21.08	25.60	23.74
	欧盟	24.27	23.67	25.07	25.03	25.82	25.12	24.77
	法国	2.39	2.30	2.24	2.10	2.01	1.60	1.35
	德国	4.86	4.05	4.51	4.25	4.14	3.89	3.67
	印度	2.51	2.57	2.60	2.55	2.20	2.14	1.99
	意大利	1.77	1.70	1.63	1.66	1.60	1.41	1.41
	日本	7.54	6.60	6.14	6.23	5.88	5.27	5.19
	韩国	1.10	1.17	1.18	1.16	1.21	1.14	1.20
	英国	3.04	2.72	2.59	2.53	2.68	2.61	2.35
	美国	27.36	26.53	24.96	26.95	27.02	25.08	26.75
医疗、牙科器具和辅助品	加拿大	0.97	0.96	0.92	0.92	0.82	0.80	0.82
	中国	12.76	13.27	14.37	14.23	14.75	17.03	16.54
	欧盟	30.68	31.31	32.35	31.82	32.04	31.73	28.97
	法国	2.58	2.12	2.15	2.10	2.14	1.90	1.82
	德国	8.54	9.66	9.72	8.87	8.78	8.46	7.75
	印度	0.88	0.91	0.85	0.96	0.72	0.63	0.64
	日本	2.33	2.24	2.28	2.54	2.78	2.48	2.09
	意大利	2.54	2.97	3.00	2.94	2.44	2.45	2.25
	韩国	1.06	0.97	1.04	1.12	1.16	1.17	1.10
	英国	2.18	2.01	2.01	2.12	1.79	1.68	1.41
	美国	37.71	36.32	34.88	35.60	34.67	32.61	37.00

资料来源：https://ncses.nsf.gov/pubs/nsb20246/data。

第6章

促进生物医药创新链发展的对策建议

6.1 加强基础要素投入与制度保障

6.1.1 强化一流人才的培育、引进与系统性集聚

人才是生物医药创新之源。生物医药创新链的发展水平决定于该创新链拥有和使用了多少专业人才。生物医药创新链的竞争本质上是人才的竞争。有了创新人才,才有了原始的理念创新,进一步形成论文、专利等凝含着新思维、新技术、新模式且富有价值的核心内容,在深入转化中形成创新药、突破性疗法,从而在惠及患者的同时获得丰厚的商业价值回报。诚如前文所述,很多诺贝尔生理学或医学奖成果最终转化成一个或一批创新药。若干高度集聚高端生物医药人才的城市成为全球生物医药创新链策源地也说明了这一点。中国要进一步大力发展生物医药创新链就必须:①加强大学和研发机构的投入和改革,在国内培育一流的生物医药基础研发人才、技术与工艺开发人才及营销与管理类高级人才。②加强海外研发人才开发,首先要引进一流的海外人才,尤其要注重引进海外临床、注册申报和海外商务拓展人才,以及复合跨界人才和高级管理人才;其次要加强教育部门的国际合作,鼓励国内高中生或大学毕业生走出国门,进入欧美、日本、澳大利亚等生物医药强国留学深造;最后要优化人才发展环境,让全球优秀人才愿意留在中国创新创业,从而形成全球高端生物医药人才的聚集地。③在海外设立研发中心,就地利用海外人才。④优化人才结构。生物医药创新链发展需要充足的 STEM 人才,尤其需要更多的尖端 STEM 人才。中国生物医药领域的尖端 STEM 人才较少,这是制约创新链快速发育的重要因素。因此中国需要着力强化生物医药尖端人才的培育,让生物医药创新链上的基础研究、临床研究、上市后的研究、生产工艺和技术研究、

流动和销售研究等方面皆有充足的 STEM 人才。同时，要特别重视研发环节的 STEM 人才结构的平衡和优化，着力克服分子生物学、神经科学、心理科学和精神病学等方面人才更加紧缺的劣势。

6.1.2　加大对新药研发的公共资金投入以撬动更多社会资本

国家公共研发资金投入是撬动社会资本投入的有效"杠杆"。如美国联邦政府对生物医药的投入在 400 亿～500 亿美元之间，它主要以资助大学、研发机构等单位的基础研究为主，但带来的丰厚的基础研究论文、专利等成为若干生物医药创新的策源，并推动了既有技术的大幅度迭代，从而降低了生物医药创新企业的研发创新风险，支持了美国全球领先的生物医药创新链的发展。中国需要更多的生物医药公共研发投入以强力推进生物医药创新链的高质量快速发展。具体而言，可以从如下三方面加强：

（1）加大对生命科技前沿领域研究的投入，尽快落实《中华人民共和国科学技术进步法》，为科学家开拓创新提供充足资金。

（2）继续实施"重大新药创制"科技重大专项。虽然该计划已经调整到其他的创新计划活动中，但作为一个高效的组织模式，应尽快重启，并适度扩大项目资金规模。

（3）设立国家生物医药投资基金，引导更多社会资本进入医药创新领域。

（4）基于以上国家公共投入产生的降风险、降成本效应，应积极鼓励民间资本进入创新药领域，参与生物医药创新链的各个环节，支持生物医药创新链全链快速发展。

6.1.3　加强知识产权保护，促进原发创新

中国生物医药自然指数提高很快，PCT 专利数增长、研发管线数增长和创新药发展也很快。但我们必须看到中国生物医药领域的里程碑论文较少，关于创新药的重要成药靶点发现和突破性机理研究还很少，核心高价值专利不够。生物医药领域的创新多是在欧美靶点、机制的研发成果的基础上的微量创新和迭代。这是由中国的发展阶段决定的，也是知识产权保护制度产生的激励效应不足所决定的，对生物医药创新链的稳定性、安全性和先进性造成了现实的或潜在的制约。因此，需要对知识产权采取更严格的保护制度，确保研发者权益，激励原发创新，增加从 0 到 1 的发明和创造，赋予生物医药创新链更新的"内

容"、更高效的运营能力和更优化的行业及空间结构。

6.1.4 加强支持全创新链发展的制度保障

生物医药创新链是一个支持政策密集型的产业经济活动,它不仅需要完备的知识产权保护制度,还需要快速、完备、高效的审批、审评制度,需要严格合规的制造和物流运输制度,诊疗、用药、给药制度,有力的支付保障制度。结合当前中国生物医药创新链面临的规制环境,需要进一步采取措施,完善支持生物医药创新链发展的制度保障体系。2010年代以来,尤其是2015年以来,中国通过大刀阔斧的医药、医疗制度改革,建立了临床试验注册制,引进MAH,加入ICH,推行了仿制药一致性评价、临床默示许可制度,鼓励IIT,构建了科创板上市通道,通过专精特新"小巨人"企业认证支持制度和各种人才支持制度的制定和实施,形成了有力支持生物医药创新链发展的规制保障。但目前支持创新链的规制系列中还存在相当多的弱势区和空白区,需要从总体上进一步加强优化。

(1)优化创新药审评审批规制体系,破除创新链关键环节的制约。目前虽然中国的创新药审评审批速度已经大大加快,但与许多创新药发达国家的审批审评时间相比还有加速和流程优化空间,需要进一步加强。另外针对基因疗法/基因药物规制滞后,全球顶尖人才不足等创新链上的关键制约,应强化基因疗法的法规体系的制定,以超常规的措施快速集聚全球生物医药顶尖人才等,解决生物医药创新链发展中的关键"痛点"和"难点"。

(2)加强支付模式创新,打通生物医药创新链运行的关键堵点。创新药因其高昂的研发投入而价格很高。如目前,中国药明巨诺治疗大B细胞淋巴瘤的药物倍诺达、传奇生物治疗多发性骨髓瘤的药物卡卫获、驯鹿生物和信达生物治疗多发性骨髓瘤的药物福克苏、合源生物治疗B细胞急性淋巴瘤白血病的药物源瑞达、科济药业治疗多发性骨髓瘤的药物赛恺泽的售价分别为129万元、46.5万美元、116万元、99.9万元、115万元。而国家统计局发布的《中华人民共和国2023年国民经济和社会发展统计公报》显示,2023年,在全国居民人均消费支出中,医疗保健人均消费支出为2 460元。可见,中国医药支付能力与许多创新药的售价差距很大。因此需要加大支付模式创新,增加创新药可及性,促进生物医药创新链发展。中国商业保险不发达也是创新药支付能力较弱的关键原因。需要基于医保,大力发展商业保险,发挥慈善机构的辅助支持作用,打通生物医药创新链运行中的创新药支付堵点,促进生物医药创新链壮大升级。

6.2　提高创新链的组织能力

6.2.1　培育全球一流学研组织和大型生物医药跨国公司

无论从美国生物医药创新链还是全球生物医药创新链来看,决定创新链发展走向的两个重要因素是一流大学、研发机构和大型生物医药跨国公司,这些研发组织对靶点、创新药病理毒理的研究,创新药生产制造工艺的研究,以及其对创新药的流通和商业化研发,成为贯通生物医药创新链的"魂魄"。而巨型生物医药跨国公司凭借自身雄厚的资本和全球网络成为创新药成功上市的主要推手。2023 年全球 152 个重磅药物主要由 29 个巨型生物医药跨国公司研制或推向市场,从而成就了如此卓越的创新药商业化。它们掌握着全球大量的重要专利和重磅专利药的经营权,是保持生物医药创新链资金供给和专利成果高效商业化的核心力量,是生物医药创新链的关键"链主"。鉴于中国的大学和研发组织、大型生物医药跨国公司发育不足,应当进一步加强基础研究投入,促进大学及研究机构的发育,形成众多全球一流的大学和跨国公司,为中国生物医药创新链发展带来巨大的活力和发展动力。

6.2.2　加强生物医药企业数字化转型

良好的创新链是一个有机的系统,是硬件和软件的结合体。首先,中国生物医药创新链的发展需要进一步着力保障政府公共研发资金的投入,完善法规体系,保障专利权益,发展临床试验,培育大型医药跨国企业,使企业能够承受新药创新中高投入、长时间、低成功率带来的巨大风险,调动一切积极性,活化生物医药创新生态。其次,也要强化生物医药的新基建,加紧数字化,发展智慧医疗,让生物医药创新链迅速吸纳最新的相关支持技术,借助相关支持平台,降低创新成本,激发科学家的创新热情,从而产出更多创新药物。

6.2.3　产学研医融用结合促进全创新链发展

生物医药企业、研发机构、大学、医疗机构(如医院)、用户(患者)多方面协同创新是生物医药领域发展的基本特点和基本保障,是推动生物医药创新链高效创新的基本机制。产学研医融用的结合本质上是合作、分工、竞争、监管基础上的创新链与产业链、供应链的融合,有利于提高研发效率。同时,中国富有容纳和滋养全创新链创新和发展的"土壤"。从国产替代角度来看,替代的不仅限于终端产品,上游的零部件和材料,前沿研发和创新也更是投资机会。因此,我们需要有重点的突破,加大对前沿研发和创新的投入,形成全创新链发展优势。

6.2.4　聚焦未满足的临床需求,提高生物医药研发效率

从生物医药创新链的整体供给与需求来看,中国生物医药创新链中的创新药形成和创新疗法远未满足中国临床需求。目前中国失能、半失能老年人已超4 000万人,预计到2030年这一数字将超过7 700万。失能老人将经历平均7.44年的失能期,带病生存10年左右,对支持康复类、失能或半失能人群的药物和医疗器械的需求日趋增加。因此,生物医药研发应该聚焦这些未满足的需求领域,加大投入,有重点地逐步突破这些领域的技术瓶颈。国家要出台政策,优化生物医药创新链上的研发资源布局,减少同质化和零和竞争,提高生物医药创新链的研发效率,以更多更好的创新药和突破性疗法满足未满足的临床需求。

6.3　强化创新链生态建构

6.3.1　加快前沿细分领域的创新链发展

面对第四次生物医药发展浪潮,生物医药研发创新的范式正在改变,创新链的空间结构、行业结构正在重塑,但生物医药创新链的作用将会日趋增强。一些生物医药领域的新的细分发展方向正在不断兴起:如小核酸药物、XDC、PROTAC、抗体药、CGT药物发展迅速,研发组织更加密切、研发环节更多、分工更加细密,需要创新链更加富有弹性、韧性、安全性、竞争性。同时,全球化发展需求、国际合作需求更加强烈,需要的研发投入更大。因此,需要发展创新链生态,以集群为支撑,通过网络联结构造全球创新网链势在必行。在此背景下,中国需要抓住契机,快速发展条件良好的生物医药细分创新链。具体而言,首先需要进一步加强CGT行业的创新链。中国在该领域的研发管线、创新药等

方面比较接近于发达国家,与它们大致在同一起跑线上,具有很好的引导全球 CGT 创新的潜力。其次加强抗体药行业的创新链发展。目前中国在 XDC 领域的前沿研究总体与欧美发达国家比较接近,具有较强的发展能力,有利于拓展抗体药创新链。最后在 PROTAC 和小核酸细分领域,中国因涉入较多而具有快速发展创新链的良好趋势。

6.3.2 加强国际化,构建全球创新网链

生物医药本质上是全球性竞争产业,新药的研发离不开国际多中心临床试验,许多生物技术公司需要与跨国制药公司合作。因此,官产学研需要密切合作,以支持生物医药的跨国发展。

如百济神州通过研发、生产和销售的国际化,培育了中国首款"重磅产品"——泽布替尼。2023 年全年度泽布替尼的全球总收入为 12.9 亿美元,在美国的收入为 9.45 亿元,在欧洲的收入为 1.22 亿元,分别同比增长 129%、142.63% 和 722.31%。2024 年第一季度在全球的总收入为 4.89 亿元,其中在美国的收入为 3.51 亿美元,在欧洲的收入为 6 700 万美元,分别同比增长 131.11%、153% 和 243%。[①] 可见,创新药企业应该积极走出去,促进生物医药创新链的国际化拓展,加强动用国际资源发展生物医药创新链的能力。为此,生物医药企业应从如下三个方面加强出海,促进生物医药创新链的全球化。

(1)自主国际化。这种模式主要适用于规模大、资金实力雄厚、创新活跃、组织运营能力强大的大型制药企业。通过大量的海外直接投资,兴办研发中心或创新药子公司等,以充分利用自身的所有权优势、区位优势和内部化优势,拓展以本公司总部为核心的全球创新网络,形成全球性创新链。

(2)借力国际化。这种模式适用于资金实力不足、创新能力较强的生物医药技术公司,可以通过 License in 引进创新资产,从而节省时间、资本,推进临床进度,促进创新药上市。也可以将自身的创新资产或权益部分或全部 License out,获得首付款和里程碑付款等。该种模式可以短期内获得研发资金的支持,缓解公司资金压力。当然,需要注意的是首付款往往占交易资产价值的比例不大,里程碑收益常常难以获得或获得量较少。因此这种 License out

---

① 见 https://stock.finance.sina.com.cn/stock/go.php/vReport_Show/kind/company/rptid/770057203313/index.phtml。

通常难以从根本上解决公司资金匮乏问题。但通过研发创新资产的 License in/License out 引入了创新药的海外参与者，扩展了创新药及生物医药技术公司的国际化，促进了生物医药创新链的国际化发展。

（3）合作国际化。这种模式常常表现为中外生物医药企业共同出资组建创新药公司以开展联合研发，或者通过战略投资加入公司的创新研发，又或者通过并购形成"最深度的整合与合作"。当然，这种模式也可以是国内外高校、研发机构、生物医药企业两方或多方的合作。

总体而言，通过自主国际化、借力国际化和合作国际化可以推进生物医药研发创新的跨国活动，促进生物医药创新链的国际化，构建生物医药研发创新的国际化网链，从而很好地适应生物医药创新链发展的时代趋势。

6.3.3 加强人工智能赋能创新药和生物医药创新链发展

当前引领世界第四次技术浪潮的人工智能技术发展迅速，其在生物医药研发方面的应用与推广正在深入发展。尤其在蛋白质结构分析、候选药物筛选、患者群和医药市场的大数据分析等诸多方面展现出了良好的效果。因此，加强人工智能在生物医药领域的应用将是未来生物医药创新链发展的重要前沿领域。中国须加强人工智能人才在生物医药领域的布局，让最新的、最先进的人工智能技术全面赋能生物医药研发和生物医药创新链的发展。

6.3.4 培育高效的、国际一流的生物医药创新策源地

所谓创新策源地是指生物医药领域内较多基础理论的诞生地，若干里程碑论文和重要专利的产生地，若干新靶点、新机制的发现地，以及许多创新药的研制地。创新策源地是生物医药创新链的基础动力源，许多重要的策源地是全球生物医药创新链的支点，是一国生物医药创新链不可或缺的重要内容。其国际能级越高、运作效率越高，就越能推动生物医药创新链的快速发展。美国通过费城、芝加哥、纽约、洛杉矶、圣地亚哥、西雅图、华盛顿等这些国际一流的、高效运转的生物医药创新策源地不断推出新理论、新疗法、新机制、新靶点。大量的专利、创新药的生成为美国甚至全世界生物医药创新链提供了源源不断的"生命活水"，成就了美国生物医药创新链发展的独特优势。中国应当大力培育上海、北京、成都、重庆、武汉、长沙、广州、深圳、香港、杭州、苏州等地区的创新能力，形成分工合理、各具特色、国际一流的生物医药创新策源地，以支持中国生

物医药创新链的发展。为此,应对这些城市的大学和研发机构加强生命科学基础研究投入和政府公共研发资金的定向支持;给予这些城市发展生物医药的更加宽松和自主的决策权力,鼓励这些城市制定更加优化的政策制度体系,吸引和留住生物医药顶尖人才,从而形成强大的创新能力,支持中国生物医药创新链的发展。

6.3.5　从全创新链角度推动创新链生态发育

生物医药创新链发展需要经历临床前的基础研究、药物发现、药理毒理研究、临床Ⅰ期、临床Ⅱ期、临床Ⅲ期、申请上市、临床Ⅳ期、生产制造、流通、分销、进入医院/药店/基层医疗机构、患者等诸多环节,从而才能完成创新药的生命周期,推动医药创新链的发展。中间任何环节或关键要素的缺失或孱弱都会阻碍或滞后创新链的发展。因此,生物医药创新链发展需要从全产业链视角,通过构建健康、富有活力的生物医药创新链生态,促进生物医药产业链持续发展。为此,应基于刚刚颁布的全产业链支持创新药发展政策,全力推进生物医药创新能力的提高和创新环节间的分工、合作和衔接。同时大力引进海外大型生物医药跨国公司来华投资研发中心、创新药公司与研发创新加速器和孵化器平台,形成各组分齐全、创新资源丰富、结构合理、配置高效的生物医药创新链成长环境,从而促进生物医药创新链快速发展。

参考文献

［1］曹慧莉,魏国旭.2022年我国生物医药产业发展形势展望［J］.科技中国,2022(1):43 -
46.

［2］陈俊.创新链与产业链协同的经济发展效应:来自城市行政审批改革的经验证据［J］.
当代经济研究,2022(9):115 - 128.

［3］陈昊,饶苑弘.新时代的药品带量采购实践与思考［J］.中国药物经济学,2019,14(7):
19 - 26.

［4］陈力,梅阳,孟斌斌.基于创新链视角的国防科技成果转化机理与政策建议［J］.科学管
理研究,2023,41(4):33 - 40.

［5］陈永法,王毓丰,伍琳.日本创新药物审批管理政策及其实施效果研究［J］.中国医药工
业杂志,2018,49(6):839 - 846.

［6］崔蓓,王磊.我国生物医药创新能力评价指标体系构建研究［J］.中国食品卫生杂志,
2022,34(2):347 - 352.

［7］代明,梁意敏,戴毅.创新链解构研究［J］.科技进步与对策,2009,26(3):157 - 160.

［8］樊步青,王莉静.我国制造业低碳创新系统及其危机诱因与形成机理分析［J］.中国软
科学,2016(12):51 - 60.

［9］樊希雅,龙建明.生物医药企业从入孵到毕业的路径研究［J］.科技企业与发展,2021
(10):10 - 12.

［10］葛雅芬,阮娴静,郑莉.带量采购政策实施前后医药制造业技术创新效率比较研究:基
于 DEA-Malmquist 指数的实证分析［J］.广东药科大学学报,2023,39(3):7 - 15.

［11］古明加.中国高技术产业供应链全球配置格局的变化趋势研究［J］.岭南学刊,2021
(2):122 - 128.

［12］郝海平.发展新质生产力生物医药行业如何抓住机遇［J］.中国卫生,2024(5):28 - 30.

［13］赖秋洁,茅宁莹.交易成本视角下我国生物医药孵化器建设存在问题及对策［J］.科技
管理研究,2021(20):97 - 105.

［14］李炳军,曹斌,周方.产业链创新链融合对低碳转型的影响效应研究［J］.生态经济,
2023(8):53 - 61.

［15］李树祥,庄倩,褚淑贞.基于社会网络视角的江浙沪地区医药产业空间分布特征分析
［J］.中国医药工业杂志,2018,49(7):1027 - 1032.

［16］李依妮,裴璇,许默焓.推动生物医药产业加快发展新质生产力［J］.中国国情国力,
2024(2):62 - 65.

［17］刘泉红,刘方.中国医药产业发展及产业政策现状、问题与政策建议［J］.经济研究参

考,2014(32):39-67.

[18] 陆涛,李天泉.中国医药研发 40 年大数据[M].北京:中国医药科技出版社,2019.

[19] 任祝,韩秀栋,薛瑞楠.天津生物医药科技企业 加速器建设路径对策研究[J].天津经济,2022(4):37-42.

[20] 尚洪涛,黄晓硕.中国医药制造业企业政府创新补贴绩效研究[J].科研管理,2019,40(8):32-42.

[21] 史璐璐,江旭.创新链:基于过程性视角的整合性分析框架[J].科研管理,2020,41(6):56-64.

[22] 苏红.以新质生产力引领生物医药产业发展[J].经济,2024(Z1):16-19.

[23] 塔马斯·巴特菲,格兰姆·V.李.药物发现:从病床到华尔街[M].王明伟,等译.北京:科学出版社,2010.

[24] 万里,孙劲楠,丁佐奇,等.产学研合作模式下长三角生物医药产业一体化协同创新发展研究:基于专利合作及基金项目合作[J].中国药科大学学报,2022(6):742-752.

[25] 王海银,丛鹏萱,谢春艳,等.我国创新药品医保支付改革的进展及思考[J].卫生经济研究,2021,38(1):47-49.

[26] 温晓慧,黄海洋,王晓珍,等.生物医药产业创新能力评价指标体系构建[J].科技管理研究,2016,36(13):42-46+52.

[27] 徐俐颖,翁坤玲,蒋丹,等.基于三阶段 DEA 的我国医药产业创新效率评价研究[J].中国药房,2020,31(16):1921-1926.

[28] 杨舒杰,郭玮华,王瑞麟,等.我国医药产业专利技术结构演变分析[J].中国医药工业杂志,2019,50(7):814-817+822.

[29] 医药魔方.中国创新药 license out 渐入佳境[EB/OL].(2022-10-01)[2023-07-27].https://www.163.com/dy/article/HIJ1MIQR0534Q32Z.html.

[30] 姚建红.面向人民生命健康培育和发展新质生产力[J].中国卫生,2024(5):14-17.

[31] 医药魔方.新药数据库产品部.新药研发中的靶点演变[EB/OL].(2023-08-25)[2023-08-30].https://bydrug.pharmcube.com/report/detail/9ed20d0c34d147f0b48203b7b0618aeb.

[32] 翟翠霞,王海军.企业技术创新主体内涵及建设思路再思考[J].科技进步与对策,2014,31(8):103-106.

[33] 赵永新.推动生物医药高质量发展[N].人民日报,2023-12-18(018).

[34] 赵丹,颜建周,邵蓉.医药产业"接力式"创新模式研究:基于丹诺瑞韦的实证分析[J].中国医药工业杂志,2018,49(6):864-868.

[35] 赵玉林,邢光卫.我国医药制造业区域竞争力评价[J].经济问题探索,2007(11):37-41.

[36] 周青,许倩.价值创造视角下产学研协同创新运行模式[J].技术经济,2017,36(10):24-30.

[37] 周胜男,申俊龙,李洁.基于社会网络理论的生物医药产业集群创新组合模式研究:以江苏省为例[J].科技管理研究,2023(10):127-135.

[38] Adnan B. Role of science, technology & innovations in pharmaceutical industry [EB/OL].(2015-9-10)[2024-01-01]. https://www.uop.edu.jo/download/Research/

members/3943558Prof. pdf.

[39] Gautam A, Pan X G. The changing model of big pharma: impact of key trends [J]. Drug Discovery Today, 2016,21(3):379 - 384.

[40] Munoz A, Dunbar M. On the quantification of operational supply chain resilience [J]. International Journal of Production Research, 2015,53(22):6736 - 6751.

[41] Link A N, van Hasselt M. On the transfer of technology from universities: the impact of the Bayh-Dole Act of 1980 on the institutionalization of university research [J]. European Economic Review, 2019,119(10):472 - 481.

[42] Philippidis A. Top 10 U. S. biopharma clusters: pandemic reshuffles the bottom of GEN's regional rankings but not the top, for now [J]. Genetic Engineering & Biotechnology News, 2021,41(4):A14 - 15.

[43] Philippidis A. Top 10 U. S. Biopharma Clusters [EB/OL]. (2023 - 08 - 03)[2024 - 07 - 08]. https://www. genengnews. com/topics/drug-discovery/top-10-u-s-biopharma-clusters-10/.

[44] Schuhmacher A, Hinder M, Hartl G D, et al. Investigating the origins of recent pharmaceutical innovation [J]. Nature Reviews Drug Discovery, 2023,22:781 - 782.

[45] Wieland A, Wallenburg C M. The influence of relational competencies on supply chain resilience: a relational view [J]. International Journal of Physical Distribution & Logistics Management, 2013,43(4):300 - 320.

[46] Anastasia B. The impact of government regulation on the value chain of russian pharmaceutical companies [D]. St. Petersburg State University, 2018.

[47] Arlbjørn J S, Haas H D, Munksgaard K B. Exploring supply chain innovation [J]. Logistics Research, 2011, 3(1):3 - 18.

[48] Anhel S, Ray H. The strategic impact of internet technology in biotechnology and pharmaceutical firms: insights from a knowledge management perspective [J]. Information Technology and Management, 2003,4:289 - 301.

[49] Anna L. Licensing and scale economies in the biotechnology pharmaceutical industry [D]. Palo Alto: Stanford University, 2007.

[50] Anupama P. Breakthrough innovation in the U. S. biotechnology industry: the effects of technological special space and geographic origin [J]. Strategic Management Journal Strat. Mgmt, 2006,27:369 - 388.

[51] Chatterjee A, DeVol R. Estimating long-term economic returns of NIH Funding on output in the biosciences [EB/OL]. (2012 - 08 - 31)[2024 - 07 - 08]. https://milkeninstitute. org/.

[52] Athanasios Z. Pharmacoeconomics for the pharmaceutical industry in Europe: a literature review [J]. Int J Pharm Med, 2003,17(5 - 6):201 - 209.

[53] Barak S A, Joel A C, Baum A P. Inventive and uninventive clusters: the case of Canadian biotechnology [J]. Research Policy, 2008,37:1108 - 1131.

[54] Achilladelis B, Antonakis N. The dynamics of technological innovation: the case of the pharmaceutical industry [J]. Research Policy, 2001,30:535 - 588.

[55] Tukamuhabwa B R, Stevenson M, Busby J, et al. Supply chain resilience: definition, review and theoretical foundations for further study [J]. International Journal of Production Research, 2015, 53(18):5592 - 5623.

[56] Bernstein B, Singh P J. An integrated innovation process model based on practices of Australian biotechnology firms [J]. Technovation, 2006, 26(5 - 6):561 - 572.

[57] Carbon T. Submission to energy white paper consultation process [R]. London: Carbon Trust, 2002, 9.

[58] Staropoli C. Cooperation in R&D in the pharmaceutical industry: the network as an organizational innovation governing technological innovation [J]. Technovation, 1998, 18(1):13 - 23.

[59] Chidem K. Dynamic economies of scope in the pharmaceutical industry [J]. Industrial and Corporate Change, 1998, 7(3):501 - 521.

[60] Chris C, Simango B. Corporate strategy R&D and technology transfer in the European pharmaceutical industry: research findings [J]. European Business Review, 2000, 12 (1):28 - 33.

[61] Zimmerman, C. Protecting the pharmaceutical supply channel [J]. Journal of Pharmacy Practice, 2006, 19(4):236 - 238.

[62] Christel L. The external sourcing of technological knowledge by US pharmaceutical companies: strategic goals and inter-organizational relationships [J]. Industry and Innovation, 2007, 14(1):5 - 25.

[63] Christian Z. Clustering biotech: a recipe for success? Spatial patterns of growth of biotechnology in Munich, Rhineland and Hamburg [J]. Small Business Economics, 2001, 17:123 - 141.

[64] Karmaker C, Ahmed T. Modeling performance indicators of resilient pharmaceutical supply chain [J]. Modern Supply Chain Research and Applications, 2020, 2(3):179 - 205.

[65] Citeline. Pharma R&D annual review 2022 supplement: new active substances launched during 2021 [EB/OL]. (2022 - 02 - 01)[2023 - 07 - 24]. https://pharmaintelligence. informa. com/resources/thought-leadership/white-paper.

[66] Citeline. Pharma R&D annual review 2022: navigating the landscape [EB/OL]. (2022 - 06 - 27)[2023 - 07 - 24]. https://pharmaintelligence. informa. com/resources/product-content/pharma-rd-annual-review-2022.

[67] Citeline. The annual clinical trials round-up 2021 [EB/OL]. (2022 - 10 - 01)[2023 - 07 - 24]. https://pharmaintelligence. informa. com/resources/product-content/the-annual-clinical-trials-round-up-2021.

[68] Claudette C, Shari P. Economics of quality in a contract pharmaceutical organization [J]. Managing Service Quality, 2000, 10(5):269 - 272.

[69] Claudio J, Silvia P. Public administration and R&D localization by pharmaceutical and biotech companies: a theoretical framework and the Italian case-study [J]. Health Policy, 2007, 81:117 - 130.

[70] Cooke P. Regional innovation systems, clusters, and the knowledge economy [J].

Industrial and Corporate Change, 2001,10(4):945 – 974.

[71] Chancellor D. The state of innovation in Europe [EB/OL]. (2022 – 10 – 24)[2023 – 07 – 24]. https://pharmaintelligence. informa. com/resources/product-content/2022/10/24/10/07/the-state-of-innovation-i n-europe.

[72] Gassul D, Bowen H, Schulthess D. IRA's impact on the US biopharma ecosystem [EB/OL]. (2023 – 06 – 01)[2023 – 07 – 24]. https://www. bio. org/sites/default/files/2023-06/IRA%E2%80%99s%20Impact%20on%20the%20US%20Biopharma%20Ecosystem. pdf.

[73] Darouich C, Dhiba Y. Supply chain resilience strategies: the case of pharmaceutical firms in Morocco [J]. International Journal of Accounting, Finance, Auditing, Management and Economics, 2020,1(2):136 – 165.

[74] Davide C, Vittorio C. Forms of creation of industrial clusters in biotechnology [J]. Technovation, 2006,26:1064 – 1076.

[75] David H. Understanding the dynamics of the pharmaceutical market using a social marketing framework [J]. Journal of Consumer Marketing, 2005,22(7):388 – 396.

[76] Walters D, Lancaster G. Implementing value strategy through the value chain [J]. Management Decision, 2000,38(3):160 – 178.

[77] Deshaies R J. Multispecific drugs herald a new era of biopharmaceutical innovation [J]. Nature, 2020,580(7803):329 – 338.

[78] Dinar K, Steven L. From imitation to innovation: the evolution of R&D capabilities and learning processes in the Indian pharmaceutical industry [J]. Technology Analysis & Strategic Management, 2007,19(5):589 – 609.

[79] Dinesh A. Post-trips technological behavior of the pharmaceutical industry in India [J]. Science Technology & Society, 2004,9(2):243 – 271.

[80] Dirk C H. Process analytical technologies in the pharmaceutical industry: the FDA's PAT initiative [J]. Anal Bioanal Chem, 2006,384:1036 – 1042.

[81] Dmitri G M. Using capital markets as market intelligence: evidence from the pharmaceutical industry [J]. Management Science, 2005,51(10):1467 – 1480.

[82] Siegel D S, Waldman D, Atwater L E. Commercial knowledge transfers from universities to firms: improving the effectiveness of university-industry collaboration [J]. Journal of High Technology Management Research, 2003,14:111 – 133.

[83] Donna M D C. Competencies and imitability in the pharmaceutical industry: an analysis of their relationship with firm performance [J]. Journal of Management, 2003,29:27 – 50.

[84] Duane M K. New horizons in pharmaceutical technology [J]. Annals of the American Academy of Political and Social Science, 1983,468:182 – 195.

[85] Duncan R W, Allen D E. Generic substitution in the UK pharmaceutical industry: a Markovian analysis [J]. Managerial and Decision Economics, 1985,6(2):93 – 101.

[86] EFPIA. The pharmaceutical industry in figures [EB/OL]. (2022 – 12 – 31)[2023 – 08 – 04]. https://www. efpia. eu/media/637143/the-pharmaceutical-industry-in-figures-2022. pdf.

［87］ Von Hippel E. The sources of innovation ［M］. New York: Oxford University Press, 1988.

［88］ Ernst R B, Iain M C, Zvi G, et al. Pharmaceutical innovations and market dynamics: tracking effects on price indexes for antidepressant drugs ［J］. Microeconomics, 1996, 96:133-199.

［89］ Evaluate Pharma. World preview 2019, outlook to 2024 ［EB/OL］.（2019-06-30）［2024-07-30］. https://info. evaluate. com/rs/607-YGS-364/images/EvaluatePharma _World _Preview_2019. pdf.

［90］ Evaluate Pharma. World preview 2022, outlook to 2028: patents and pricing ［EB/OL］.（2022-10-01）［2023-07-28］. https://info. evaluate. com/rs/607-YGS-364/images/2022%20World%20Preview%20Report. pdf.

［91］ Kansteiner F, Becker Z, Liu A, et al. Most expensive drugs in the US in 2023 ［J］.（2023-05-22）［2023-07-28］. https://www. fiercepharma. com/special-reports/priciest-drugs-2023.

［92］ Ledley F D. Contribution of NIH funding to new drugapprovals 2010-2016 ［J］. PNAS, 2018,115(10):2329-2334.

［93］ Curtiss F R. Perspectives on the "Generic Cliff"—pushing and falling ［J］. Journal of Managed Care Pharmacy, 2008,14(3):318-341.

［94］ Cohen F J. Macro trends in pharmaceutical innovation ［EB/OL］.（2009-07-17）［2023-07-28］. https://www. discoverymedicine. com/Fredric-J-Cohen/2009/07/17/macro-trends-in-pharmaceutical-innovation/.

［95］ Fu-Sheng T, Linda H Y H, Shih-Chieh F, et al. The co-evolution of business incubation and national innovation systems in Taiwan ［J］. Technological Forecasting &. Social Change, 2009,76:629-643.

［96］ Gao D, Xu Z, Ruan Y Z, et al. From a systematic literature review to intergrated definition for sustainable supply chain innovation ［J］. Journal of Cleaner Production, 2017, 142:1518-1538.

［97］ Boehm G, Yao L X, Hana L, et al. Development of the generic drug industry in the US after the Hatch-Waxman Act of 1984 ［J］. Acta Pharmaceutica Sinica B, 2013,3(5):297-311.

［98］ Gryphon Scientific. China's biotechnology development: the role of US and other foreign engagement: a report prepared for the U. S.-China economic and security review commission ［EB/OL］.（2019-02-14）［2023-07-28］. https://www. uscc. gov/sites/default/files/Research/US-China%20Biotech%20Report. pdf.

［99］ Guan J, Chen K. Measuring the innovation production process: a cross-region empirical study of China's high-tech innovations ［J］. Technovation, 2010,30(5-6):348-358.

［100］ Xu H Y, Wang C, Dong K, et al. A study of methods to identify industry-university-research institution cooperation partners based on innovation chain theory ［J］. Journal of Data and Information Science, 2018,3(2):38-61.

［101］ Hansen M T. Birkinshaw J. The innovation value chain ［J］. Harvard Business

Review, 2007,85(6):121.

[102] Hodgson J. Biotech's baby boom [J]. Nature Biotechnology, 2019,37(5):502 - 512.

[103] Hugh T, William M T. Pharmacoeconomics and pharmaceutical outcomes research: new trends, new promises, new challenges [J]. Medical Care, 1999, 37(4): 111 - 153.

[104] Ian Lloyd. Pharma R&D annual review 2024[EB/OL]. (2024 - 05 - 20) [2024 - 07 - 20]. https://www. citeline. com/-/media/citeline/resources/pdf/white-paper_annual-pharma-rd-review-2024. pdf.

[105] Ian Lloyd. Pharma R&D annual review 2019[EB/OL]. (2019 - 02 - 02) [2024 - 07 - 20]. https://pharmaintelligence. informa. com/resources/product-content/pharma-rnd-annual-review-2019.

[106] Ian Lloyd. Pharma R&D annual review 2020[EB/OL]. (2020 - 02 - 02) [2024 - 07 - 30]. https://get. informaconnect. com/ebd/pharma-rd-annual-review-2020/?_ga=2. 39913890. 1249997117. 1625882798-1249748720. 1625882798.

[107] Ian Lloyd. Pharma R&D annual review 2021[EB/OL]. (2021 - 02 - 02) [2023 - 07 - 30]. https://pharmaintelligence. informa. com/products-and-services/data-and-analysis/pharmaprojects.

[108] Ian Lloyd. Pharma R&D annual review 2023 [EB/OL]. (2023 - 01 - 30) [2023 - 08 - 31]. https://pages. pharmaintelligence. informa. com/LDG_R-D_Review_2023.

[109] IQVIA. Rethinking clinical trial country prioritization: enabling agility through global diversification [EB/OL]. (2024 - 07 - 10) [2024 - 07 - 31]. https://www. iqvia. com/Insights/the-iqvia-institute/reports-and-publications/reports/rethinking-clinical-trial-country-prioritization.

[110] Isidre M. New directions for the biopharma industry in Canada: modelling and empirical findings [J]. Management Decision, 2008,46(6):880 - 893.

[111] Ismo L, Raine H, Taru H. Price-cost margin in the pharmaceutical industry: empirical evidence from Finland [J]. The European Journal of Health Economics, 2004, 5(2):122 - 128.

[112] James D A, Eric C, Jeffrey L J. The influence of federal laboratory R&D on industrial research [J]. The Review of Economics and Statistics, 2003,85(4):1003 - 1020.

[113] Jane D B, Julian C S. The Indian challenge: the evolution of a successful new global strategy in the pharmaceutical industry [J]. Technology Analysis & Strategic Management, 2007,19(19):611 - 624.

[114] Jean-Pierre S. Strategic partnering between new technology: based firms and large established firms in the biotechnology and micro-electronics industries in Belgium [J]. Small Business Economics, 1993,5:271 - 281.

[115] Jeho L. Innovation and strategic divergence: an empirical study of the U. S. pharmaceutical industry from 1920 to 1960 [J]. Management Science, 2003,49(2):143 - 159.

[116] Jennifer W S. Firms' knowledge-sharing strategies in the global innovation system:

empirical evidence from the flat panel display industry [J]. Strategic Management Journal, 2003,24(3):217 - 233.

[117] Hall J, Matos S, Gold S, et al. The paradox of sustainable innovation: the 'Eroom' effect (Moore's law backwards) [J]. Journal of Cleaner Production, 2018,172:3487 - 3497.

[118] John R V, Weston J F. Returns to research and development in the US pharmaceutical industry [J]. Managerial and Decision Economics, 1980,1(3):103 - 111.

[119] John V D, Mine K Y. An overview of science and cents: exploring the economics of biotechnology [J]. Economic &. Financial Policy Review, 2002,3:1 - 17.

[120] Jorge N, Tomas G B. The competencies of regions-Canada's clusters in biotechnology [J]. Small Business Economics, 2001,17:31 - 42.

[121] Josep D. Pharmaceutical expenditure in spain: evolution and cost containment measures during 1998 - 2001 [J]. The European Journal of Health Economics, 2003, 4(3):151 - 157.

[122] Josh L, Robert P M. The control of technology alliances: an empirical analysis of the biotechnology industry [J]. The Journal of Industrial Economics, 1998,46(2):125 - 156.

[123] Jürgen B. Competition, innovation and regulation in the pharmaceutical industry [J]. Managerial and Decision Economics, 1983,4(2):107 - 121.

[124] Kao C. Efficiency decomposition in network data envelopment analysis: a relational model [J]. European Journal of Operational Research, 2009,192(3):949 - 962.

[125] Kaplinsky R. Globalization and unequalization: what can be learned from value chain analysis? [J]. Journal of Development Studies, 2000,37(2):117 - 146.

[126] Karel O C, Dan S. Strategic group formation and performance: the case of the U. S. pharmaceutical industry, 1963 - 1982 [J]. Management Science, 1987,33(9):1102 - 1124.

[127] Karen R. Technology sourcing through acquisitions: evidence from the US drug industry [J]. Journal of International Business Studies, 2005,36:89 - 103.

[128] Kartik K. Does collaborating with academic improve industry science? Evidence from the UK biotechnology secto1988 - 2001 [J]. Aslib Proceedings: New Information Perspectives, 2005,57(3):261 - 27.

[129] Keat-Chuan. Singapore's biomedical sciences landscape [J]. Journal of commercial biotechnology, 2008,14(2):41 - 148.

[130] Kelly Davio. Report: US medical health research spending on the rise, but for how long? [EB/OL]. (2017 - 11 - 16)[2024 - 07 - 31]. https://www. ajmc. com/view/report-us-medical-health-research-spending-on-the-rise-but-for-how-long.

[131] Blind K, Grupp H. Interdependencies between the science and technology infrastructure and innovation activities in German regions: empirical findings and policy consequences [J]. Research Policy, 1999,28:451 - 468.

[132] Laura B. Cardinal, technological innovation in the pharmaceutical industry: the use of

organizational control in managing research and development [J]. Organization Science, 2001,12(1):19 - 36.

[133] Laura M, Fabio P, Massimo R. Dynamic competition in pharmaceuticals: patent expiry, generic penetration, and industry structure source [J]. The European Journal of Health Economics [J]. 2004,5(2):175 - 182.

[134] Laura W. Research and markets: the Indian pharmaceutical industry [J]. Management, 2009,19(5),589 - 609.

[135] Lea P K. The performance appraisal process of pharmaceutical product managers in Canada: an empirical study [J]. Journal of Product & Brand Management, 1999, 8 (6):463 - 487.

[136] Lhuillery S, Pfister E. R&D cooperation and failures in innovation projects: empirical evidence from French CIS data [J]. Research Policy, 2009,38(1):45 - 57.

[137] Wang L, Plump A, Ringel M. Racing to define pharmaceutical R&D external innovation models [J]. Drug Discovery Today, 2015,20(3):361 - 370.

[138] Liayanage S, Greenfield P F. Towards a fourth generation R&D management model research networks in knowledge management [J]. International Journal of Technology Management, 1999,18(3 - 4):372 - 393.

[139] Liz B. Improving the pharmaceutical supply chain: assessing the reality of equality through e-commerce application in hospital pharmacy [J]. International Journal of Quality & Reliability Management, 2005,22(6):572 - 590.

[140] Louis G, Jeffrey L S. Pharmaceutical firms and the transition to biotechnology: a study in strategic innovation [J]. The Business History Review, Gender and Business, 1998,72(2):250 - 278.

[141] Love E R, Eve M D, Rose R, et al. NHS laboratories can provide a service to the pharmaceutical industry: a personal experience [J]. Ann Clin Biochem, 2000, 37: 751 - 757.

[142] Luigi O. The (failed) development of a biotechnology cluster: the case of lombardy [J]. Small Business Economics, 2001,17:77 - 92.

[143] Caporale L H. Chemical ecology: a view from the pharmaceutical industry. [J]. Proceedings of the National Academy of Sciences of the United States of America, 1995,92(1):75 - 82.

[144] Chatsko M. World's bestselling drugs addicted to broken U. S. healthcare system [EB/OL]. (2024 - 03 - 25) [2024 - 07 - 31]. https://www. living. tech/articles/ worlds-bestselling-drugs-addicted-broken-us-healthcare.

[145] McCutchen Jr W W. Estimating the impact of the R&D tax credit on strategic groups in the pharmaceutical industry [J]. Research Policy, 1993,22(4):337 - 351.

[146] Mehralian G, Zarenezhad F, Ghatari A R. Developing a model for an agile supply chain in pharmaceutical industry [J]. International Journal of Pharmaceutical and Healthcare Marketing, 2015,9(1):74 - 91.

[147] Porter Michael E. Competitive advantage: creating and sustaining superior

performance [M]. New York:Free Press, 1985.

[148] Christel M. 2024 Pharm Exec Top 50 Companies [EB/OL]. (2024 - 06 - 14)[2024 - 08 - 18]. https://www. pharmexec. com/view/2024-pharm-exec-top-50-companies.

[149] Ding M, Eliashberg J, Stremersch S. Innovation and marketing in the pharmaceutical industry: emerging practices, research, and policies [M]. New York:Springer, 2014.

[150] Nabeel A, et al. Effect of Chinese policies on rare earth supply chain resilience [J]. Resources, Conservation & Recycling, 2019,142:101 - 112.

[151] Nadine R, John H. Inter-firm R&D partnering in pharmaceutical biotechnology, since 1975: Trends [J]. Patterns, and Networks Research Policy, 2006,35:431 - 446.

[152] Nelson R R. What enables rapid economic progress:what are the needed institutions? [J]. Research Policy, 2008,37(1):1 - 11.

[153] NHE. Nation's health dollar: where it came from, where it went (PDF) [EB/OL]. (2023 - 08 - 23) [2024 - 07 - 30]. https://www. cms. gov/files/document/nations-health-dollar-where-it-came-where-it-went. pdf.

[154] Terblanche N S. New pharmaceutical product development: barriers to overcome and opportunities to exploit [J]. Journal of Commercial Biotechnology. 2008,14(3):201 - 212.

[155] Niois J. Fourth-generation R&D: from linear models to flexible innovation [J]. Journal of Business Research, 1999,45(2):111 - 117.

[156] Nwaka S. Drug discovery and beyond: the role of public-private partnerships in improving access to new malaria medicines [J]. Transactions of the Royal Society of Tropical Medicine and Hygiene, 2005,99(1):S20 - S29.

[157] Osmo K, Jukka V. The emerging field of biotechnology: the case of finland [J]. Science Technology & Human Values, 2003,28(1):141 - 161.

[158] Brenner R J, Wildey K B, Robinson W H. Preparing for the 21st century [J]. Research Technology Management, 1998,41(1):31 - 44.

[159] Aigbogun O, Ghazali Z, Razali R. A framework to enhance supply chain resilience the case of malaysian pharmaceutical industry [J]. Global Business and Management Research: An International Journal, 2014,6(3):219 - 228.

[160] Paul B, Alok C. Generic knowledge strategies in the U. S. pharmaceutical industry [J]. Strategic Management Journal, Special Issue: Knowledge and the Firm, 1996, 17:123 - 135.

[161] Grootendorst P. Patents and other incentives for pharmaceutical innovation [J]. Encyclopedia of Health Economics, 2013,2:434 - 442.

[162] Pelikan P. Bringing institutions into changes in physical and social technologies [J]. Journal of Evolutionary Economics, 2003(13):237 - 258.

[163] PhRMA. The unique R&D ecosystem: delivering new treatments and cures to patients [EB/OL]. (2020 - 09 - 16)[2024 - 07 - 30]. https://www. phrma. org/ Video/The-Unique-R-and-D-Ecosystem-Delivering-New-Treatments-and-Cures-to-Patients.

[164] PhRMA. Public-private collaboration fuels the US biopharmaceutical ecosystem [EB/

OL]. (2020 - 09 - 23) [2024 - 07 - 30]. https://www. phrma. org/Graphic/Public-Private-Collaboration-Fuels-the-US-Biopharmaceutical-Ecosystem.

[165] Philip C. Life sciences clusters and regional science policy [J]. Urban Studies, 2004, 41(5/6):1113 - 1131.

[166] PhRMA. Public-private collaboration fuels the US biopharmaceutical ecosystem [EB/OL]. (2020 - 09 - 23) [2024 - 07 - 30]. https://www. phrma. org/Graphic/Public-Private-Collaboration-Fuels-the-US-Biopharmaceutical-Ecosystem.

[167] Poh-Lin Y, Kendall R. An empirical analysis of sustained advantage in the U. S. pharmaceutical industry: impact of firm resources and capabilities [J]. Strategic Management Journal, 1999,20(7):637 - 653.

[168] Ponis S T, Koronis E. Supply chain resilience? Definition of concept and its formative elements [J]. The Journal of Applied Business Research, 2012,28(5):921 - 935.

[169] Ge Q, Zhang X, Kaitin KI, et al. Development of Chinese innovative drugs in the USA [J]. Nature Reviews Drug Discovery, 2024,23:412 - 413.

[170] Miles R E, Snow C C. Organizational strategy, structure, and process [M]. New York:McGraw-Hill, 1978.

[171] Deshaies R J. Multispecific drugs herald a new era of biopharmaceutical innovation [J]. Nature, 2020,580:329 - 338.

[172] Rebecca H, Iain C. Measuring competence? Exploring firm effects in pharmaceutical research [J]. Strategic Management Journal, 1994,15:63 - 84.

[173] Rebecca H, Iain C. Scale, scope, and spillovers: the determinants of research productivity in drug discovery [J]. The RAND Journal of Economics, 1996,27(1): 32 - 59.

[174] Reinhilde V T, Bruno C. R&D cooperation between firms and universities. Some empirical evidence from Belgian manufacturing [J]. International Journal of Industrial Organization, 2005,23:355 - 379.

[175] Jensen R, Thursby M. Proofs and prototypes for sale: the licensing of university inventions [J]. American Economic Review, 2001,91:240 - 259.

[176] Richard D. Balancing localization and globalization: exploring the impact of firm internationalization on a regional cluster [J]. Entrepreneurship & Regional Development, 2006,18:1 - 24.

[177] Richard F, Martin K. The globalization of Japanese R&D: the economic geography of Japanese R&D investment in the United States [J]. Economic Geography, 1994, 70 (4):344 - 369.

[178] Richard T H, Sarah Y C, Colin M M. Entrepreneurial activity and the dynamics of technology-based cluster development: the case of Ottawa [J]. Urban Studies, 2004, 41(5/6):1045 - 1070.

[179] Roper S, Du J, Love J H. Modeling the innovation value chain [J]. Research Policy, 2008,37(6 - 7):961 - 977.

[180] Rossetti C L, Handfield R, Dooley K J. Forces, trends, and decisions in

pharmaceutical supply chain management [J]. International Journal of Physical Distribution & Logistics Management, 2011, 41(6):601 – 622.

[181] Rothwell R. Towards the fifth-generation innovation process [J]. International Marketing Review, 1994, 11(1):7 – 31.

[182] Roy S, Sivakumar K, Wilkinson I F. Innovation generation in supply chain relationships: a conceptual model and research propositions [J]. Journal of the Academy of Marketing Science, 2004, 32(1):61 – 79.

[183] Sachin C. Evolving a national system of biotechnology innovation: some evidence from Singapore [J]. Science Technology Society, 2005, 10:105 – 223.

[184] Sadat T, Russell R, Stewart M. Shifting paths of pharmaceutical innovation: implications for the global pharmaceutical industry [J]. International Journal of Knowledge, Innovation and Entrepreneurship, 2014, 2(1):6—31.

[185] Samuel B G, Nan S L. Innovative productivity and returns to scale in the pharmaceutical industry [J]. Strategic Management Journal, 1993, 14(8):593 – 605.

[186] Sandra S L. Toward a framework for entering China's pharmaceutical market [J]. Marketing Intelligence & Planning, 2000, 18(5):227 – 235.

[187] Sanjaya L. Multinational companies and concentration: the case of the pharmaceutical industry [J]. Social Scientist, 1979, 7(8/9):3 – 29.

[188] Sen N. Innovation chain and CSIR [J]. Current Science, 2003, 85(5):570 – 574.

[189] Ponomarov, Serhiy Y, Holcomb, et al. Understanding the concept of supply chain resilience [J]. The International Journal of Logistics Management, 2009, 20(1):124 – 143.

[190] Shams U, Pradeep K R. Public policy and the role of multinationals and local enterprises in the Indian drugs and pharmaceuticals industry [J]. Global Business Review, 2000, 1:207 – 228.

[191] Shubham C, Pinelopi K G, Panle J. Estimating the effects of global patent protection in, pharmaceuticals: a case study of Quinolones in India [J]. American Economic Review, 2006, 96(5):1477 – 1514.

[192] Simcha J. How organizational structures in science shape spin-off firms: the biochemistry departments of Berkeley, Stanford, and UCSF and the birth of the biotech industry [J]. Industrial and Corporate Change, 2010, 15(2):251 – 283.

[193] Stafford R O. The growth of American pharmaceutical biology[J]. Bio Science, 1966, 16(10):672 – 679.

[194] Startup Genome. The global startup ecosystem report 2023 [EB/OL]. (2023 – 08 – 24)[2024 – 07 – 30]. https://startupgenome.com/reports/gser21023.

[195] Statista. Total global spending on pharmaceutical research and development from 2012 to 2026 [EB/OL]. (2020 – 06 – 01)[2024 – 07 – 30]. https://www.statista.com/statistics/309466/global-r-and-d-expenditure-for-pharmaceuticals/.

[196] Stephen Ezell. Ensuring U.S. biopharmaceutical competitiveness [EB/OL]. (2020 – 07 – 01)[2024 – 07 – 30]. http://www.itif.org/2020-biopharma-competitiveness.

pdf?_ga=2.2972293.

[197] Stephen Ezell. The state of global health technology innovation policy [EB/OL]. (2017 - 09 - 11)[2024 - 07 - 30]. https://itif.org.

[198] Stephen Ezell. Preserving Bayh-Dole—the "Inspired" law that underpins U. S. leadership in life-sciences innovation [EB/OL]. (2019 - 12 - 11) [2024 - 07 - 30]. http://www2.itif.org/2019-preserving-bayh-dole-stephen ezell.pdf.

[199] Subba N P, Sohel A. Technological knowledge and firm performance of pharmaceutical firms [J]. Journal of Intellectual Capital, 2003,4(1):20 - 33.

[200] Sujata P. Work and workers in Mumbai, 1930s - 1990s: changing profile [J]. Enduring Problems Economic and Political Weekly, 1998,33(46):2904 - 2908.

[201] Susan S, Craig S, Chad L. A framework for managing knowledge in strategic alliances in the biotechnology sector [J]. Systems Research and Behavioral Science, 2008,25: 783 - 796.

[202] Omta S W F. Innovation in 1934, chains and networks [J]. Chain and Network Science, 2002:73 - 80.

[203] Swan P, Prevezer M. A comparison of the dynamics of industrial clustering in computing and biotechnology [J]. Research Policy, 1996,25:1139 - 1157.

[204] Tai-shan H, Chien-yuan L, Su-Li C. Role of interaction between technological communities and industrial clustering in innovative activity: the case of Hsinchu District, Taiwan [J]. Urban Studies, 2005,42(7):1139 - 1160.

[205] TEConomy/BIO. The bioscience economy: propelling life-saving treatments, supporting state & local communities 2020 [EB/OL]. (2020 - 06 - 21)[2024 - 07 - 30]. https://www.bio.org/sites/default/files/2020-06/BIO2020-report.pdf.

[206] TEConomy/BIO. The U. S. bioscience industry: fostering innovation and driving America's economy forward 2022 [EB/OL]. (2022 - 12 - 10) [2024 - 08 - 20]. https://www.bio.org/value-bioscience-innovation-growing-jobs-and-improving-quality-life.

[207] Theresa W. Canada: on the biopharmaceutical fast track [J]. Academic Research Library, 2004,17(2):62 - 66.

[208] Turkenburg W C. The innovation chain: policies to promote energy innovations, energy for sustainable development [M]. New York: The UN Publications, 2002.

[209] Pettit T J. Ensuring supply chain resilience: development of a conceptual framework [J]. Journal of Business Logistics, 2010,31(1):1 - 21.

[210] Pettit T J, Croxton K L, Fiksel J. The evolution of resilience in supply chain management: a retrospective on ensuring supply chain resilience [J]. Journal of Business Logistics, 2019,40(1):56 - 65.

[211] Tomas J. Durie P T. Issue brief: the impact of hr 5376 on biopharmaceutical innovation and patient health [J]. (2021 - 11 - 29)[2023 - 10 - 05]. https://bpb-us-w2.wpmucdn.com/voices.uchicago.edu/dist/d/3128/files/2021/08/Issue-Brief-Drug-Pricing-in-HR-5376-11.30.pdf

[212] Torreya. Biopharmaceutical sector update: market outlook for 2021 [EB/OL](2021 – 01 – 11) [2023 – 10 – 05]. https://torreya. com/publications/biopharma-market-update-torreya-2021-01-11. pdf.

[213] Tunis S R, Stryer D B, Clancy C M. Practical clinical trials: increasing the value of clinical research for decision making in clinical and health policy [J]. Jama, 2003, 290 (12):1624 – 1632.

[214] Turkenburg W C. The innovation chain: policies to promote energy innovations, energy for sustainable development [M]. New York: The UN Publications, 2002.

[215] Urs D. Biotechnology: from inter-science to international controversies [J]. Public Understand. Sci. , 2002, 11:87 – 92.

[216] Viegas C V, Bond A, Vaz C R, et al. Reverse flows within the pharmaceutical supply chain: a classificatory review from the perspective of end-of-use and end-of-life medicines [J]. Journal of Cleaner Production, 2019, 238:1 – 17.

[217] Vittorio C. Network of collaborations for innovation: the case of biotechnology [J]. Technology Analysis & Strategic Management, 2004, 16(1):73 – 96.

[218] Yi W, Long C X. Does the Chinese version of Bayh-Dole Act promote university innovation? [J]. China Economic Quarterly International, 2021, 1(3):244 – 257.

[219] Kerr W R. The gift of global talent: innovation policy and the economy [J]. Innovation Policy and the Economy, 2023, 20(12):1 – 299.

[220] William S C. Research and technical change in the pharmaceutical industry [J]. The Review of Economics and Statistics, 1965, 47(2):182 – 190.

[221] William W M J, Paul M S. Motivations for strategic alliances in the pharmaceutical/ biotech industry: some new findings [J]. Journal of High Technology Management Research, 2004, 15:197 – 214.

[222] Liu X, Thomas C E, Felder C C. The impact of external innovation on new drug approvals: a retrospective analysis [J]. International Journal of Pharmaceutics, 2019, 563:273 – 281.

[223] Yaroson E V, Breen L, Jiachen H, et al. Advancing the understanding of pharmaceutical supply chain resilience using complex adaptive system (CAS) theory [J]. Supply Chain Management: An International Journal, 2021, 26(3):323 – 340.

[224] Wang Y F, Yang S Y. Multispecific drugs: the fourth wave of biopharmaceutical innovation [J]. Signal Transduction and Targeted Therapy, 2020(5):86.

[225] Yongze Y, Dayong L. The effect of the space outflow of china's regional innovation and the effect of the outflow of value chanins: a study, from the perspective of the innovative value chain, on the model of the panel of multidimentsional space [J]. Management World, 2013, 7:6 – 20.

[226] Takeda Y, Kajikawa Y, Sakata I, et al. An analysis of geographical agglomeration and modularized industrial networks in a regional cluster: a case study at Yamagata prefecture in Japan [J]. Technovation, 2008, 28:531 – 539.

[227] Yu-Chung H. Critical factors in adopting knowledge management system or the

pharmaceutical industry [J]. Industrial Management & Data Systems, 2005,105(2): 164 – 183.

[228] Yu-Shan S, Ling-Chun H. Spontaneous vs. policy-driven: the origin and evolution of the biotechnology cluster [J]. Technological Forecasting & Social Change, 2009,76: 608 – 619.

[229] Nedelcheva Y. Competitiveness in the pharmaceutical industry: a historical overview [J]. Entrepreneurship, 2019,7(1):36 – 47.

[230] Yuti D, Scott O. Examining an innovative financing alternative for mid-stage biotechs [J]. Health Management, 2006,455 Special Topics(Winter):1 – 23.

[231] Zhang M Y, Li J, Hu H, et al. Seizing the strategic opportunities of emerging technologies by building up innovation system: monoclonal antibody development in China [J]. Health Research Policy and Systems, 2015(13):1 – 12.

索 引

后　记

　　本书的撰写不仅得到国家统计局上海调查总队统计重点研究课题"长三角一体化背景下的产业链发展研究"的支持,也得到了国家社会科学基金重大项目(22ZDA058)、上海市政府重点课题、上海市科委重点课题及上海市政府咨询课题等课题的支持。同时得到上海交通大学行业研究院医药行业研究基金、上海交通大学安泰经济与管理学院出版基金支持。

　　医药产业关系到生命健康、民生福利,因此需要政府制定各种政策,密切管理,激励研发创新,鼓励生产更多质量高、疗效确切、价格合理、保证患者支付得起的药物,维持和提高国民福利。

　　长期以来,中国医药产业因为技术、制度政策、研发能力等多方面的因素,以生产普药和低值仿制药为主,原发创新药不足。这种现状无法满足新时代国民日益增长的对高质量药品和高疗效新药的需求。近年来,随着中国生物医药研发能力的提升,经济实力增长带来的研发投资能力的提高,患者对创新药的需求大幅度提高,高端研发人才的集聚及鼓励创新的一系列医药新政的出台与落实,中国创新药研发热情日趋高涨,大量的生物技术公司不断涌现,既有的大型制药企业快速从研发仿制药转型到创新药。生物医药的研发合作需要大幅加强,生物医药创新生态急需重塑。2023 年,国家提出将创新药和生物制造列为新质生产力发展的重要阵地。2024 年 7 月 5 日国务院审议通过了《全链条支持创新药发展实施方案》,2024 年 7 月 15 日上海市人民政府办公厅发布了《关于支持生物医药产业全链条创新发展的若干意见》,北京、广东、重庆等地也相继出台了落实国家创新药发展政策的支持措施。可见,当前背景下,为了促进创新药发展,加强中国生物医药创新链研究具有重要现实意义。

　　本书自 2020 年开始调研和收集资料。一方面通过企业调研,这既包括对国内医药企业的调研,也包括 2020 年在美访问时对波士顿、洛杉矶、纽约等地医药创新集群的调研。另一方面通过网络访问若干相关企业、医药组织、咨询机构、政府网站及数据库等以收集资料。对生物医药研究而言,最重要的是数据。因此本书注重从各种不同渠道搜集各类相关数据,力求数据的权威性、全面性和丰富性,力求让数据"说话",尽量减少语言的过多表述,力求从全球视角考察中国生物医药创新链各个重要环节和要素的国际份额或地位,刻画中国生物医药创新链特征及其短板和卡点。进而,通过对生物医药创新链的动力分析和未来发展的优劣势条件分析,提出了对策建议,以期推动生物医药创新链的发展及创新药的研制。

笔者在写作过程中得到上海交通大学安泰经济与管理学院顾海英教授和史清华教授的大力帮助,在此深表谢意!本书也得到了上海交通大学行业研究院和医药行业研究团队诸位成员的大力支持。感谢美国加州从事医药研发的丁吉新博士,美国印第安纳大学的谷红梅女士,上海交通大学转化医学研究院孙洁林教授、万克明研究员,上海交通大学转化医学研究院转化医学中心的刘瑶博士,宿迁人民医院的王彦杰主任等,他们的观点对本书的完成也起到很大的支持作用。感谢21世纪经济报道的记者季媛媛女士和韩利明女士,中博瑞康董事长魏东兵女士对本书研究调研的支持。感谢国家统计局上海调查总队甄明霞处长、刘慧处长及贾莎莎处长在项目合作中对本书提出的许多宝贵意见。另外,笔者的硕士研究生范涛涛在收集数据、数据处理等方面做了很多工作,崔智森等其他硕士生也为本书查阅、整理了部分数据。

本书的出版还得到了上海交通大学安泰经济与管理学院对外联络中心薛相宜老师、上海交通大学行业研究院鲁敏老师和上海交通大学出版社张燕老师的大力支持,在此深表感谢!

由于笔者水平有限,本书中如有缺点和错误,敬请广大读者多多包涵和批评指正。

范纯增

2024 年 8 月 21 日

致 谢

本书是上海交通大学行业研究院医药行业研究团队研究成果之一,并得到上海交通大学行业研究院和安泰研究成果基金资助。

安泰研究成果基金是由上海交通大学安泰经济与管理学院 EMBA14 级张刚、EMBA08 级田广、EMBA 11 级袁莉莉、EMBA 13 级袁中华、EMBA 20 级吕志方、EMBA 15 级田庭峰等校友发起捐赠设立,用于支持学院科研成果、教学案例的出版发行,指数发布、展示和研讨等。